西南政法大学新文科建设专项经费支持

校级规划教材

辩论学

Polemology

王安白　著

法律出版社
——北　京——
始创于1954年

图书在版编目(CIP)数据

辩论学 / 王安白著. -- 北京 : 法律出版社, 2021
ISBN 978-7-5197-6190-5

Ⅰ. ①辩… Ⅱ. ①王… Ⅲ. ①辩论－高等学校－教材
Ⅳ. ①H019

中国版本图书馆 CIP 数据核字(2021)第 228059 号

辩论学
BIANLUNXUE

王安白 著

责任编辑 刘 琳
装帧设计 凌点工作室

出版发行 法律出版社
编辑统筹 法律教育出版分社
责任校对 杨锦华 王语童
责任印制 胡晓雅
经 销 新华书店

开本 720 毫米×960 毫米 1/16
印张 20 **字数** 310 千
版本 2021 年 12 月第 1 版
印次 2021 年 12 月第 1 次印刷
印刷 固安华明印业有限公司

地址:北京市丰台区莲花池西里 7 号(100073)
网址:www. lawpress. com. cn
投稿邮箱:info@ lawpress. com. cn
举报盗版邮箱:jbwq@ lawpress. com. cn
销售电话:010－83938349
客服电话:010－83938350
咨询电话:010－63939796

书号:ISBN 978－7－5197－6190－5
定价:52.00 元

编写说明

作者曾于2009年出版过一本书——《辩论竞技》,当时,我们学校论辩文化已初步成形,校内各种层级、类型和内容的辩论繁花似锦,作者觉得有必要为本校论辩文化提供文本载体。再则,当时市面上很多关于辩论的书籍,要么是形式逻辑加案例,要么是三十六计加例句,没有具体到辩论比赛的每一个环节上。而作者执教辩论十几年,也获得过好成绩,还开设了一门以作者名字命名的辩论课程,于是,便写了《辩论竞技》这本书。这本书的特点主要不在于指导如何辩论,而是在对辩论比赛环节阐述的基础上,提出自己关于辩论的理念。后来,作者将这些理念落实到辩论实践中,屡获殊荣,也就是说,这些理念经受住了实践的检验,由此为我校论辩文化添砖加瓦。

《辩论竞技》出版到现在又过了十几年,我校的论辩文化从内容到质量都有了很大的提升,尤其是竞技辩论这一块,学校在全国不同类型的辩论赛中都获得佳绩,与此同时,当年的拙作已经不能适应我校蓬勃发展的论辩文化的进程了。

此外,我校论辩文化在很大程度上是以竞技比赛为主要内容,这显然不全面。一方面,我校竞技辩论水平的提升需要进行归纳总结,通过文本加以陈述;另一方面,我校论辩文化的解读需要更新版本,为广大学生提供最新的辩论理念和操作方法。这种想法在2019年我校获得世界华语辩论锦标赛冠军后就显得急迫,有必要把这十几年的辩论实践经验进一步加以总结。

基于此,作者撰写了《辩论学》这本教材。

作为大学生素质教育或通识教育的读本,本教材有如下特点:

一是本教材作者从20世纪90年代开始执教学校辩论队,在辩论赛场上摸爬滚打二十多年,积累了比较丰富的辩论训练和比赛经验,这为撰写该教材奠定了厚实的实践基础。21世纪初,学校支持作者开设以本人命名的辩论课程《安白辩论》,通过教学,将我校竞技辩论的经验和成果向广大学生普及，由此深化学生对竞技辩论的认知，从而有效地培养和提升了学生的思辨能力。在比赛训练和课堂教学之余，作者还对竞技辩论进行学术研究，出版了个人专著《辩论竞技》，参与编纂了《论辩西政》。如此，辩论实践的体验，课堂教学的经验，学术研究的探索，这三者应该有助于保证本教材的质量。

二是本教材的编排本着理论联系实际的理念，充分考虑到学生的需要，注重理论的通俗性和实践的可操作性。所谓理论的通俗性，即竞技辩论所关涉的相关理论，比如语言学、逻辑学、心理学、博弈论等，以及辩论的历史、辩论的价值、辩论的赛制等，均力图以非学术的语言加以陈述，目的在于帮助学生从宏观和理论层面认知辩论，有助于自己对辩论进行定位。所谓实践的可操作性，我们知道，任何培养或训练能力的教材，如果停留于“是什么”“为什么”，那么就违背了初衷。而本教材重在“怎么样”，突出可操作性，具体就是按照辩论赛的流程分章节进行介绍和解读，从审读、立论、质询、自由辩论到总结陈词，如此，学生在学习时就会有一种临场感，而不是去记忆和解读辩论的知识。

三是本教材的绝大部分案例均取自本校辩论队多年来参加省市和全国比赛的文本和视频。这样做的理由在于，其一，这些案例均为作者与辩论队员酝酿和设计，应该有比较深入和具体的了解和认知，这样，在解读案例时就不至于仅仅停留在文本层面，而是深入到队员的思维和个性，而这正是学习者最需要注意的；其二，正因为这些案例是我校历代辩论队员和教练共同创造的，学生每每读到这些，可能会生出一种亲切感，因为这些案例的创造者们离他们很近，由此可以增强本校学生的自豪感和归属感，这些情感也是我校论辩文化的一个重要内容。

四是本教材的语言也尽量体现辩论特点。首先是通俗化，尽量用比较接地气的语言陈述，竭力减轻学生们的阅读疲劳，当然也极力期望在阅读中能够享受语言的乐趣。其次就是思辨化，既然是辩论教材，其语言就要想方设法具有辩论的色彩，那就是思辨化。比如，在陈述中提出问题，让学生思考；将一些观点逻辑化，给读者创造破解的机会。最后就是语言的非逻辑化，辩论教材的语言很容易逻辑化，读起来“痛苦指数”飙升，为此，本教材竭力避免，不以逻辑为语言，而是在语言中体现逻辑。

本书的立项，得到了学校领导和教务部门的大力支持，在此表示感谢。辛杰老师和景铁老师参与了本书的立项和策划，景铁老师撰写了其中两章，由于种种原因未被采用，在此表示歉意。在写作中，由于时间久远，有些案例当时的情景已经模糊，于是电话、微信找当年的队员核实，他们有的将自己记忆和当年的文本资料悉数发来，有的在电话里具体讲述，那真是欲说当年好兴奋。在这个意义上，搜集案例的过程，也是作者和老队员们重温旧梦的过程。

虽然本教材在某种意义上，是作者对自己二十几年辩论探索和实践的总结，但还是有些惴惴不安。一方面，自己理论方面学养不足，这在上编“辩论理论”部分可能会出现一些瑕疵，甚至很不专业，当虚心寻求方家指正；另一方面，正是由于本教材有些个人化，势必有经验主义之嫌，尤其在下编“辩论实践”部分，有些所谓方法也仅为一家之言。有一千个教练，就有一千种对辩论的不同解读。为此，作者谨以此抛砖引玉，与广大同行切磋，共同提升我国高校大学生竞技辩论水平。

王安白

2021 年 11 月

作 者 简 介

王安白　西南政法大学马克思主义学院教授，思想政治教育专业硕士生导师。曾被全校学生票选为“我最喜爱的十佳老师”，被学校评为“教学名师”。其主讲的课程《思想道德修养与法律基础》被学校评选为校级精品课程；学校曾以作者名字将辩论课命名为《安白辩论》。

长期担任海峡两岸大学生辩论赛评委，担任学校辩论主教练长达1/4世纪，获得的全国冠军的主要有：

2002年第8届上海“日立杯”中国名校大学生辩论邀请赛冠军；

2010年海峡两岸暨港澳地区高校世博辩论大赛全国总冠军；

2018年第3届全国学生“学宪法讲宪法”辩论赛冠军；

2019年第9届世界华语辩论锦标赛冠军。

辩论研究成果主要有：

专著《辩论竞技》，现代教育出版社，2009年版；

参与编撰《论辩西政》，法律出版社，2012年版。

夫辩者,将以明是非之分,审治乱之纪,
明同异之处,察名实之理,处利害,决嫌疑。
焉摹略万物之然,论求群言之比。
以名举实,以辞抒意,以说出故。以类取,
以类予。有诸己不非诸人,无诸己不求诸人。

——《墨子·小取》

目　　录

绪　言

辩论是人类最古老的沟通和交流活动之一。自从人类有了语言，就有了辩论，可以这样说，语言产生了辩论，辩论促进了语言。为什么会有辩论呢？因为人们有不同的意见和诉求，于是就会产生矛盾冲突。有了冲突该怎么办？有两种选择。第一种是用暴力解决。械斗、战争就成了常用的方式，但是，这种方式成本太高，比如要以牺牲财物、生命为代价，这种博弈常常是负和博弈，即同归于尽。在人类社会的初期，解决矛盾冲突大约首选这一类。随着人类社会文明的进步，语言也开始丰富起来，于是人们就有了第二种选择——用语言来缓解甚至消除矛盾冲突。这个过程没有了钢枪铁剑，有的是唇枪舌剑，辩论"是质问和论争的过程，是对某个辩题作出合理判断的追求"。[1] 我们通过质问和论争来了解彼此，因为人们的矛盾冲突往往是由于信息的不对称导致；而不对称的产生是因为我们解读对方诉求，往往会以自己的价值立场为依据，这样容易推断出带有明显倾向性的结论。例如，我和一位同学就某一学术问题产生了分歧，我往往会在肯定自己的基础上，从负面去推测对方的动机。其实，我们所了解的仅仅是对方的观点，而要真正了解对方，必须了解他的观点形成过程以及论证过程，唯有如此，才有可能达成沟通和交流。又如，对"幸福是主观感受还是客观存在"这个问题，无论持哪一方观点，总是会对对方的观点作出主观性推测。如果一方持幸福是主观感受的观点，那么，其必然要排斥幸福是客观存在的观点。但仅仅是观点远远不够，还要了解对方坚持幸福是客观存在的理由是什么，有哪些支撑观点的事实、数据或理论，同样，对方也应该了解你方所持观点的相关材料。怎么办呢？那就通过辩论来达成彼此的了解。如何了解？首先，各自展示自己观点的论证框架，然后再分别对这个论证框架以及相关方面进行

---

〔1〕［美］奥斯汀·J. 弗里莱：《辩论与论辩》，李健强、李书春等译，河北大学出版社 1996 年版，第 3 页。

质疑。当然，为了对等，双方质疑的程序和时间都是一样的。这样一来，双方都可以程序化地了解对方的论证过程，这比仅仅了解观点更加深入和明晰了。

社会的进步，不仅仅是表现在不同利益诉求的存在，更表现在不同利益诉求可以通过沟通交流来表达，这种沟通交流的方式之一就是辩论。通过辩论，学会了宽容，因为每一种观点都有其合理性，都有其存在的理由。“我也许不同意你的观点，但我坚决捍卫你表达自己观点的权利。”通过辩论，学会了理解，这种理解不再仅仅是一种态度，更是通过实实在在的质疑与反驳，实现逻辑、事实、学理上的理解，这样的理解，才算得上是“从根本上”。

辩论除了沟通交流，还有一个更重要的功能，那就是创新。所谓创新，有两种情形。第一种是无中生有，也就是发明创造。例如，器物方面：飞机、汽车、火车、手机、互联网等；自然科学理论方面：哥白尼的日心说、牛顿的万有引力、爱因斯坦的相对论等；社会科学理论方面：亚当·斯密的《国富论》、孟德斯鸠的《论法的精神》、马克思的《资本论》等。这种创新具有开拓性，即前所未有，这类发明往往标志着人类文明的质的飞跃，这在人类历史中寥若晨星。“二战”后，科技的飞速发展，促使人类社会进入一个全面创新的时代，这些创新首先来自思维的创新，它不是无中生有，而是有中求异，即创新的第二种情形——与众不同。辩论的创新，是在博弈状态下的求异，博弈最担心的就是“己”被对方“知”，最希望的“知”对方的“彼”，双方都力图出其不意，怎样才能做到呢？当然是求异，是创新。

中国古代不乏这方面的事例，最著名的例子就是司马光砸缸。小孩掉进了大水缸，司马光没有按照常规思维，爬上缸顶救人，因为他够不着；他也没有哭喊着跑到外面去叫大人，因为时间来不及。最后他用一块大石头将水缸砸出一个大洞，缸里的水流出来，那孩子得救了。当然，司马光是不是刻意求异，我们不得而知，只是他的这种做法体现了求异思维。说到这，我们再假设一下，由于司马光这种做法充分体现了求异思维，于是大家效仿，凡有人掉进水缸必砸缸，那么，这种砸缸行为是否还体现了求异思维？

显然，这时候这种砸缸行为已经没有求异的痕迹了。为什么？因为趋同，人人都这样，异在何处？所以，求异应该是与众不同，否则，就不是求异了。所以，当砸缸救人成了标配，那就不是求异思维，而是求同思维了。另外，司马光如果是成年人，用这种砸缸的方式救人，算不算求异呢？所以，求异不是笼统的“宏观叙事”，而是要具体问题具体分析，看具体场景、具体对象、具体行为等，这样，求异才能真正体现了一种创新。辩论应该是大学生比较喜欢的一种校园文化活动，因为它需要求异，这比较符合大学生的年龄特征，大学生正处于学习知识和人格形成时期，从求知的角度，需要培养和训练自己求知的方法和能力。

辩论不仅求异，也要求善。一是养成规则意识，辩论是在规则下进行的竞技活动，尊重规则，服从规则，这样才能使辩论公平有序进行。二是学会尊重，尊重对手，双方只是观点的碰撞，不是人与人的较量；尊重歧见，对方的观点并非错误，只是跟我方不同而已，不能用我们的标准去评判对手。由此，增进理解，学会宽容，从而养成公平竞争的“绅士风度”，也就是所谓的“费厄泼赖”（fair play）。而这一切，是我们养成独立人格的伦理元素，这应该是现代公民必备的素养。

上编

辩论理论

第一章 辩论概述

第一节 辩论的历史

德国哲学家卡尔·雅斯贝尔斯(Karl Jaspers,1883—1969年)1949年在《历史的起源与目标》中提出了人类文明的“轴心时代”,即公元前800年到公元前200年。这是人类思想文明的重大突破时代,各个文明都出现了划时代的思想导师:古希腊有苏格拉底、柏拉图、亚里士多德,中国有孔孟、老庄、韩非子……他们以论辩的方式磨砺出的思想原则指引后世构筑了不同的文化传统,也一直影响后世的人类社会。

一、中国辩论的历史

(一)先秦的辩论

说到先秦的辩论,不得不说齐国的稷下学宫,这应该是世界上第一所由官方举办、私家主持的特殊形式的高等学府。其兴盛时期,曾容纳了当时“诸子百家”中的几乎各个学派,如儒、道、墨、法、名、兵、农、阴阳诸家,汇集了天下贤士多达千人左右,他们辩难题、论学说、明道理。于是就有了“王霸之辩”“义利之辩”“天人之辩”“人性善恶之辩”,直接催生了儒家、道家、法家、名家、阴阳家等学派著书立说,百家争鸣。由此开创了高等学府辩论的先河,奠定了中华思想文化的基础。

1. 孟子的雄辩

孟子擅长辩论,尤其喜欢用相近的事物进行类比,从而将抽象的道理形象化。他在阐述自己的观点时,并没有使用我们今天常用的抽象的语言,而是用生活中的语言,如此一来,一个比较深奥的观点,被他以通俗生动的语言娓娓道来。最能体现孟子辩论水平的当属他的《梁惠王》《滕文公》《告子》等,在这些著作里,孟子通过对话的方式(这有点像我们今天辩论赛的质询环节)，以生动的语言将其观点主张层层论证，让对方信服。也因此，孟子被认为“好辩”，孟子则申辩道：“予岂好辩哉？予不得已也！”(《孟子·滕文公下》)

2. 庄子的狡辩

如果说，儒家的辩论多关注江山社稷、家国天下的外在世界，那么，道家的辩论则更多的是关注自身的内在世界，于是思辨成了道家的常用方式。最有名的“道可道，非常道；名可名，非常名”其实就是关于概念的内涵与外延的关系。道家和名家还举行过一场经典的辩论，当然，是即兴式的辩论：

庄子惠子游于濠梁之上。庄子曰：“鲦鱼出游从容，是鱼之乐也。”惠子曰：“子非鱼，安知鱼之乐？”庄子曰：“子非我，安知我不知鱼之乐？”惠子曰：“我非子，固不知子矣；子固非鱼也，子之不知鱼之乐全矣！”庄子曰：“请循其本。子曰‘汝安知鱼乐’云者，既已知吾知之而问我，我知之濠上也。”

这应该是最早的一场自由辩论，争论的焦点是：人到底能否知晓河里的鱼的快乐。双方其实都是诡辩，却是货真价实的逻辑之辩，这对于开启我们的思维之路具有重大意义。

3. 墨家的实辩

墨家代表人物墨翟长于说教，善于辩论。为了在百家争鸣中独树一帜，必须强化语言的思辨性，以增强说服力。于是，墨翟创设“类”与“故”这样的概念，用类推和求故的方法进行论辩，以支持其观点或立场。例如，“好攻伐之君”反对“非攻”，并且列举了禹、汤、武王从事攻伐而皆立为圣王，以此质问墨翟。墨翟回应道：“子未察吾言之类，未明其故者也。彼非所谓攻，谓诛也。”墨翟指出“攻”与“诛”是不同类的概念，不可混淆。墨翟与儒家也有辩论，他对儒家“同语反复”的答问方式不以为然。墨翟问儒家：“何故为乐?”答曰：“乐以为乐。”这等于问“何故为室?”而答以“室以为室”。以同样的东西解释同样的东西，犯了下定义的大忌。他又以类比的方式指出儒家这种定义方式的荒谬：只有答以冬避寒、夏避暑，又可以为男女之别，才是正确回答为室之故。

4. 名家的诡辩

名家擅长逻辑之辩，他们比较注重辨析名词与概念的同异，从这个意义上，名家开创了中国的逻辑思想探究。比较有名的是以惠施为代表的“合同异”派和以公孙龙为代表的“离坚白”派。惠施在前面讲到道家时已经提起过，那就是著名的“濠梁之辩”。这里着重介绍“离坚白”派的代表人物公孙龙。

说到公孙龙，他引以为豪的代表作就是他的“白马非马”说，他自称：“龙之学，以白马为非马者也。”我们来看看他的证明过程：

“白马非马，可乎？”曰：“可。”曰：“何哉？”曰：“马者，所以命形也。白者，所以命色也。命色者，非命形也，故曰白马非马。”曰：“有白马，不可谓无马也。不可谓无马者，非马也？有白马为有马，白之非马，何也？”

曰：“求马，黄、黑马皆可致。求白马，黄、黑马不可致。使白马乃马也，是所求一也，所求一者，白者不异马也。所求不异，如黄、黑马有可有不可，何也？可与不可其相非明。故黄、黑马一也，而可以应有马，而不可以应有白马，是白马之非马审矣。”

这里，公孙龙利用逻辑，巧妙地将“马”“白”“白马”三个概念进行拆分，使其各自定义，如此一来，马是形态，白是颜色，形状和颜色属于不同的范畴，这两个名就是不同的，所以白马不是马。那白马是什么呢？他没有给出答案。

从一般的逻辑来说，白马确实不能完全等同于马，但白马属于马，若以颜色分类，马可以分为白马和非白马。严格地说，“白马非马”虽属诡辩，却又似乎无懈可击。

5. 阴阳家的实辩

这一派的创始人之一邹衍不仅创立了学派，而且，他的辩论也与众不同。

邹衍过赵，平原君使与公孙龙论白马非马之说。邹子曰：“不可。夫辩者，别殊类使不相害，序异端使不相乱。抒意通指，明其所谓，使人与知焉，不务相迷也。故胜者不失其所守，不胜者得其所求。若是，故辩可为也。及至烦文以相假，饰辞以相敦，巧譬以相移，引人使不得及其意，如此害大道。夫缴纷争言而竞后息，不能无害君子，衍不为也。”座皆称善。公孙龙由是遂绌。[1] 跟前面的辩论家不同的是，邹衍并没有就“白马非马”这个命题给出自己的看法，而是对“白马非马”这种辩论方式提出自己的看法，指出这种为辩而辩的方式只能有损于君子之风，这是他不辩论这个命题的原因。

（二）汉代的辩论

在汉朝，辩论居然被作为节日的娱乐节目。东汉光武帝曾在元旦朝贺大会上，令群臣中能说经者，于廷前进行一对一辩论，双方相互质疑反驳，理屈

---

[1] 《资治通鉴·白马非马》（卷三　周纪三）。

词穷者将席位让给辩胜者。结果,曾从京房学《易》的戴凭连连获胜,夺座席五十余。为此记载:“正旦朝贺,百僚毕会,帝令群臣能说经者更相难诘,义有不通,辄夺其席以益通者,凭遂重坐五十余席。故京师为之语曰:‘解经不穷戴侍中。’”[1]

就在董仲舒提出“罢黜百家,独尊儒术”53年后,汉昭帝主持召开一次辩论大会,对汉武帝时期的各项政策,特别是盐铁专卖政策,进行全面的总结和辩论。用我们今天的语言来说,就是关于国有企业经营项目的辩论。这次辩论比较正规,正方为以桑弘羊为主要发言人的政府官员,反方是全国顶尖的贤良文学,辩题有四个,主辩题是“盐铁是否应该官营”。正方主张盐铁官营,认为盐铁利国利民,有利无弊;反方则主张废止盐铁官营,认为这些政策是与民争利。这次辩论会时间很长,从当年2月辩到7月。这就是历史上著名的“盐铁之议”。

(三)唐代的辩论

说起唐朝,我们就自然而然地想到了唐太宗,想到了“第一诤臣”魏征,想到赫赫有名的“贞观之治”下的太平盛世。而这个“贞观之治”在很大程度上是通过辩论“辩”出来的。

唐太宗在登基当年——贞观元年,为总结隋朝灭亡的教训,召集大臣们一起讨论治国方略。在朝堂会议上,大臣们分为两派。一派以封德彝为首,代表绝大多数大臣,主张以严刑峻法治国,大张挞伐,征讨四方。他们认为,自从夏、商、周三代过后,人心不古,民风狡诈,天下极难治理,秦朝重法家,汉朝又借鉴霸道,都没有取得理想效果,本朝应严刑峻法,而魏征只是个书生,空谈误国。另一派仅为魏征一人,主张以道德教化治国,休养生息,恢复民力。魏征认为,“大乱之后易治,譬饥人之易食也”,百姓深受战乱之苦,会珍惜来之不易的安定团结局面,就像饥饿的人不会挑食一样,只要施以仁政,自然能国泰民安。两派观点针锋相对,在朝堂上展开了激烈的辩论。从人数和气势来看,封派应该占据优势,可是,结果却是魏征获胜,因为他说服了唐太宗,由此开启了名垂千古的贞观之治。

(四)宋代的辩论

宋代有两大顶级辩论:一个是官员的政策之辩,另一个是大儒的学术

---

[1] 《后汉书》卷七十九上《儒林列传第六十九上》。

之辩。

政策之辩的对阵双方分别是王安石和司马光，辩题是"王安石变法的利弊得失"。司马光作为大臣，他发现王安石的变法可能会适得其反，于是公开反对。而作为朋友，司马光三次给王安石写信，劝他不可"用心太过，自信太厚"。可是，王安石变法决心已定，于是他回复司马光的来信，这就是著名的《答司马谏议书》。这场辩论被我们称道的不是辩论的内容，而是双方辩论的风度。司马光把和王安石的辩论看作是"以尽益友之忠"，当他看到辩论不可能获胜时，便主动放弃辩论，而不是恶语中伤，怀疑动机，攻击人身。曾有人劝司马光弹劾王安石，他一口回绝，认为王安石所作所为没有任何私利。而王安石虽然权倾一时，也没有以势压人，打击报复，司马光把对王安石的批评镌刻在一位反对新法朋友的墓志铭上，有人把墓志铭的镌本交给王安石，以此中伤司马光，王安石看后却将镌本挂上墙，逢人便说："君实（司马光）之文，西汉之文也。"他们两人关于变法的观点水火不容，立场势不两立，但是，他们都尊重对方，没有泄私愤，这才是真正的君子之争。

另一次辩论发生在南宋，为顶级大儒的学术辩论，被称为"旷世之辩"。对阵双方是朱熹与陆九渊。朱熹是理学大家，主张"理"是世界的根本；陆九渊是心学大师，主张"宇宙便是吾心，吾心便是宇宙"，两人各执一端，谁也说服不了谁。为了调和朱、陆两人的分歧，由另一位著名学者吕祖谦发起，邀请了朱熹和陆九龄、陆九渊兄弟共四人在信州鹅湖寺（今江西铅山县境内）集会，讨论的主要问题是"为学之方"，就是做学问的方法。朱熹倡导格物致知，先有经验和学习，进而才能规范人的行为意识；而陆九渊则认为，本心为善，我心即是宇宙，只要心的出发点是好的，不忘本心是为人处事之本。这便是中国学术史上有名的"鹅湖之会"。鹅湖之会 5 年后，陆九渊来到白鹿洞书院拜访朱熹，请他为其兄陆九龄撰写墓志铭。二人相谈甚欢，朱熹不仅接受了陆九渊的请求，而且邀请陆九渊为书院师生讲学。陆九渊欣然同意，他讲的是《论语》"君子喻于义，小人喻于利"一章，师生们深受启发。他们两人的辩论说明，观点虽有分歧，甚至对立，但他们的辩论针对的只是观点，而不是持有该观点的人，他们在学术交往和待人处事上都充分体现了包容大度的君子之风。

由此可以看出，中国古代的辩论在先秦时期比较发达，因为百花齐放，学派林立，所以辩论的内容丰富多彩，既有经国之大事，也有形名之虚实，而且辩论的方式也各有特点，有儒家的实证、道家的空灵、墨家的具体、名家的诡异。汉以后，辩论逐渐趋向于政策与学术，观点也许不如先秦时期那么多样，但是，辩论者并没有因为观点对立而势不两立。相反，他们惺惺惜惺惺，不仅相互尊重，甚至还成为知己。这种君子之风，确实值得我们继承和发扬。

二、欧洲辩论的历史

（一）古希腊的辩论

一般来说，欧洲的辩论起源于古希腊。虽然也有学者认为，辩论（雄辩术）的历史可上溯到五千年前的美索不达米亚文明时期，但已不可考。古希腊辩论蔚然成风，思辨的风气对古希腊几何、医学、天文等知识的产生和发展起到了重要的推动作用，更为人类留下了很多哲学、政治学、伦理学等方面的经典著作。这里我们仅介绍古希腊辩论的三大名师：苏格拉底、柏拉图、亚里士多德。

1. 苏格拉底（公元前470年至公元前399年）

古希腊最著名的辩论家当数苏格拉底，他的一生可以说是辩论的一生，或者说他是为辩论而生。苏格拉底创立一种辩论方式，称为“助产术”，而他则像一位“助产婆”，通过不断诘问，帮助诘问对象从大脑中产生出知识来。他甚至认为，一切知识都应该从质疑中产生。在实际的辩论中，他并不提出自己的观点和主张，而是不断的发问和追问，意在揭露出对方命题和学说中的矛盾。这样，对方就只能不断地说明和解释，从而穷于应对，结果往往不能自圆其说。这种诘问方式对后世影响极大，已经成为当今竞技辩论的一项重要技术。苏格拉底有一句名言：“我知道自己无知”，初看上去，这应该是典型的悖论，知道自己无知还是无知吗？他自己无知，又怎么向他人传授知识？而他是这样化解这个悖论的：这些知识并不是他灌输给人们的，而是人们已经具有的，只是自己没有觉察到，他不过是像“助产婆”一样，帮助别人把知识产生出来。

还有一点值得我们推崇，那就是苏格拉底对规则的“死”守。苏格拉底年近70，被以“亵渎神明”和“腐化青年”的罪名判处死刑，当时，他的学生及朋友都有能力帮助他逃走，可是他拒绝了。他说，自己作为雅典公民，理应遵循契约精神，不应违背与雅典城邦签订的契约，不然，就会伤害国家，违反正义。在他看来，尊重和服从法律判决，既是雅典公民的神圣义务，也是个人道德的标准。

尊重和服从规则,其实也是辩论的一个重要原则,苏格拉底的行为应该成为竞技辩论的典范。

2. 柏拉图(公元前427年至公元前347年)

作为苏格拉底的学生,柏拉图是继其老师之后伟大的思想家和辩论家。说到柏拉图,大家自然会想到他的《理想国》。说到《理想国》,很多人会想到书中最精彩的“洞穴寓言”:

有一批人世代居住在一个洞穴之中,洞穴有条长长的通道通向外面,洞穴里的人从小到大脖子和脚都被锁住,只能面向洞壁。他们身后有一堆火在燃烧,火和囚徒之间有一些人拿着器物走动,火光将器物变动的影像投在囚徒前面的洞壁上。囚徒不能回头,以为这些影子是“实在”,用不同的名字称呼这些器物,久而久之他们习惯了这种生活。某一天,当某一囚徒偶然挣脱枷锁回头看火时,发现以前所见只是影像而非实物;当他走出洞口时,看到了太阳、大地、森林,才知道这个世界比他们原先了解的大多了。于是他回到洞穴,和其他人讲他看到的世界,结果其他人认为他疯了,世界就摆在眼前,就是石壁上的影子,真真实实存在在眼前。柏拉图认为,我们一直以为眼见为实,然而很多事情,我们看见的仅仅是表面的,真理就隐藏在深处。

这类似于“两难困境”:他如果从洞外的光明处来到洞内的黑暗处,他已不能适应晃动的影像,因此会被同伴们嘲笑,从而被边缘化;如果他不再回到洞内,那么,他需要重新定义这个世界,他习惯的生活方式将被颠覆。这种两难困境,在我们的竞技辩论中也属于标配。

3. 亚里士多德(公元前384年至公元前322年)

作为柏拉图的学生,亚里士多德差不多是一个全才,是一位百科全书式的人物,他曾被马克思誉为“最博学的人”。他几乎对每个学科都做出了开创性的贡献。

亚里士多德是形式逻辑学的奠基人,他在这方面的著作统称《工具论》:《范畴篇》《解释篇》《前分析篇》《后分析篇》《论题篇》《辩谬篇》,他认为逻辑学是一切科学的工具。亚里士多德在《论题篇》中讨论论辩术时使用了三个重要的术语,即“前提”、“问题”和“论题”。根据他的定义,前提是在论辩时提出的疑问和答案,问题是具有实际的或理论的兴趣的疑问,论题是某些人存在不同看法的事物。他的《修辞学》也对辩论有深刻的论述,其中大量逻辑论证的内容,使得修辞学真正成为一门合乎逻辑的"说服的论证"。他主张以事实为根据,通过逻辑进行论证。他认为,尽管各类演说辩论技巧必不可少,但最强的说服力来自经过论证的事实和真理。经过亚里士多德的发展,辩论已不再仅仅依靠经验和感觉,而是需要一套理论工具——形式逻辑,如归纳法、演绎法;同时,他强调辩论的目的不是玩弄辞藻和技巧,而是事实的验证和观点的论证。

亚里士多德对他的恩师柏拉图发自内心地爱戴,但绝不盲从。他从不掩饰自己的观点,即使这个观点与老师相左。在他眼里,他关注的只是观点及其论证过程,而对于这观点的持有者,不管是学生还是老师,抑或其他人,都不在关注之列。对此,亚里士多德说了一句千古名言:吾爱吾师,吾更爱真理。

(二)古罗马的辩论

古罗马承袭了古希腊的辩论传统,比较有名的是西塞罗和昆体良。

1. 西塞罗(公元前106年至公元前43年)

西塞罗是古罗马最有影响的演说和辩论大师,他的雄辩滔滔的演说词被誉为"西塞罗文体"。西塞罗的《论雄辩家》内容丰富,通过主要谈话者克拉苏斯之口,阐述了演说家和演说术的重要性,他甚至将城邦和立法的起源归功于演说术,从而拔高了演说家在城邦中的地位。他认为,"要掌握演说术须得具有那些富有学识的人的知识"。[1] 他善用提问,直接向对方致词,熟练地使用比喻、讽刺等修辞手段。他认为,演说主要是打动听者的感情,而不是诉诸理性判断。他的演说文本的风格被后代一些作家和演说家奉为榜样。他有一句名言:活着就意味着思考。

2. 昆体良(约公元35年至约公元100年)

昆体良少年时随父亲到罗马求学,接受过雄辩术训练。他当过10年律师,还被任命为一所拉丁语修辞学校的主持人。由于在辩论方面的造诣以及办学上的成就,他还成了由国家支付薪金的雄辩术讲座的第一位教师。在担任教师的同时,他没有放弃他的律师职业,因此他可以将律师的辩论实践经验充实其教学内容,真正地把理论与实践紧密结合起来。

昆体良对辩论主体设定了标准,提出了培养雄辩家的要求:善良第一位,

---

〔1〕[古罗马]西塞罗:《论演说家》,王焕生译,中国政法大学出版社2003年版,第7页。

雄辩术第二位。在他看来，一个人道德低下，绝不可能成为优秀的雄辩家，即使他在法庭上胜诉，仍然不配享有雄辩家的称号。真正的雄辩家在道德上是没有瑕疵的，因而值得尊敬。而要培养出具有崇高道德的雄辩家，教师必须道德高尚，有什么样的教师，就有什么样的学生。这一理念已经成为我们的共识：先学做人，再学辩论。

（三）中世纪的辩论

11世纪，随着西欧城市的兴起，手工业和商业有了生长和发展的空间，需要专门的知识和技术，而僧侣学校却难以提供这些。于是，社会自发地创办世俗学校，开设了文法、法律和计算等方面的课程，如最早成立的三所大学：意大利萨莱诺大学、博洛尼亚大学、法国巴黎大学。既然是大学，就会有学术；既然有学术，就会有不同的观点；既然有不同的观点，就会有质疑——对书本的质疑、老师或学生的相互质疑；既然有质疑，就一定有争鸣、有辩论，“在所有学院，主导教学的为两项基本活动：授课（lection）和辩论（disputatio）”。[1] 中世纪大学最负盛名的就是经院哲学，经院哲学最有名的辩论便是唯名论与唯实论的学术之争，围绕着理性与信仰这一矛盾关系展开，从而推动了理性主义的发展。这种以论辩方式进行的学术争鸣，使古希腊古罗马的传统得以弘扬，进而为亚里士多德的思想和自由的学术讨论奠定了基础。[2]

（四）文艺复兴时期的辩论

文艺复兴时期，辩论被赋予了哲学上的意义。作为一种思维方式，质疑是辩论的本性，它可以对任何事物进行质疑，也就是“怀疑一切”，这方面，法国哲学家、数学家、物理学家笛卡尔应该是标志性的人物。在物理学方面，他第一次对折射定律作出了理论的推证，首次明确提出了动量守恒定律；在数学方面，他于1637年发明了现代数学的基础工具——坐标系，将几何和代数结合，创立了解析几何学。当然，对于思辨来说，他提出了著名的“我思故我在”的命题，这既是他全部认识论的起点，也是他“普遍怀疑”的终点。从辩论的角度，也就是说，当我怀疑一切事物的存在时，我却不用怀疑我本身的思想，因为此时我唯一可以确定的事就是我自己思想的存在。这段阐述很有思辨性：我思考一切事物，这个一切却不包括“我思”。事实上，这是避免悖论

---

〔1〕［法］雅克·韦尔热：《中世纪大学》，王晓辉译，上海人民出版社2007年版，第48页。

〔2〕吴培培：《西欧中世纪大学论辩教学研究》，深圳大学2012年硕士学位论文，第39～40页。

的最好方式,即不将自己包括进去。

恩格斯曾高度评价"文艺复兴"在历史上的进步作用。他写道:"这是一次人类从来没有经历过的最伟大的、进步的变革,是一个需要巨人而且产生了巨人——在思维能力、热情和性格方面,在多才多艺和学识渊博方面的巨人的时代。"[1]

这一点笛卡尔自己在《方法论》中表述得很明白:我对一切进行怀疑,"我并不是模仿那些为怀疑而怀疑并且装作永远犹疑不决的怀疑派,因为正好相反,我的整个计划只是要为自己寻求确信的理由,把浮土和沙子排除,以便找出岩石和粘土来"[2]。

(五)启蒙时期的辩论

关于启蒙运动,恩格斯曾经这样评价:"在法国为行将到来的革命启发过人们头脑的那些伟大人物,本身都是非常革命的。他们不承认任何外界权威,不管这种权威是什么样的。宗教、自然观、社会、国家制度,一切都受到了最无情的批判;一切都必须在理性的法庭面前为自己的存在作辩护或者放弃存在的权利。"[3]如果说,文艺复兴的论辩思维是在对古希腊古罗马的继承之上,重在思维的转型,那么,启蒙时期则更多运用这种论辩思维,在质疑和批判中构建新的价值理念及价值体系。

较为有名的莫过于伏尔泰和卢梭之间的争论了。在哲学上,伏尔泰主张信仰自由、宗教宽容,而卢梭否定教会的权威,主张建立以智慧和情感为基础的自然宗教;在政治上,伏尔泰寄望于开明君主,主张君主立宪制,而卢梭则坚持社会契约为基础的政体,即民主共和制;在社会发展方面,伏尔泰倾向于社会的进步和文明的提高,而卢梭则崇尚野性的自然,等等。他们两人在很多问题上都处于对立状态,于是就有了通过书信进行辩论,这场辩论延续时间很长,而且充满了"唇枪舌剑"。首先,两人宁愿牺牲友谊和信任也不放弃自己的观点,其实就是将立场人格化,似乎只要退让就是否定自己;其次,将对方观点负面化,然后加以批驳,这有点稻草人假设的嫌疑;最后,观点的证

---

〔1〕 中共中央马克思恩格斯列宁斯大林著作编译局编:《马克思恩格斯选集》(第3卷),人民出版社1972年版,第7页。

〔2〕 北京大学哲学系外国哲学教研室编译:《十六—十八世纪西欧各国哲学》,商务印书馆1975年版,第146页。

〔3〕 中共中央马克思恩格斯列宁斯大林著作编译局编:《马克思恩格斯全集》(第3卷),人民出版社1974年版,第56页。

明往往是通过否定对方观点来进行，很容易将事实判断变为价值判断。但无论如何，双方的辩论客观上丰富了启蒙运动中的政治理性，为现代性批判提供了思想养料。

第二节　辩论的定义

一、辩论在古代汉语中的定义

1. 辩难论说

辩论作为一个词语，最早大约源于《史记·平津侯主父列传》："每朝会议，开陈其端，令人主自择，不肯面折廷争。于是天子察其行敦厚，辩论有余，习文法吏事，而又缘饰以儒术，上大说之。"这段文字的意思是：他（公孙弘）每次上朝同大家议论政事，总是先开头陈述种种事情，让皇上自己去选择决定，不肯当面驳斥和在朝廷上争论。于是皇上观察他，发现他的品行忠厚，善于言谈，熟悉文书法令和官场事务，而且还能用儒学观点加以文饰，皇上非常喜欢他。

《新唐书·徐岱传》记载："于学无所不通，辩论明锐，座人常屈。"徐岱对于学问无所不通，辩驳锐利，论证清晰，常常使在座对手屈服。

宋·欧阳修《张建封传》记载："少喜文章，能辩论，慷慨尚气，自许以功名显。"（张建封）小时候喜爱文章，能言善辩，性格豪达崇尚气节，自以为能以功业扬名。

2. 指辩难论说之才

宋·孔平仲《孔氏谈苑·邢训》提到："邢恕有文学辩论，然多不请而教人，士大夫谡之邢训。"邢恕有文章学问善辩道论理，经常是别人没发问他就侃侃而谈，士大夫称他为邢训。

3. 辩驳争论

《汉书·严助传》说道："上令助等与大臣辩论，中外相应以义理之文，大臣数诎。"皇上命严助等人与大臣辩论，天子门客与公卿大夫彼此用义理文章互相对答，大臣们多次被驳倒。

宋·叶适《建康府教授惠君墓志铭》记载："君夙悟幼成，与兄国子博士迪励志读书，至'所过者化，所存者神，上下与天地同流'，辩论往往终夕不就睡。”惠君早慧幼年学有所成，与其兄长国子监博士惠迪一起励志读书，当读到“所过者化，所存者神，上下与天地同流”时，两人因观点不同而辩论，到晚上睡觉时还在辩。

明·孔贞运《明兵部尚书节寰袁公墓志铭》记载：“时建言诸臣摈斥殆尽，无敢救者。公（袁可立）独抗疏辩论……”当时提出的建议都被很多大臣排斥摒弃，没有谁敢为此辩护，只有袁可立独自向皇帝上书辩论。

综上所述，从古代汉语的角度，辩论，一是辩难论说，对困惑或难题进行辨析辨别，对学说或观点进行论证；二是指辩难论说之才，有辩论的才能；三是辩驳争论，这是辩论的具体操作。归纳起来就是：辩论的对象是因为困惑而产生争议的问题，需要辩驳争论，最后成为一种才能。

二、辩论在现代汉语中的定义

关于辩论的解释或定义有很多，在这里摘取一部分进行解读和评析。定义一：“就是彼此用一定的理由来说明自己对事物或问题的见解，揭露对方的矛盾，以便最后得到正确的认识或共同的意见。”[1]这个解释前两句简化一下就是：证明自己，质疑对方。这符合辩论的实际，辩论就是展示本方观点的证明过程是符合逻辑规则的，而对方证明过程则存在漏洞，但最后一句不符合本教材所说的辩论，因为辩论双方都不可能“最后得出正确的认识或共同的意见”，因为辩论不仅是一场博弈，而且是零和博弈。定义二：“辩论是质问和论争的过程，是对某个辩题作出合理判断的追求。”[2]确实，辩论充满了“质问和论争”，但是，辩论不仅是追求合理判断，更在于追求将对方的不合理判断揭示出来。定义三：“论辩过程是指针对某一问题持不同观点的双方以说服或驳倒对方为目的，从不同的角度分析问题，提出支持或反对某观点的原因，并最终推理出相应结论。”[3]这个定义比较接近于本教材所说的辩论，万“辩”不离其宗，我们这里仅从现代汉语的角度对辩论进行界定和阐述。

---

〔1〕 中国社会科学院语言研究所词典编辑室编：《现代汉语词典》（第5版），商务印书馆2005年版，第87页。

〔2〕 [美]奥斯汀·J. 弗里莱：《辩论与论辩》，李健强等译，河北大学出版社1996年版，第3页。

〔3〕 [美]赫尔利·帕特里克：《简明逻辑学导论》，陈波等译，世界图书出版公司2010年版，第5页。

1. 辩论的"辩":质疑

从汉语的角度,所谓辩论,就是"辩"与"论"。所谓"辩",即说明是非或争论真假,是非或真假是基于怀疑,于是质疑是非或真假,因此,在这个意义上,所谓"辩",其实就是质疑。质疑的对象包括事实、数据、理论、逻辑,甚至语法、修辞等。

其一,对事实质疑。在辩论中,双方都要举出事实来支持本方的观点,但是,往往有这样的情况,为支持本方观点,有可能对一些事实进行剪裁,甚至是编造,那么,另一方就需要对这个事例的真实性进行质疑,这就是"辩"的一项功能。

其二,对数据质疑。辩论中,数据不真实的情况时有发生,这些数据听起来往往违反常理常识,如果不进行质疑,势必成为对方的论据。

其三,对理论质疑。理论作为论据往往起到"四两拨千斤"的作用,但是,有些理论只是学术观点,一家之言,这些观点或许作者能够自圆其说,但它并没有被社会普遍认同,没有成为公理。还有一些格言警句、名人名言,就要质疑其普遍性,以及与观点之间的必然性关系。

其四,对逻辑的质疑。辩论是讲道理,讲道理就是讲逻辑,"辩"最重要的就是对逻辑的质疑,而逻辑最重要的就是必然性的论证,如果无法证明必然性,则观点和论据之间无法构成证明关系,整个辩论将陷于崩溃。

当然,质疑的对象还有很多,如语词、结构、修辞、表达等,这里只是择其要。就整个辩论赛而言,胜负在很大程度上取决于"辩",由"辩"而"疑",由"疑"而"质"。

2. 辩论的"论":证明

如果说,辩是通过质疑攻击对方的漏洞,那么,"论"就是通过证明来防守己方的立论。这种"论"首先通过逻辑来将本方观点展开,让对方能够知晓本方的论证过程,当然,从另一方的角度,只有知晓了对方观点的证明过程,才有可能对"论"进行"辩",进行质疑。那么,辩论的"论",是要证明什么呢?

首先,证明本方概念定义符合语境。名不正则言不顺,辩论首先要弄清楚概念,不然,概念不明,那后续的证明过程就"像雾像雨又像风"。但是,双方对于概念定义未必完全一致,尤其是关键概念。从汉语的角度,词语往往跟语境有关,同样的词语,不同的语境,其含义也不尽相同。

其次,证明本方观点形成的大前提:辩题背景。这是一切论证的基础,基础不牢,地动山摇。任何辩题反映的都是社会问题,换言之,来源于社会,因此,要证明本方观点,就得将本方观点产生的背景进行论证。

最后,证明本方观点的必然性。在辩论中,双方列举的任何事例都不具有普遍性,因为一方观点具有普遍性,那这个辩题就没有可辩性了,因此,双方要证明的是本方论据与观点之间的必然性。

第三节 辩论的类型

如前所述,辩论作为人类文明史上的一项古老而有趣的活动,在人类的发展过程中不断地扮演着越来越重要的角色,也越来越将触角伸向社会的各个方面。这里所指辩论的类型,是以辩论的方式场合为依据进行的分类。

一、学术辩论

所谓学术辩论,即对问题或命题在线上或线下进行争论或讨论的方式,学术辩论更多的不是展示辩论技巧,而是充分论证自己的观点,以及反驳对方的论证。中国有着丰厚的学术辩论传统,先秦的百家争鸣,就是一次规模宏大的学术辩论,为中华文化的发展奠定思想学术基础;与此同时,古希腊的学术辩论也风起云涌,由此形成了西方文化的源头。

(一)研讨会辩论

作为以参加会议的形式进行的学术辩论,研讨会通常是由某一学会或是一群拥有同样研究兴趣的研究人员组织举办的,较大型的学术会议可能会由某个机构举办,小型的专业研讨会则由某专业学会举办。举办研讨会首先需要明确会议的主题,以及会议的程序、报名者的资格,确定与会者,通知与会者提交相关学术论文,并且告知其在会议上的发言次序、时间和辩论的主题。会议开始前,公布辩论规则,如发言次序及时间、点评人及点评时长等。

中国前几年有一场经济学界的学术辩论,时间为 2016 年 11 月 9 日,地点在北京大学朗润园,主办方为北京大学国家发展研究院,辩论主题是“产业政策”思辨会。辩论双方分别是当今中国著名的经济学家:林毅夫和张维迎,他们同为北京大学国家发展研究院教授。辩论的问题是:中国的政府与市场的关系以及产业政策。张维迎信奉米塞斯、哈耶克的范式，林毅夫信奉新古典经济范式。

这两位学者同样拥有“海归”背景，共同创办北京大学中国经济研究中心，又共同见证了北京大学国家发展研究院成立。两位学者观点针锋相对，互不相让，却又和而不同，保持了“君子之争”的学者风度。〔1〕

（二）毕业论文答辩

毕业论文答辩是一种有组织、有准备、有鉴定的正规的审查论文的方式，由校方、答辩委员会、答辩者（撰写毕业论文的作者）三方构成。在答辩之前，答辩委员会成员（考官）已经阅读了答辩者的论文，并且已经找出了论文答辩者需要作出说明的地方。答辩的程序，以研究生学位论文答辩为例，大约可分为三个阶段：一是答辩准备阶段；二是答辩进行阶段；三是答辩结论阶段。

毕业论文答辩，最精彩的是第二阶段，这其实是双方的博弈过程，考官极力找出论文的瑕疵，让答辩者予以解释，而答辩者则极力作出合理的解释，考官对这种解释再进行质疑，答辩者对这些质疑再进行解释。在答辩过程中，考官在专业学术上处于强势，而答辩者是学生，处于弱势，更严重的是，处于弱势的答辩者，只能回答，不能提问，更不能反问。答辩者除了需要坚强的心理素质外，更需要较高的归纳能力和演绎能力。

二、课堂辩论

课堂辩论是在课堂中发生的对某一问题进行的争辩和讨论，现在课堂辩论越来越时兴，甚至成为一种教学方式。

（一）教学方式的课堂辩论

这种辩论是有备而设，由任课教师根据本门课程的情况，设置辩论的题目，然后在课堂上进行辩论。参与辩论的同学也是事先定下来，一般不超过四人，辩论的程序比较灵活，并不像竞技辩论那样严格的制式化。比如，规定每一方立论陈述本方观点，然后自由辩论，最后总结陈词，这样程序简化，时间最多20分钟，可以调动学生对问题思辨的积极性。这种辩论对辩题的设置应该以本门课程为背景，这样才能起到教学相长的作用。例如，法学专业的学生上刑法课，就可以将“舆论之于司法利大于弊还是弊大于利”作为课

〔1〕银昕、徐豪、陈惟杉：《林毅夫VS张维迎：一场产业政策的“世纪之辩”》，载《中国经济周刊》2016年11月15日。

堂辩论的题目；计算机专业的学生上人工智能课程，可以将“人工智能将来是否会战胜人类智能”为题进行辩论。

（二）即兴辩论的课堂辩论

这种课堂辩论有两种：一是学生之间的辩论；二是师生之间的辩论。在课堂教学过程中，学生对某一观点或现象出现了不同的认知，于是便产生了争论，这在课堂教学中时有发生。这一类辩论的好处在于它的随机性和临场性，参与辩论的学生不用事先查阅大量的资料，也不用准备严谨的逻辑，完全是即兴发挥。

课堂辩论还有一种形式，那就是师生之间的辩论，这种辩论可以分为三种情况：第一种是教师质疑学生；第二种是学生质疑教师；第三种是师生相互质疑。注意，在这里占有主导地位的是老师。对于第一种情况，老师质疑学生并非要让学生哑口无言，而是以此激发学生的想象力和思辨能力。对于第二种情况，教师对于学生的质疑，应该虚怀若谷，从学生的质疑中发现亮点，并加以鼓励。对于第三种情况，老师和学生相互质疑，一方面确实双方对某一问题存在分歧，另一方面，也让学生在其中真正感受和体验辩论的前提——平等。

三、法庭辩论

法庭辩论，主要是指刑事、民事审判中，在法庭上或其他司法机构面前进行的辩论。法庭辩论的基本原则是“以事实为依据，以法律为准绳”，控辩双方不仅要遵守论辩和论证的一般规则，还应遵守司法领域所特有的技术性规则。控辩双方的观点成立与否，不仅要有证据的支持，还需要用明晰的思路、流畅的语言将自己的主张进行归纳和总结，以及有理有据指出对方观点的谬误，以求得法院的支持。

（一）法庭辩论的内容

首先，辩论的主体是指控辩双方和其他当事人。

其次，辩论的内容主要在于案件事实的认定和法律适用两个方面。

最后，辩论的内容是关于证据问题、事实问题和法律（实体法和程序法）问题。

（二）法庭辩论原则

第一，法庭辩论是语言的对抗，而非情绪的对立。情绪是法庭辩论的大敌，情绪失控不仅会影响到自己辩论水平的发挥，同时还会引起不必要的敌对情绪，恶化庭审氛围。

第二，法庭辩论说服的对象是法官，而不是对方当事人及其代理人。倘若一方提出自己的观点，而另一方不作任何回应，辩论就失去了意义。从这个角度，辩论双方既对立又合作，驳倒对方并不必然证明自己的观点，当然，也就不可能说服法官。

第三，辩论需要明白对方的逻辑，以便有的放矢，形成交集。这样方便以子之矛攻子之盾，揭示出对方的薄弱环节，尤其是逻辑上不能自洽之处。

第四，法庭辩论需要层次分明，突出重点。这样做的目的在于让法官能够提纲挈领了解你的辩论结构和论证过程，从而使他透彻理解你最核心的观点。

第五，法庭辩论应该简洁明了，具有临场感。法律虽然专业严谨，但法庭辩论是口语表达，法官是用耳朵来理解双方的辩论，所以，切忌照本宣科，长篇大论，这容易使人听觉疲劳。法庭辩论需要的是临场发挥，给人强烈的临场感。〔1〕

四、议会辩论

议会是立法机构，成员为民意代表，他们要做的就是通过、修正或废除提交至议会的动议或决议，这种“通过、修正或废除”需要经过辩论进行，当然，这种辩论是在议会议事规则指导下进行的，辩论结束，最终进行表决。

欧美国家议会的辩论原则和程序大同小异，但是辩论的种类却各不相同。

以美国为例，国会属于立法型议会（transformative legislatures），所以议会辩论制度主要集中体现在议会法案的审议程序中。按照美国的民主传统要求，法案应由国会全体议员进行审议，并保证每个议员有辩论和提出修正意见的充分机会。为了有效地防止类似以冗长的辩论阻挠议事进行的现象发生，国会采用了著名的“5 分钟规则”（Five - minute Rule）。一般辩论结束后，开始对法案的二读，二读可以逐节对法案提出修正意见。按照正常的开放修正程序（the“Open”Amendment Process），给予一位议员 5 分钟时间发言

---

〔1〕《法庭应当坚持的五大原则》，载学习啦网 2019 年 2 月 20 日，https://www.xuexila.com/koucai/bianlun/fating/4150464.html。

以对所建议的修正意见进行解释，之后，经主席同意的议员被允许有 5 分钟时间发言，以对修正意见提出反对意见，而后就该修正案不再进行进一步的辩论。[1]

五、竞选辩论

所谓竞选辩论，即为争取当选而进行的候选人之间的辩论活动。候选人在选举前要进行拉票活动，拉票的方式包括利用报刊、广告、电视、广播和在竞选地区发表演说等各种各样的方式，向选民讲解自己的政治主张，许下诺言以取得选民的信任，从而获得选票。但最重要的，就是竞选辩论，候选人站在摄像机镜头前，竭尽全力，证明自己的竞选观点，同时质疑竞争对手，以此获得电视观众的认同。由于全程影像播出，候选人还得注意自己的服饰、姿态、风度、语言，这一切都将展示在公众面前，稍有不慎，势必被对手超越。在竞选辩论中，候选人展示出的个人形象往往比他们实际讲话的内容更为重要。

当然，除了总统竞选辩论外，还有很多竞选辩论，例如，议员竞选辩论、地方行政首脑竞选辩论、单位职位竞聘（选）辩论、班级干部竞选辩论，等等。

六、竞技辩论

竞技辩论就是本教材的主要内容，它以竞赛为辩论形式，设立赛制，制定规则，设置程序，以相互辩驳为主要方式的辩论活动。

具体而言，竞技辩论主要有这样几个方面的特点：

1. 竞技辩论是一种按照赛制进行的竞赛

竞赛就要有赛制，所谓赛制，就是比赛的规则和具体安排，它包括参赛选手的人数、竞赛的时长、竞赛的环节、每个环节的时长等。由于竞技辩论的普及，其赛制也是多样的，有三人制、四人制，时长也没有统一的规定。为了适应社会的发展和广大观众的需求，竞技辩论也在不断地进行赛制改革。从国外来看，辩论赛主要分为英国议会赛制、美国议会赛制、牛津标准赛制、奥瑞冈赛制、新加坡赛制等。就我国来说，最先引进新加坡赛制，后来是 CCTV 全国大专辩论赛制，上海教育电视台主办的“日立杯”中国名校大学生辩论邀

---

〔1〕《英国议会辩论制度》，载道客巴巴网 2012 年 6 月 22 日，https://www.doc88.com/p-8445975247219.html。

请赛创立的三人制赛制，福建教育电视台主办的海峡两岸大学生辩论赛赛制。21 世纪以来，尤其是 2010 年以来，又出现了世界华语锦标赛赛制、国际华语辩论邀请赛赛制、华语世界杯辩论赛赛制。当然，每个比赛主办方都有权对既定赛制进行调整，如此一来，赛制更是多得无法统计，但万变不离其宗，只要是竞技比赛，都必须有一定的赛制。

2. 竞技辩论的辩题由双方抽签决定

辩论就要有题目，这个题目都是事先准备的，立场不代表辩手的真实思想，而是由抽签决定，这样，就有可能出现抽签抽到的题目并非辩手的真实想法，甚至截然相反。如此一来，辩手们只得硬着头皮说服自己，并且迅速坚定立场，不然，比赛就很难进行。

3. 竞技辩论的时间有规定

既然是比赛，就必须有时间限定，如何限定时间，这要根据辩论本身的特点，比如，辩论内容展开的广度和深度所需要的时间，双方辩手在辩论过程中兴奋度保持的时间，等等。基于这些，规定整个辩论竞赛的时长，据此设计比赛环节，为的是使比赛跌宕起伏；再对辩论赛的每一个环节都给出具体的时长，甚至精确到秒。辩手就必须在规定的时间内说出自己想要表达的意思，从而习惯于在有限的时间内高效率地表达。经过这样的比赛，辩手们就会逐渐学会言简意赅。

4. 竞技辩论并非以技取胜

竞技辩论，顾名思义，“竞”的应该是辩论的技术技巧，如果仅仅是这样，辩论容易变成套路，本来应该生气勃勃的辩论变得死板枯燥，翻来覆去就是那几句由形式逻辑组成的套话，于是狡辩、诡辩成了辩论的标配。其实，竞技辩论最重要的在于内容的充实，这需要大量的知识，要求辩手赛前必须大量地查阅资料，在资料中筛选和提炼出辩论所需要的知识。在这个过程中，辩手们掌握了获取和创造知识的路径，锻炼了获取和加工信息、从中提炼出知识的能力。

七、网络辩论

这里所指的网络辩论，不是那种在网络上进行的竞技辩论，这种网络上进行的竞技辩论不过是把在现场进行的竞技辩论搬到网络空间里。这里所说的网络辩论是 21 世纪随着互联网的普及而产生的一种辩论形式。如果给网络辩论下一个定义,那就是:网民利用互联网空间对某一有争议的问题进行的匿名或实名的争论或讨论。具体来说,一是网络辩论的参与者是网民,而网民大多用的是化名,而且地域分布很广;二是参与辩论的人数不限,只要愿意就可以参与,参与的方式也比较随意,既可以"单挑",也可以"群殴";三是辩论的题目广泛,大到天文地理,小到鸡毛蒜皮,都会成为辩论的题目;四是不设辩论程序,发言者没有时间和次序的限制,想辩多久就辩多久,只要有人愿意和你辩下去,当然,发言也会被其他欲发言者打断;五是可以随时变换辩论题目,比如,某网民提出的某一问题引起了大家的兴趣,那就会放弃正在辩论的题目,转移到新的题目上。网络辩论重要的不是通过辩论深化对问题的认知,而是形成氛围。

第四节 辩论的价值

一、辩论的目的

辩论的目的,不是指辩论对人的作用和意义,而是指辩论双方比赛的目的,既然是比赛,肯定希望本方获胜,要做到这一点,就得守住本方攻破对方。

(一)使对方不能自圆其说

由于辩论双方的立场是由抽签决定的,所以,双方必须为立场而辩,于是,对另一方观点的完全排斥,同时坚定认为己方观点是颠扑不破的,这一点双方都是一样,唯其如此,辩论才会激烈。

1.真理可以说服人,但没有可辩性

在辩论中,一方要说服另一方是不可能的,双方都有支持己方观点的充实的论据和严谨的逻辑,除非一方发现对方的观点完全站不住脚。比如,对方的观点是"人的生命是永恒的",那另一方完全可以说服对方,因为大量的事实、理论、数据充分证明了人的精神可以永恒,但作为生物学意义上的生命不是永恒的,这是公理、常识、真理。但这已经不是辩题,而是真理与谬论,既然这一方是真理,那对应的另一方肯定是谬论。从这个例子,我们可以得出这样的结论:辩论的辩题一定是没有定论且有争议的问题,否则辩论双方就成真理与谬论的关系,就丧失了辩论所必需的可辩性。

当然,有些理论,在过去曾经被视为真理,经过实践检验,已不再是真理,或者真理含量稀少。这个有没有可辩性，要视具体情况。常言道，真理往前多走一步就成谬误，但真理往后退一步呢，变成了什么？比如，“只要功夫深，铁杵磨成针”，说的是下苦功夫坚持不懈，就会成功，曾经多少年来作为真理被我们实践，可是，我们发现，很多人这样做了并没有获得成功。有的人勤勤恳恳一辈子，也清苦了一辈子，这是为什么呢？原来，我们以为“功夫深”和“磨成针”是一种必然关系，其实它们之间最多只是一种条件关系，即“功夫深”是“磨成针”的一种条件，甚至还算不上必要条件。

2. 没有定论的问题，双方才可以各持己见

“说理不是科学论证，它所讨论的是不确定的事情，不是确定的事情。……说理提出的‘看法’无论具有如何充分的理由，都只是一种具有‘或然性’而不是绝对确定性的结论。……说理是一个过程，不是最终结果。”[1]正因为没有定论，所以才有见仁见智，才有各持己见。这个“己见”是建立在“没有定论”的基础上的。既然没有定论，那“己见”就是本方对这个问题的看法，这样，双方才有可能对这个没有定论的问题“各执己见”。“己见”是见解，是观点，而“执”是坚持，是主张，双方所“执”的“己见”对立，那就通过辩论来进行判别。这个判别不是正确与否，也不是谁对谁错，而是谁的证明更充分，也就是说，重在证明的过程，而不是结果。

（二）让对方难以自圆其说

辩论如果仅仅满足双方各自能自圆其说，那么辩论就只剩下“论”而没有“辩”了，我们都知道，“辩”在辩论中处于核心地位，没有了“辩”，“论”就成了自说自话，因此，辩论的真正目的就在于通过“辩”使对方难以自圆其说。

1. 辩题本身难以自圆其说

如前所述，辩题本身就是没有定论的问题，既然没有定论，那么，双方根据辩题所持的立场既有合理性，也具有不合理性。比如，“情比法更能解决纠纷还是法比情更能解决纠纷”。在现实生活中，尤其在广大农村，解决家庭邻里纠纷确实情比法的效率更高；而在价值层面，法律是解决纠纷的刚性需求，法治国家如果用情解决纠纷，实际上形成了悖论。正方强调情的现实作用，却不能说明法治的普遍意义；反方强调法的刚性作用，却不解释现实中情在

---

[1] 徐贲：《明亮的对话》，中信出版社 2014 年版，第 34 页。

解决纠纷中的效率,以及民众对此的接受心理。这正是辩题特有的困境。

其实,所谓辩论的“论”,在于本方通过立论和辩驳证明自己立场观点的合理性,而“辩”则通过质疑和反驳证明对方立场观点的不合理性。这样一来,对辩题的理解就成了使本方能自圆其说、而使对方不能自圆其说的第一关。要闯过这一关,就要求双方辩手从背景、现象、事例、理论、逻辑等方面狠下功夫,谁的功夫深,谁就有可能达到使对方难以自圆其说的目的。当然,这也是一个博弈,不过,不是双赢的正和博弈,而是势不两立的零和博弈。

2. 整个论证体系难以自圆其说

由于辩题没有定论,那么由此建立的论证体系肯定存在漏洞,这不是辩手的能力问题,而是先天存在的问题。所以,任何企图使本方立论天衣无缝的想法是不现实的。这样一来,就出现了悖论:明明知道论证体系存在漏洞,可就是不知道漏洞在哪里;如果你知道漏洞在哪里,那么你就会补上漏洞;如果能补上漏洞,那么,这个辩题就没有可辩性了。其实,有漏洞并不可怕,关键在于如何临场补上漏洞。因此,双方都应该承认,本方的立论体系存在漏洞,自然也存在难以自圆其说的可能性。这是不以辩手意志为转移的客观存在,如果不加注意,这种可能性就会演变为必然性。

(三)使本方能够自圆其说

如果仅仅使对方难以自圆其说,而不考虑本方能不能自圆其说,那么,这场比赛会变成什么样子?那便是,双方敞开自己的漏洞指责对方的漏洞。如此一来,辩论就只剩下“辩”而没有“论”了,没有“论”的辩论赛就成了吵架比赛,跟没有“辩”的比赛一样残缺不全。所以,辩论双方都必须注意到,在使对方不能自圆其说的同时,还应该尽力使己方能自圆其说,这就形成很有趣的博弈:双方都在千方百计使对方难以自圆其说,同时,又在竭尽全力使己方能够自圆其说。这就是辩论赛的魅力与精彩。

当然,要想使己方能够自圆其说,不能完全指望辩题的合理性,这种合理性只是给立论提供依据,而比赛才是检验的标准。一般来说,要想使本方能够自圆其说,在赛前准备时,要尽量设想到本方的软肋,并且加以修正补足。自圆其说最难是在比赛中,当己方论证体系或过程的漏洞被对方发现并且质疑时,如果应对不当,势必被对方撕开裂口,使己方陷入泥淖。

因此,辩论的目的不仅使对方难以自圆其说,也在于使本方能够自圆其说。有人可能会说,使对方难以自圆其说不就是等于己方能够自圆其说吗?

答案应该是否定的。对方难以自圆其说并不等于本方就能够自圆其说。举个简单的例子,你对手生病并不等于你就健康;同样,你生病也不等于你的对手健康。因为二者没有必然关系,对手生病与你健康之间不存在必然的因果关系。那么,在辩论中,我们一方面想方设法使对方难以自圆其说,另一方面也要千方百计使己方能够自圆其说,这也许就是辩论的辩证法。

二、辩论的作用

辩论有什么用?这是学习辩论者经常提出的问题,它对我们的学习、职业、甚至人生有没有用?对提升自我的能力有没有用?等等。这些辩论之外的问题有时候比辩论本身更难回答。如果说辩论有用,那么,就很容易把辩论视为工具,为的是提高我们的某些能力;如果不视为工具,那辩论就是无害的游戏,谁愿意用宝贵的时间来玩这些没有实际用处的游戏呢?事实上,并非所有的辩论学习者都是出于对辩论的热爱,"爱你"也不是没商量。

(一)养成批判性思维

欧美顶级名校都把批判性思维作为大学生必备的思维,而要养成这样的思维方式,辩论就是途径之一。所谓批判性思维(Critical thinking),直译为中文就是严谨的思考方式。"批判性"(critical)这个词源本身就来自希腊文kritikos,意思是辨别力、洞察力、判断力,引申义有敏锐、精明的意思;而中文的"批判",则更有批评、判断的意思。

1. 批判性思维定义梳理

◆定义举例

定义一:真正的批判性思维,是指对自己的思维过程持批判性态度,保持开放与进步。能够认识到自己思维的局限性,以公平公正的态度,作出最终的结论。

定义二:批判性思维是以一种合理的、反思的、心灵开放的方式进行思考,从而能够清晰准确地表达、逻辑严谨地推理、合理地论证,以及培养思辨精神。

定义三:批判性思维是人的思维发展的高级阶段,简单说来,它的主要特征就是:如何质疑,即"会提问",这是批判性思维的起点;如何判断,即"会解答",用有说服力的论证和推理给出解释和判断,包括新的、与众不同的解释和判断。把这两个特征结合在一起,批判性思维就是以提出疑问为起点,以获取证据、分析推理为过程,以提出有说服力的解答为结果。[1]

◆定义评析

关于定义一,强调批判的对象是自己的思维过程,因为自己思维具有局限性,所以要保持批判态度,要保持开放与进步。这种说法似乎有些牵强,思维的局限性不是保持批判态度和开放进步的充足理由。思维具有局限性,这是必然的,也是普遍的,没有任何人说自己的思维不具有局限性。批判性思维可否使自己的思维没有局限性?如果这样,势必形成悖论:既然自己的思维具有局限性,那么,对自己的思维保持批判态度,用自己有局限性的思维为工具,去批判自己有局限性的思维?

关于定义二,强调思考的方式是合理的、反思的、心灵开放的,培养思辨精神。合理更应该是一种评价,而不是一种思考方式;反思是一种思考方式,但并不必然培养出思辨精神;而心灵开放是心理学意义的表述,跟思维关系不大,心灵不开放未必没有批判性思维。想一想,如果真要在大脑里安装这三种思考方式,应该难以培养出思辨精神。

关于定义三,比较复杂,从批判性思维的特征入手:"会提问"和"会解答",并且赋予"会解答"以高大上的诠释:新的、与众不同的解释和判断,并且根据这两个特征,得出批判性思维是"以疑问为起点,以获取证据、分析推理为过程,以提出有说服力的解答为结果"。这两个"会"("会提问"、"会解答"),一个是批判性思维的起点,另一个是批判性思维的过程和结果。令人疑惑的是,思维作为一种方式有没有结果,如果有结果,那么方式作为一种工具,它本身就蕴含了结果?对于批判性思维的定义,似乎跟刑事侦查的思维差不多。但是,这个定义最有价值的是"新的""与众不同"这两个概念,作者认为这应该是批判性思维的元素之一。

2. 批判性思维是求异思维

通过前面的比较,我们对批判性思维进行定义。从分类的角度,与批判性思维相对应的就是非批判性思维,那么,非批判性思维的定义应该是什么呢?那就是凡是批判性思维所具有的特点,非批判性思维都不具备。那么,根据前面所述,批判性思维的特点有:质疑、反思、新颖、与众不同。由此可以推断,非批判性思维的特点应该与之相反:相信、淡然、陈旧、趋同。有这样的

---

[1] 钱颖一:《批判性思维与创造性思维教育:理念与实践》,载《清华大学教育研究》2018年第39卷第4期。

思维吗？由此，作者以为，对批判性思维的定义过宽，似乎有包罗万象之嫌。事实上，当下批判性思维成了时尚，似乎不说自己具有批判性思维，都不好意思说自己是现代人。同时，汉译英语世界关于批判性思维的著作、汉语写作的相关著作汗牛充栋，这方面的课程也成了大学的亮点，似乎只要读了这些书，上了这门课，就会立马转换为批判性思维。

其实，所谓批判性思维，从辩论的角度，就是一种求异思维，即不受已有信息或以往思路的限制，自觉打破思维定式，突破经验思维，从不同方向、不同角度寻求解决问题的不同答案。

辩论思维其实就是典型的批判性思维。

一方面，出其不意。各自的观点双方都明白，你在构筑自己的辩论体系时，就要预测对方可能会怎么立论，如果对方是这样立论，我方将怎样有的放矢。同时，你也要预测对方会怎么预测本方，如果这样，本方如何另辟蹊径。总而言之，双方都希望对方在自己的预料之中，而本方却在对方的预料之外。所以，在辩论准备中，有些资料明明极其有利于本方，却被忍痛割爱，因为这也在对方的了解之中，对方肯定会设计应对之策。比如，有一次赛前准备，辩手们在网上发现了跟本方辩题有关的辩词，大家喜出望外，这下就不用“为伊消得人憔悴”了。而此时教练却坚决制止，你能看见，对方也能看见，如果照抄这些文本，而对方又预测到了，那就形成了单向透明，这场比赛的结果在赛前就定下来了。于是，他们将计就计，假定对方以为我方是照抄网上的文本，那么，我们就另起炉灶，来一个另辟蹊径。在比赛中，对方果然如此，于是，就向观众展示了一幅有趣的场景：对方深刻地指出本方不存在的缺点和错误——因为他们赛前准备的稿子上是这样写的，没办法临场改动了。辩论赛中，最容易获得掌声的往往是在对方预料之外，在这里，批判性思维（求异思维）被充分运用。这不是知道了批判性思维才用的，而是这种实践自然会用到这样的思维。从这个意义上，批判性思维来自实践，不是先有批判性思维，才有“批判性”实践，而是存在决定意识。

另一方面，同中求异。批判性思维不是否定，也不是质疑，否定和质疑是人类自从有了语言以来与生俱来的思维能力。不论是批判性思维，还是非批判性思维，否定和质疑都是标配。批判性思维是求异，是不从众、不趋同。比如，恢复高考以来，有的大学恢复以前的校训，以显示本校的历史与传承，然而，更多的大学尤其是中华人民共和国成立后建立的大学，却没有校训，于是大家纷纷设计校训,结果发现,这些校训大多数雷同。说起来很奇怪,校训就像人取名一样,最忌讳与别人相同,那为什么会如此“高度一致”呢?原因就在于思维的趋同,他们设计校训的过程中,只是对校训的文字进行历史的、文化的、审美的分析和评价,却没有想到,其他学校会不会也是这样,结果,“吟安一个字,捻断数根须”得来的充分体现本校历史文化精神的校训,竟然与别的学校相似甚至相同,这让人情何以堪。其实,这类“不约而同”的事情经常发生,只是我们习焉不察、习以为常。比如,有一些主题演讲比赛,其特点之一就是演讲高度雷同,内容大同小异,语言千部一腔,姿势表情如出一辙,为什么会这样呢?求同思维的作用。

3. 批判性思维是创新思维

创新思维说到底就是批判性思维。所谓创新,就是无中生有,这个“新”是前所未有,不然,就不是“新”了。而要创新,就要不从众、不趋同,就要与众不同。辩论就是如此。即使同一个辩题辩了很多次,本应该驾轻就熟,事实上谁也不会这样做,原因就在于对方会做这样的预测。因此,你得忍痛割爱,将以前关于这个辩题的文本归零,另起炉灶,以求出其不意。

实际上,创新并非完全无中生有,任何创新都是建立在继承前人、借鉴他人基础之上。纵观人类历史,任何器物的发明和新思想观点的提出,莫不如此。在器物创新方面,瓦特的蒸汽机,爱迪生的灯泡,莱特兄弟的飞机,都不是完全凭空想象出来的;日心说也是批判地吸收地心说的某些合理的内核创立的。同样,在思想理论方面,先秦诸子百家争鸣,都不可能凭空创造出自己的学说,比如儒家,就是在继承《周礼》的基础上创新出一家之言。辩论更是如此,我们说辩论是求异,并不表示辩论不需要学习和借鉴任何其他的知识。一个辩题,我们要查阅大量的资料,并且对这些资料进行消化吸收,变成自己创新的养料;如果有条件,还会参考其他一些辩论赛等,在这个基础上才有可能去思考如何与众不同。

(二)学会尊重

辩论所具有的尊重和包容,是指于唇枪舌剑中的尊重,于势不两立中的包容。辩论看起来好像唇枪舌剑针锋相对,实际上有一套严格的规则和程序,使我们习惯于按照规则和程序辩论,久而久之,我们就会习惯尊重对手包容异见。

1. 罗伯特议事规则

有人可能以为辩论就是在思想的原野上自由驰骋，辩手如骑手，信马由缰。其实不是这样，首先，辩论有一套完整的规则和程序，谁若违反，就会受到扣分的处罚，谁也不愿意因为违反规则被扣分而输掉比赛。说到规则，我们自然就会说到著名的《罗伯特议事规则》。在这个规则出台之前，美国议会开会简直是一场折磨，议员发言的冗长和拖沓，辩论时故意占用时间，絮絮叨叨，使对手无法表达，而且往往得理不饶人，甚至还有人身攻击，整个会议被搅得一团糟。有一位叫亨利・马丁・罗伯特的美国人，看在眼里急在心里，他在 1876 年出版了《罗伯特议事规则》，这个规则内容非常详细，包罗万象：有专门讲主持会议的主席的规则，有针对会议秘书的规则，当然大量是有关普通与会者的规则，有针对不同意见的提出和表达的规则，有关辩论的规则，还有非常重要的、不同情况下的表决规则。后来人们把这个议事规则归纳为 12 条：

第 1 条　动议中心原则：动议是开会议事的基本单元。会议讨论的内容应当是一系列明确的动议，它们必须是具体、明确、可操作的行动建议。先动议后讨论，无动议不讨论。

第 2 条　主持中立原则：会议主持人的基本职责是遵照规则来裁判并执行程序，尽可能不发表自己的意见，也不能对别人的发言表示倾向。

第 3 条　机会均等原则：任何人发言前须示意主持人，得到其允许后方可发言。先举手者优先，但尚未对当前动议发过言者，优先于已发过言者。同时，主持人应尽量让意见相反的双方轮流得到发言机会，以保持平衡。

第 4 条　立场明确原则：发言人应首先表明对当前待决动议的立场是赞成还是反对，然后说明理由。

第 5 条　发言完整原则：不能打断别人的发言。

第 6 条　面对主持原则：发言要面对主持人，参会者之间不得直接辩论。

第 7 条　限时限次原则：每人每次发言的时间有限制（比如约定不得超过 2 分钟）；每人对同一动议的发言次数也有限制（比如约定不得超过 2 次）。

第 8 条　一时一件原则：发言不得偏离当前待决的问题。只有在一个动议处理完毕后，才能引入或讨论另外一个动议（主持人对跑题行为应予制止）。

第 9 条　遵守裁判原则：主持人应制止违反议事规则的行为，这类行为者应立即接受主持人的裁判。

第10条 文明表达原则：不得进行人身攻击、不得质疑他人动机、习惯或偏好，辩论应就事论事，以当前待决问题为限。

第11条 充分辩论原则：表决须在讨论充分展开之后方可进行。

第12条 多数裁决原则：（在简单多数通过的情况下）动议的通过要求“赞成方”的票数严格多于“反对方”的票数（平局即没通过）。弃权者不计入有效票。

这12条原则凸显了三个特点：一是约定性，即有约在先，规则明示在前，对事不对人；二是工具性，强调解决问题的方法和手段，既不无端拔高，也不故意贬低；三是价值中性，通过文明议事来说服、辩论、妥协，从而形成有效果的行动。

罗伯特议事规则不仅是议会讨论的规则，也成了辩论赛规则的来源，比如主持人中立、辩论双方发言机会均等、不进行人身攻击、不质疑对方动机等原则，以及发言完整、限时限次、服从裁判、文明表达，这些都被用于辩论赛规则之中。参加辩论赛的辩手，首先必须懂得遵守规则，必须习惯于在规则下表达，不然，将受到规则的制裁。所以，辩论无涯，规则有限，无规矩不成方圆，只有在规则下，这个“方圆”才具有真实性。

2. 遵守规则就是尊重对手

以往的辩论赛中，我们时常可以看到辩手这样说话：“对方辩友，你是装不懂还是真的不懂”“对方辩友，你连这个都不知道，那好，我来给你科普一下”“对方恐怕没有好好读过这本书”“对方的水平如此之低，完全出乎我方的意料”“对方故意这样，其目的就是……”“对方辩友，你这是偷梁换柱（别有用心、一叶障目不见泰山、穷途末路、四面楚歌、草木皆兵、胡说八道、胡言乱语……）”。开始听到这些还不怎么在意，后来听得多了就觉得不太对劲，对方跟你争辩的是问题、是论证，你却对别人的动机和人身进行攻击，这似乎不太厚道。为了杜绝这种状况，赛会实施了严格的辩论规则，尤其是将这些攻击性语言跟评分挂钩后，这类现象便日趋减少。

任何一项赛事，都必须尊重对手，具有可操作性的就是用规则来强制。比如，辩论赛总的原则，一是双方对等，发言的时间、次数、次序对等；二是就事论事，不得质疑对方动机，更不得人身攻击；三是必须服从主持人，不得对主持人进行质疑。这些规则初看起来平淡无奇，社会公共生活中，这样规章、规范，那样公约、规约比比皆是，却没见多少人遵守。为什么？主要原因就在于处罚不到位,没有处罚,这些规则就失去了作用。道理很简单,如果违规不需要支付代价,那么违规行为就是最合算的行为,这就很容易产生示范效应,其他人也会效仿。而辩论则不同,它以处罚保证规则的实施,违反规则就要被扣分,而分数关系比赛的成败。这样,你可以不顾规则,可绝不可能不顾本方的成败,为了本方的胜利,就必须遵守规则,哪怕是被迫、勉强,这正体现了规则的强制性。规则中很重要的操作性条款不是尊重对手,而是不得质疑对手动机,不得人身攻击。这是禁止性条款,不是要你尊重,而是禁止你不尊重,违反了就要支付代价,如此一来,慢慢就养成了尊重对手的习惯。由此,我们可以总结出一条经验:凡是需要人们去做的某件事,必须对做这件事相反的行为进行处罚,久而久之,良好习惯由此养成。

所以,我们说辩论赛可以养成尊重对手的习惯,这不仅仅是道德提倡,而且是实打实的具有可操作性的举措,这个可操作性就是由规则及处罚作为保障。不违反规则,就是尊重规则,就是尊重对手,因为规则保护辩手。只要你参加辩论赛,你就得遵守规则,而规则保护辩手不因言论而受到对方对其动机、人身的责难,这样辩手就可以免除后顾之忧,放手在辩论中博弈。同样,作为辩手,你也对等地享受这些保障,用句老话:"与人方便,自己方便;己所不欲,勿施于人。"

3. 尊重对手也是道德品质的体现

"尊重对手的论辩者应承认对方的智力和素养,相信对方具有在审视所有摆在面前的不同事实和观点后,仍然能够冷静理性地决定他们观点立场的智慧和能力。"[1]规则可以禁止某种行为,我们因为成本收益的计算而遵守规则,但是,这种遵守不是自觉而是被迫,这显然不是我们提倡尊重对手的初衷。规则只规定不得对辩手的动机和人身进行攻击,并没有要求我们必须尊重,因为尊重毕竟是一个道德概念,难以用规则实施。当然,尊重对手的前提是不伤害对手,这由规则明文规定。

人性是否本善或许没有定论,但我们坚信人性向善,所以,作为辩手,不能仅仅满足于不违反规则或者遵守规则,更在于从道德上认知尊重对于自身人格修养的重要意义。这个道德认知表现在:

其一,对辩论队而言,尊重对手体现了一个队伍的整体素质。双方的针

[1] [美]托马斯·郝理翰、凯文·马斯科:《论辩学教程:论说与辩争的思维与方法》,邓炘炘译,清华大学出版社2018年版,第14页。

锋相对，不是价值观的势不两立，仅仅是对这个辩题理解的方式截然相反。而这种相反不是自己的选择，是由抽签决定。所以，如果在辩论过程中，遭遇难堪，这也不是因为你的人格，而是因为你方在辩论的某个地方出了差错。一场高质量的辩论赛，不仅在于双方内容丰富语言个性化，更在于双方礼貌文明，不视对手为敌手，而视对手为朋友；不是声色俱厉地讨伐，而是和风细雨地讨论。当然，辩论赛需要展示双方对抗的强度，但这只是对观点内容理解上的对抗，而不是价值观的对抗。一个辩论队，是否尊重对手，往往是评价该队素质的一个指标。以前曾经有过这种现象，以为辩论要在气势上压倒对方，结果在比赛中往往以势压人，用一些尖刻的语言攻击对方，这也遭到评委和广大观众的指责，不过，现在这种辩论风格已逐渐被尊重对手的风格所取代。

其二，辩论赛不仅仅展示本方的辩论水平，也是展示个人风采的平台。没有哪一位辩手愿意在比赛中展示出张牙舞爪、咄咄逼人的嘴脸，因为这有损自己的形象，每位辩手都比较爱惜自己的羽毛。那么，语言儒雅，举止得体，绅士风度，淑女风范，这应该是每位辩手所向往的气质与形象。要做到这一点，得从遵守规则做起，当然，不能仅仅满足于遵守规则，而应该在此基础上学会视对手为诤友。所谓诤友，是指勇于当面指出缺点错误，敢于与你交锋的朋友，这种交锋不是争胜负，而是深化对问题的认知。以这种态度对待你的对手，尊重就会发自内心，而不是迫于规则。这也表明，作为一种价值，尊重已经被你内化于心。推而广之，能够在比赛中尊重你的对手，自然更能够在生活中尊重你遇到的每一个人，如此，也就优化了你的人格。

（三）享受辩论

长期以来，我们都形成了这样的思维定式，凡是教材，凡是课程，都属于学习任务；一旦成为任务，过程也就不可能轻松愉快。但是，对于辩论，学习的过程应该是享受的过程，为此，就需要培养对辩论的喜爱，辩论才会给我们带来很多快乐。在快乐中收获，在收获中快乐。享受辩论，就是要享受辩论带给我们的酸甜苦辣，这样的人生才五味俱全，这本身就是一种乐趣。

1. 享受辩论过程的乐趣

思辨是青年人的特质。为什么思辨？是出于强烈的好奇心。为什么好奇？是这个世界对于成长中的我们太新奇了。随着年龄与知识的增长，我们对于外面的世界越来越好奇，越来越想寻找出究竟。辩论就是这样，抽签得到辩题，马上激起了我们迎接挑战的冲动，这如同体育比赛前进入场地做准备活动。

一是享受查阅资料的乐趣。首先是对未知资料的好奇心也被激发起来，特别想知道这个辩题中蕴含的事实、数据、理论、逻辑。上网查阅，鼠标在手，走遍全球，这可没那么简单，你还得设计关键词，当然，你完全可以尽兴地按照你的理解来设计，没有人对你指指点点。点开页面，大千世界扑面而来，你既可以刻意选取，也可以随意采撷，一切都由你决定，你的网络你做主。每次辩论比赛，前期准备阶段是最兴奋的，因为它给了我们一个无限发挥自己想象力的机会：你必须大量的查阅资料，查阅的过程既紧张疲劳，又轻松愉快；睁大双眼，快速扫描标题和页面，看得久了，你的大脑兴奋可视觉器官疲劳，你面临着两难选择。查阅得越多，总觉得自己离真相更近了，有时候甚至还会有“众里寻他千百度，蓦然回首，那人却在灯火阑珊处”的感觉。但是，也有的时候，你会沮丧，你会懊恼，你可能因为关键词设计不合理而误入“歧途”，由此而浪费了很多时间。

二是享受讨论辩题的乐趣。大家在一起讨论，热火朝天，充分释放出青春的火力。相互质疑，相互诘难，自我辩解，自我证明；有时提出一个观点，马上几位队友围攻，用这种挤压式的质疑逼着你不断搜索枯肠证明自己。当队友说出一个问题的时候，你会本能地进行反驳。训练室里明明没有几个人，却人声鼎沸，众生喧嚣；明明大家都在声嘶力竭地争吵，人人却满面笑容；明明校园灯火早已阑珊，训练室里却如同白昼。整个现场气氛就像进入了本能状态，一场训练下来，大家如同蒸了桑拿，酣畅淋漓，痛快无比。当然，也有的时候垂头丧气，因为大家吵了几个小时，瓶颈还是那个瓶颈，困难也还是那个困难。

三是最应该享受的还是比赛的乐趣。当你站在比赛场上，以微笑面对同样微笑的对手，你会既感到紧张又觉得兴奋，有点像运动员蹲在起跑线上，只等发令枪响。这时候，你想到的就不是输赢的问题，这得由评委决定，谋事在人，成事在天，你就好好地谋你的事吧。此时的你，完全进入了角色，物我两忘，全身心沉浸于证明、质疑与反驳之中，那可真是：此中有真意，欲辩已忘言。当你的回答激起场上热烈的掌声的时候，你会微微一笑；当你因对方的质疑而陷入困境的时候，你会感到失落。总之，快节奏的辩论赛进程中，你的感受是跌宕起伏的：顺利时高兴，困难时沮丧，胶着时紧张。享受这份跟着辩论节奏不断变化的情境，这也是辩手们辩论青春的一大乐趣。

2. 享受辩论语言的乐趣

辩论是语言的交流，不论语言是什么，辩论都必须通过语言来表达，无语言即无辩论，有什么样的语言就有什么样的辩论，现实生活中的语言是最丰富的，也是最具有活力的。在书本学习中，我们逐渐把自己的语言转换成书本语言，以便高效率地学习，因为书本语言是去个性化的。当我们学到甚至掌握了知识后，有些人却难以把书本语言转换成自己的生活语言，于是就形成了“学生腔”，其特点之一就是，语言里充满了“因为，所以”“不但，而且”“虽然，但是”这类关联词语。这种语言如果用在课堂上，也许还行，毕竟课堂是展示书本知识的重要场所；若用在生活中，则显得枯燥，千人一语，千语一腔。

一方面，享受语言幽默化的乐趣。语言幽默一直是青年学子的向往和追求，然而，作为一种语言习惯或能力，幽默绝不是如同驾驶技术一样可以按规程来操作的，幽默必须在表达中训练和培养，而辩论则可以高强度地培养这种语言习惯。其论证过程为：辩论需要表达，表达需要生动，而幽默可以使语言生动最大化。我们就要注意培养自己语言的幽默感。比如，在辩论队里，就要想方设法进行语言“非严肃化”，以期最大限度地形成充满乐趣的语言氛围。比如，故意临时改变甚至破坏现有的语言结构，以错为对，正话反说，反话正说，成语乱解，语序颠倒。每当有人说起这些，大家报以会心的一笑，或者有人生造出一个词，大家会捧腹大笑，总之，怎一个“笑”了得。怎样才能学会幽默，其实很简单，化“神奇”为“腐朽”是也。就像鲁迅所说：喜剧将那无价值的东西撕破给人看。比如，你可以这样说：“你能不能肤浅一点？”“我要怎样做才能不崇高？”或者创造性引用诗词、格言警句之类：“对方的辩友的忧患意识真的是‘载不动许多忧’啊。”“看来，对方强调天才出自勤奋，那我浑身冒出了‘99%的汗水’，那没冒汗的地方是否就是‘1%’的灵感？”就是通过这样有意识的训练，营造了一个幽默的语言氛围，在这种氛围中熏陶，可以在感受幽默中，最大限度地使自己能够根据自己的语言习惯形成独具风格的幽默。

另一方面，享受语言儒雅化的乐趣。有人以为，辩论的语言就是要锋利犀利，如匕首，如投枪。可是，对方只是对手，不是敌人，辩论也不是利害冲突，更不是原则对立。辩论不过是双方站在对抗的立场上，对某一问题从逻辑的角度进行梳理，既然如此，就没有必要将语言打磨成尖刀。

坦率地说,我们以前的辩论在语言方面一直存在误区,一些语言成了辩论赛的标配,比如:“对方犯了一个严重的错误”“对方的逻辑荒谬”“是还是不是,请对方辩友正面回答我方的问题”,语言犀利,气势汹汹,这严格地说是缺乏人文素养的临床症状。其实,汉语最讲究儒雅,只要读一读古代典籍就可以发现,中国的谦辞和敬辞是最丰富的,读《孟子・梁惠王》就可以感受到孟子和梁惠王辩论的心平气和,读王安石的《答司马谏议书》,就可以欣赏王荆公是怎样儒雅地对司马光的指责进行辩驳的。

语言的儒雅化来自对辩论的深层次认知,辩论是因为双方有分歧,但是,这个分歧不是双方价值观的分歧,仅仅是理解的不同,并不等于对方不正确或不道德。语言的儒雅化具体表现应该是:“对方的观点有其合理性,但对方却没有充分证明其合理性,我方感到遗憾。”“其实,我方与对方的出发点是一致的,都希望从中寻找出一条正确的路径,可是在寻找的过程中,我方与对方在方法上存在分歧。”“很遗憾,对方在事实方面还不是很具体,而在用事实证明观点上也存在不足。”甚至还可用欣赏的语言:“对方 X 辩的语言风格(论证逻辑)给我留下了深刻的印象。”儒雅不是软弱,更不是退缩,而是一种具有包容性的语言风格,这种语言风格是人文素养的体现,它使我们的语言更加具有亲和力,不仅使对方,也使自己在辩论中充分享受到这种儒雅的乐趣。

第二章　辩　论　学

辩论学作为一门研究竞技辩论的理论，是研究辩论的发生和发展规律以及辩论的方法与技术的理论体系。辩论学的特点在于：一是侧重于辩论方法的研究；二是注重竞技辩论的实践。

辩论学的研究对象有三个方面：一是辩论对大学生学习的作用及其规律，比如辩论在大学校园文化中所处的地位及作用，辩论对于大学生心理及思维的影响；二是辩论自身的结构与规律，比如辩论的类型、辩论的历史；三是对辩论的评判、欣赏，以及如何推动辩论自身发展。这三个方面，各自相对独立，又相互依存。

第一节　辩论学与相关学科

所谓特点，就是本事物跟其他具有相似性的事物之间进行比较的不同之处。辩论学的特点，也需要通过与其他相关学科比较，然后进行归纳，最后得出结论。

一、辩论学与哲学

辩论学离不开哲学，哲学是辩论学的理论基础，尤其是哲学的方法论，为辩论学方法论研究提供了路径和工具。我们知道，哲学是关于世界观和方法论的学说，是在各门科学知识的基础上形成的，具有抽象性、反思性、普遍性的特点。世界观主要说明世界"是什么"的问题，而方法论则主要说明面对世界"怎么办"的问题，这个"怎么办"表明哲学方法论是以解决问题为目标的理论体系，它对一系列具体的方法和举措进行分析研究，并对此进行归纳总结，最终提出一般性的原则。辩论学属于实践性学科，尤其强调方法论的作用，因而，辩论学在哲学方法论的吸纳方面，既有历史的传承，也有现实的借鉴。

（一）辩论学的历史传承

就历史传承而言，在中国，从先秦到当下，中国传统文化中有很多思辨的内容，对辩论产生很大影响。就方法论而言，先秦时期，孔子特别注重学习与思考的关系，提出“学而不思则罔，思而不学则殆”，主张“博学”“多闻”“多见”；墨子则注重使用类似于实证的方法，强调实际经验的重要性。宋明时期，程朱理学强调“格物致知”，认为“知”为人所固有，但必须格物以致之，“即物而穷其理也”。在辩论逻辑方面，先秦的名家则更是以研究辩论逻辑著称，其代表人物有惠施、公孙龙等人，他们结合当时出现的一系列名实不副的现象，提出了许多启发人们思考的辩题，这些辩题的中心内容就是名与实的问题，也是概念和事实的关系，比如，公孙龙就发现了“白马非马”这个命题中，存在个别和一般的对立关系。

在欧洲，作为近代方法论的奠基人，英国科学家培根创立了经验主义方法论，提出了新的认识方法即经验的归纳法；而法国的笛卡尔则推出了理性演绎方法，他尤其重视理性，他的名言“我思故我在”，已成为辩论学研究的一个重要内容。此外，英国的休谟提出了批判理性知识的怀疑论；德国的康德第一个打破形而上学思维方法的缺口，力图把哲学变成为方法论，他批判理性思维的方法，形成了自己的批判的方法论；而黑格尔批判了康德的批判的方法论，坚持逻辑的客观性，强调理念辩证法作为普遍的认识方法和一般精神活动方法的作用。

自20世纪初以来，自然科学的突飞猛进促进了方法论研究和应用的发展。科学发展给哲学方法论提出了一系列亟待解决的问题。比如，观察和实验的关系、科学事实和因果性解释的关系、归纳和演绎的关系、类推和概括的关系、假说和理论的关系、理论与实践的关系，等等。“二战”结束以后，哲学把对方法论的研究同科学发展的历史联系起来，比较著名的学者有英国的波普尔、美国的库恩。波普尔把科学发展视为一系列的证伪过程，推崇演绎，贬低归纳，强调证伪，否定证实；库恩提出科学革命则是“范式”（paradigm）的取代，认为科学的实际发展是受范式制约的常规科学以及突破旧范式的科学革命的交替过程。

（二）马克思主义方法论

当然，方法论方面最具有意义的是马克思和恩格斯创立的唯物辩证法，这是科学的方法论,它是在概括各门具体科学成果的基础上,根据自然、社会、思维的最一般规律引出的最具普遍意义的方法论。唯物辩证法是对客观规律的正确反映,它要求人们在认识和实践活动中一切从实际出发,实事求是,严格按照客观世界发展的辩证规律分析问题和解决问题。

马克思主义哲学方法论最重要的特点在于,它不仅是理论认识的工具,而且是共产主义运动中的伟大革命实践的工具。它是理论认识方法和实践方法统一的、完整的、科学的方法论,它在社会实践中和精神生活中起着越来越大的作用。毛泽东同志以马克思主义哲学的方法论为指导,将马克思主义方法论具体到思维层面,他提出:"共产党员对任何事情都要问一个为什么,都要经过自己头脑的周密思考,想一想它是否合乎实际,是否真有道理,绝对不应盲从,绝对不应提倡奴隶主义。"〔1〕这个论述对我们研究辩论学有重大的指导作用,首先,要习惯于问"为什么",养成怀疑的习惯;其次,要学会用自己的头脑思考;再次,用实际检验,用逻辑验证;最后,不盲从,不唯上,坚持独立的人格。

(三)辩论学与哲学方法论

哲学方法论为辩论学提供了养料。作为一门方法论学科,辩论学研究的对象是具体的辩论。研究就应该掌握相应的方法,哲学的方法论不仅为辩论者提供了辩论方法的哲学依据,也为辩论学研究提供了研究思路和研究工具。从古代的朴素的实证方法论、近代的经验主义方法论,到现代的科学方法论,这些都极大地丰富了辩论学的研究。

哲学方法论为辩论学的实践提供了具有可行性的思维方式。古代的实证和类比,近代的经验归纳与理性演绎,现代的"证伪"与"范式",等等,这些不仅是我们研究的对象,更是辩论实践需要传承与借鉴的思维方式。

马克思主义方法论即唯物辩证法不仅为辩论学实践提供了科学的方法论,更在于为辩论学研究奠定了思想基础。唯物辩证法的三大基本规律是:对立统一规律(矛盾的规律)、质量互变规律和否定之否定规律。其内在关系在于:对立统一规律揭示了事物发展的源泉和动力,质量互变规律揭示了事物发展的状态,否定之否定规律揭示了事物发展的趋势和道路。

---

〔1〕 毛泽东:《整顿党的作风》,载《毛泽东选集》(第三卷),人民出版社 1991 年版,第 829 页。

二、辩论学与博弈论

(一)何为博弈论

博弈本意是下棋,引申为:在一定条件下,遵守一定的规则,一个或几个拥有绝对理性思维的人或团队,从各自允许选择的行为或策略进行选择并加以实施,并从中各自取得相应结果或收益的过程。有时候也用作动词,特指对选择的行为或策略加以实施的过程。

一个完整的博弈应当包括五个方面的内容:(1)博弈的参加者必须是独立的,即博弈过程中独立决策、独立承担后果的个人和组织;(2)博弈的信息必须是有用的,即博弈者所掌握的是对选择策略有帮助的情报资料;(3)博弈的策略可选择,博弈方可选择的是全部行为或策略的集合;(4)博弈的次序有先后,即博弈参加者做出策略选择的先后;(5)博弈方的收益有得失,即各博弈方做出决策选择后的所得和所失。[1]

(二)博弈中的辩论

辩论的实践和辩论学研究与博弈论关联度很大,辩论其实就是一种典型的博弈,是"在一定条件下,遵守一定的规则"的两个团队,按照规则确定策略选择行为并加以实施,最后从中取得相应的结果。

博弈论中有几组概念跟辩论实践和辩论学研究密切相关:

1. 合作博弈与非合作博弈

这组概念的意思就是,人们在利益相互影响的局势中如何选择决策使自己的收益最大。辩论赛就是双方利益的相互影响,赛前双方都挖空心思选择或设计决策,以使自己在比赛中收益最大化,同时尽量使对方利益最小化,换言之,就是己方获胜概率最大化,同时促使对方失败概率最大化。这其实就是一种非合作博弈。辩论双方不可能达成合作博弈所需要的协议,这样,双方的收益呈剪刀差,一方的收益增加,是以另一方收益减少为前提,因而整个辩论的结果只能是一胜一负。当然,从社会效益看,负的一方其实也并没有失去什么,双方都为广大观众奉献了一场精神的盛宴。从这个意义上来说,也可以算是合作博弈。

---

〔1〕 王健:《工程活动中的伦理责任及其实现机制》,载《道德与文明》2011年第2期。

2. 非对称信息博弈与对称信息博弈

这是指博弈双方所获得的信息不对称，一方可能具有信息优势，也可能双方都是不完全信息，但一般是信息优势方是完全信息，而信息劣势方是不完全信息，而在不完全信息下可能博弈双方信息是对称的，因为都是信息不完全的。实际上，辩论双方的信息既是非对称的，又是对称的。非对称信息往往在辩论比赛过程中表现出来，一方滔滔陈词，有理有据，另一方捉襟见肘，理屈词穷。为了避免这种不对称，双方都在赛前通过查阅资料、深入讨论，使自己占有信息优势，形成对己方有利的信息不对称。但是，事实上，在占有信息方面，双方无论如何准备，都不可能形成对称信息，也不可能完全占有信息的绝对优势。在这个前提下，双方的信息是在不完全基础上的对称信息博弈。但是，在辩论竞赛心理上，双方都力图使本方获得信息优势，从而对对方形成非对称性信息博弈，为此，双方在赛前准备过程中，尽量收集、整理和加工信息。但是，即使这样，也不可能具有完全信息优势，这不是努力不够，而是辩论的必然性。如果一方真的具有完全信息，那么，可以肯定，这个辩题不具有可辩性。

3. 动态博弈与静态博弈

所谓动态博弈，就是博弈参与者行动有先后顺序，先行动者的选择影响后行动者的选择空间，后行动者可以观察到先行动者做了什么选择以便相机而动。为了行动选择最佳化，每个参与者都必须考虑如何选择，以及对方如何应对；或者换位思考，如果我是他，我将如何应对。辩论中，双方发言有先后顺序，一方先发言者会影响到另一方后发言者的选择，换言之，后发言者将根据先发言者的选择作出应对。而静态博弈则是参与者同时采取行动，或者尽管参与者行为的采取有先后顺序，但后行动者不知道先采取行动者采取的是什么行动。辩论中的提问就是这种静态博弈，被问者不知道提问者将提出什么样的问题。

4. 零和博弈、负和博弈与正和博弈

所谓零和博弈，即博弈各方输赢之和等于零，也就是收益和损失相对总和永远为零，就是把己方的收益建立在他方的损失之上，一输一赢，这似乎有些损人利己。负和博弈是双方输赢之和小于零，各方的收益和损失相加总和小于零，也就是负数，同归于尽，双方皆输，没有赢家。而正和博弈则是博弈各方的收益和损失相加总和大于零，且每一方的利益不受损害，这种情况并非是损人利己，简单理解就是共赢。

辩论赛的博弈，一般来说，肯定不是负和博弈，主观上，没有谁想和对方同归于尽；客观上，也不会出现这种情况。任何辩论赛不可能双赢，也不可能打平，必然有输有赢，所以也不应该是正和博弈。这样说来，就只能是零和博弈，一方的胜利是以另一方的失败为前提，这个说法看起来似乎很残酷。其实，辩论的胜负固然是博弈的结果，但是，辩论赛不应该仅仅是比拼输赢的竞争，如果这样，辩论的文化意义就荡然无存，就演化为赤裸裸的为目的而博弈。事实上，每次比赛，对双方来说，都充分展示了团队精神和个人风采，使观众欣赏到一场思想的较量，在这个意义上，辩论赛也是正和博弈，棋逢对手，精彩纷呈。我们也许可以这样定位，在事实层面，辩论赛是零和博弈；在价值层面，辩论赛是正和博弈。

第二节　辩论学研究的内容

一、辩论的主体

辩论早已走出大学校园，走进了社会的很多行业，这样一来，辩论的主体就从过去单一的学生尤其是大学生，而变得多样化，社会不同行业的从业者也纷纷参与到辩论之中。主体的不同，也使得我们辩论学研究在主体研究方面不能一概而论，要根据具体对象进行研究，这样，研究才具有现实意义。我们以辩论主体身份进行划分，可以分为学生、企事业员工、公务员和司法人员。

（一）学生主体

学生又可以分为小学生、中学生、大学生，这三类学生的辩论情况也各不相同。

小学生辩论主体的主要目的有四点：一是分辨事实与观点。事实是客观的，可以被验证，有真假之分，却没有好坏之分。观点具有主观性，用以表达个人看法、情感体验和主观判断等，于是就有了见仁见智。小学生辩论就要训练他们学会辨别事实与观点的能力。每个人都有权利持有自己的观点，关键在于支持观点的事实是否为真，这种针对小学生主体的训练比较符合他们的认知水平和能力。二是规则教育。辩论之所以要制定规则，是因为无规矩不成方圆。强调遵守辩论规则的重要性,养成遵守规则的习惯,这是培养人格的起点之一。三是学会礼貌用语。这不仅是尊重对手,也是尊重自己。四是养成问题意识。世界这么大,问题也很多,培养小学生对问题的兴趣,养成问题意识。

中学生可以分为初中生与高中生。对于初中生,第一,如何给辩题定位,并且根据定位设计关键词查阅资料;第二,学会用简单的逻辑证明自己的观点;第三,学会理解对方观点的合理性,从这个层面继续培养尊重的品质。对于高中生,第一,从背景上解读辩题,尤其是辩题的现实背景;第二,学习有针对性地提问,同时正面回应对方的提问;第三,在辩论实践中学会演绎和归纳;第四,分清事实判断与价值判断。

大学生辩论主体,这是我们这本教材研究的对象。由于他们已经是成年人,其心智趋于成熟或已经成熟,因此,研究他们的辩论,又是一番风景。第一,如何理解辩题的历史背景,历史背景和现实背景是己方论证大前提的来源;第二,己方论证的逻辑体系对辩论的重要性;第三,团队配合,形成“流动的整体感”;第四,语言的形象性与准确性。

(二)企事业员工主体

企事业员工的辩论主要不在于提升员工辩论水平,而在于丰富企事业文化,企事业文化是企事业价值观的基础和来源,而辩论是企事业文化的重要内容之一。现在企事业员工大多具有大学学历,有的甚至在大学还辩论过,这些年轻员工思想活跃,更喜欢求异求新,企事业单位举办辩论活动,为他们展示自己的与众不同提供了平台与机会。对于这个辩论主体,研究的内容就要结合企事业文化进行,主要是:第一,企事业文化与辩论的关系,辩论与企事业员工的关系;第二,辩题意涵与企事业价值取向;第三,员工辩论与企事业其他文化活动之关系;第四,如何使辩论激发员工的思辨兴趣和创造热情。

企事业的辩论赛有这样两类:一类是企事业内部的比赛,主要在于宣扬本企事业单位文化价值观,以凝聚人心;另一类是企事业之间的比赛,包括跨地区比赛,这种比赛更多的在于增强企事业员工的荣誉感和归属感。

(三)公务员主体

公务员辩论的主要目的同样不在于提升其辩论素质,更多是活跃单位文化气氛。相对而言,作为行政系统,政府机构是比较讲究规则和程序的,正因如此,公务员就不如大学生那么活跃。因此,主办方举办辩论赛的主要目的就在于活跃政府部门气氛，在按部就班、一丝不苟的行政程序、照章办事的行政思维之外，推出辩论的平台，以展示自我的求异思维和个性风采。对这一类主体的研究主要在于：第一，辩题与公务员行政事务的关联度。比如，从事税务工作的单位举办辩论赛，辩题可以跟工作性质密切相关："减轻企业负担，清费更有效还是减税更有效"，这样，既活跃了气氛，又联系了工作。第二，辩论跟公务员思维与表达的关系。一般来说，公务员从事行政事务工作，不需要太多的表达，更不需要与同事或领导辩论，更多的应该是提升思维能力。有人说，行政事务工作不需要创新，其实不然，从工作程序上，确实不需要创新，但是，对于政策的理解、决策的思路、对策的可行性论证等，这些都需要求异思维。

（四）司法人员主体

司法人员，尤其是公诉人和律师，其工作几乎就是辩论，以及为辩论做准备。公诉人与律师刚好形成辩论的正、反方——控方和辩方，这是刑事诉讼辩论，是在法庭调查的基础上，控诉方与辩护方就被告人的行为是否构成犯罪、犯罪的性质、罪责轻重、证据是否确充分，以及如何适用刑罚等问题，进行互相争论和反驳的一种诉讼活动。对于这种辩论，首先，要研究的是辩论双方在罪与非罪、此罪与彼罪的认定方面各自的证明过程与方式；其次，是证据与罪名之间的逻辑自洽；再次，双方在证据客观性、合法性、关联性上的证明与反驳过程；最后，控辩双方在整个法庭辩论中的证明与反驳的方式与逻辑。

当然，对于律师来说，除了刑事诉讼，还有大量的民事诉讼，这类诉讼里就不存在控辩双方，是各方当事人及其代理人在庭审诉讼活动中，为保障己方合法权益，达到预期目的或效果，在依据事实和法律的基础上，就自己的诉讼主张所做出的全盘计划和实施的方式、方法及谋略。第一，双方争议的实体问题；第二，民事权利义务关系本身，如一方当事人提出的民事法律关系发生的事实主张能否成立；第三，基于某一事实主张的民事权利请求有无法律依据；第四，辩论的内容可以是双方争议的程序问题，如当事人是否符合条件，受理案件的人民法院有无管辖权等。

作为辩论主体，司法人员的法庭辩论与前面其他主体辩论的根本区别在于：司法人员的辩论是在"以法律为依据，以事实为准绳"的前提下进行的辩论，这种辩论有严格的程序规定，辩论双方的唇枪舌剑关系到当事人的权利，更强调平衡法律的程序正义与实体正义。

二、辩论的赛制

辩论的程序以赛制为标志,即比赛的规则次序。为什么辩论的程序被列为辩论学研究的内容,是因为作为比赛的辩论,特别讲究规则次序,不同的规则次序直接影响到辩手水平的发挥,从而也在一定程度上决定了比赛的质量。1993年新加坡大专辩论会在国内转播引起了全国性的轰动,成了点燃国内高校辩论燎原之势的星星之火。20多年过去,辩论的水平越来越高,这在很大程度上得益于辩论程序规则的不断调整,一方面因应辩论比赛的需要,另一方面也引领着辩论的发展。

一般来说,一场辩论赛的时长上限不超过40分钟。为什么是40分钟,而不是50分钟或者30分钟？迄今也没有一个统计学或心理学意义上的理由,似乎只是一种体验或感觉。时长过长,使辩论拖沓,观众产生审美疲劳;时长过短,比赛难以充分表现,影响质量和效果。

下面,我们对几种曾经和现行的辩论赛程序规则进行分析,了解一下国内高校辩论赛程序规则不断调整对比赛的影响。

(一)新加坡大专辩论会赛制

新加坡辩论赛制的比赛程序:总时长44分钟,具体的时间分配是:一辩立论:3分钟,二辩:3分钟,三辩:3分钟,自由辩论:每方各4分钟,四辩总结:4分钟,每方用时22分钟。

这个程序的设计是:双方一辩分别陈述己方立论,让对方、评委和观众知晓己方的论证结构以及论证逻辑。先由正方一辩发言,接着反方一辩陈述己方立论;接下来正方二辩陈词反驳对方一辩的论证,并且重申己方观点,然后反方二辩亦然;正方三辩陈词,维护本方二辩陈词和反驳反方二辩陈词,反方三辩亦然。这个阶段,双方三位辩手都不可能听了对方的发言后,马上就能组织起3分钟的临场发言。二辩和三辩都有3分钟的陈词时间,字数应在千字左右,唯一合理的解释就是发言的文本赛前就准备好了,这样一来,就很容易各说各话,唯一有交集的只剩下自由辩论。开始实行这个赛制时,第一次看到辩论赛的国内学生大开眼界:辩论还可以比赛,比赛还有程序,于是全盘照搬。随着辩论水平的提升,这个赛制的弊端也显现出来,那就是除了自由辩论外,其他环节都缺乏临场性,因此观赏性大打折扣。这种辩论方式有三个不足:一是由于是按照赛前的预测准备辩论导致辩论没有针对性,往往会指出对方不存在的缺点;二是由于依靠赛前拟定的文本而没有临场性发挥,虽然侃侃而谈,却有如演讲,煽情重于说理;三是由于发言是背稿,语言为书面语因而没有个性,因为过于字正腔圆而变成了演说或朗诵。

(二)全国大专辩论会赛制

以央视为主办方的全国大专辩论会,对新加坡赛制进行了改革,减少程序发言环节,增加临场攻辩,强调针对性与对抗性。它的比赛总时长32分钟,分为6个阶段或环节:

第一阶段:双方一辩立论,每方2.5分钟,共5分钟。

第二阶段:攻辩,每方3分钟(双方二、三辩一对一交替提问和答问,提问不得回答,答问不得提问和反问,共四轮,每一轮1.5分钟,提问不得超过10秒,答问不得超过20秒),共6分钟。

第三阶段:攻辩小结,由双方一辩进行,每方1.5分钟,共3分钟。

第四阶段:自由辩论,由正方开始发言,每方4分钟,共8分钟。

第五阶段:观众提问,向双方各问2个问题,先向反方提问,然后交替进行。回答不超过1分钟,共4分钟。

第六阶段:总结陈词,双方四辩发言,每方3分钟,共6分钟。

这个赛制的特点是增加双方临场交锋的程序,比如设置了攻辩,为的是使辩论摆脱招式化,动真格的,来一个真刀真枪,于是赛制硬性规定回答方不得回避,否则扣分。那么,为了不被扣分,就必须做到这些:一是赛前要充分理解和挖掘辩题的内涵,更要预测对方的思路;二是必须加强训练辩手的临场反应能力。不然,如果回答不上来,那场面就很被动了。为了增加这种现场感,还设置了观众提问环节,这既是为了加强与观众的互动,让观众也参与其中,更是强化辩手的临场反应能力,增加现场感。

(三)海峡两岸大学生辩论赛赛制

这个赛事的赛制是两岸赛制的融合,比如,设置了质询这一程序,这是其他赛制所没有的程序。该赛事共用时38分钟。

第一阶段:立论陈词,每方3.5分钟,共7分钟。

第二阶段:质询,设为两轮四次,为一对一质询。按正→反→正→反顺序进行,每次质询时间为2.5分钟。提问和回答均无时间限制,提问方可以制止回答方的回答,再提出下一个问题。共10分钟。

第三阶段:质询小结,可由双方任一辩手进行,由正方开始,每方2.5分钟，共 5 分钟。

第四阶段：自由辩论，双方各 4 分钟，由正方开始，双方每位辩手至少发言一次，共 8 分钟。

第五阶段：总结陈词，每方 4 分钟，反方先发言，共 8 分钟。

这个程序省略了观众提问，意在使比赛节奏更加紧凑，更加一气呵成。该赛制第一个不同之处在于，设置了质询环节并且增加了质询的时间。比全国大专辩论会的攻辩多了 4 分钟，如果加上小结，足足多出了 6 分钟，这种设置突出了主办方试图使辩论赛向着临场发挥的方向发展。第二个不同之处在于，增加了立论的时间。全国大专辩论会每方立论时间只有 2.5 分钟，而该赛制的每方立论为 3.5 分钟，足足多了 1 分钟。这也意味着，这个比赛立论文本至少可以容纳 1200 字，而全国大专会的只能容纳 800 字。第三个不同之处在于，自由辩论明文规定每位辩手至少要发言一次，这也是考虑到其他赛制设定的程序中没有这项要求，于是就出现这样的情况，自由辩论中，双方由最厉害的辩手对垒，而不是最厉害的辩手就保持沉默，本来，自由辩论就是要求全队在临场状态的整体配合，结果成了单兵对抗，也就体现不出“流动的整体感”。第四个不同之处在于，总结陈词的时间，全国大专赛为 3 分钟，而这个比赛为 4 分钟。从效果来看，3 分钟有一半差不多是用来梳理双方在整场辩论中的主要分歧，另一半用来阐述本方立场的意义，而 4 分钟就可以至少 2 分钟来阐述本方立场和这场比赛的意义。

（四）世界华语辩论锦标赛程序

这个赛事创办于 2011 年，参加者来自欧洲、美洲、澳洲，以及东南亚，参赛队伍最多达 500 支以上。为了使比赛更加具有观赏性，该赛事也做了一番改进，共用时 43 分钟。

第一阶段：立论陈词，双方各 3.5 分钟，由正方一辩先发言，共 7 分钟。

第二阶段：驳论，双方各 2 分钟，由反方二辩开始，共 4 分钟。

第三阶段：对辩，双方各 1.5 分钟，由正方二辩对辩反方二辩，双方轮流发言，一方无权中止对方发言。双方计时分开进行，共 3 分钟。

第四阶段：质询，双方各 2.5 分钟，正方三辩质询反方一、二、四辩之间任一辩手（提问方与答辩方合计），盘问方可以任意时间打断，被盘问方不得反问，反方亦然。共 5 分钟。

第五阶段：质询小结，由正方开始，每方 1.5 分钟，共 3 分钟。

第六阶段:战术暂停,双方辩手在比赛席上与己方辩手讨论,共2分钟。

第七阶段:自由辩论,每方4分钟,共8分钟。

第八阶段:总结陈词,每方3.5分钟,由反方四辩开始,双方共7分钟。

第九阶段:奇袭,这个阶段是与其他赛制最大的不同,也是该赛制的最大特点。这个阶段并不固定,是流动的,每个大环节结束时主席将询问双方是否采用奇袭(所谓大环节结束时,是指双方在立论阶段、驳论阶段、对辩阶段、盘问与小结阶段、自由辩论阶段、总结陈词阶段结束后),任意一方决定采用则示意主席请求发言。

奇袭可分为质询和申论两种形式,申论为2分钟,质询为2分30秒。质询方可派任意辩手进行但不可换人,被质询方可派任意辩手作答但不可换人,质询方可任意时刻打断被质询方,被质询方不得反问。

赛前,场控人员将会收取双方提交的一个数字(1—10),若双方同时采取奇袭,将公示双方提交的数字,若两数之和为奇数,则由正方优先奇袭,若两数之和为偶数,则由反方优先奇袭。

这个程序的设置使辩论增加了刺激感,奇袭的奇就是奇在于不受程序规定的限制,任何一环节结束后都可能奇袭;袭在于出其不意,不知道这个袭击是针对什么而来。这个程序的设置有点像"跳出三界外,不在五行中",这也增加了可观赏性。

(五)西南政法大学"天伦杯"辩论赛赛制

该校"天伦杯"自2000年举办以来,也有程序调整,这是为了因应辩论赛的变化,随着辩论水平的提升,比赛程序也得相应变化,程序为比赛服务,也是为了促进比赛。下面是该校"天伦杯"辩论赛现行的比赛程序。

第一阶段:立论与盘问,双方立论各3分钟,盘问各1.5分钟,盘问由双方四辩进行。每次提问不超过15秒,回答不超过20秒。共9分钟。

第二阶段:驳论,双方二辩对对方一辩的陈述进行反驳,由正方开始,各2分钟,共4分钟。

第三阶段:攻辩,由双方三辩相互质询,各2分钟,提问方不得打断回答,回答方不得反问,每次提问不超过15秒,回答不超过20秒。共4分钟。

第四阶段:自由人对话,双方二辩交替发言,各2分钟,每次对话不超过30秒,正反方分别计时。共4分钟。

第五阶段:攻辩及自由人对话小结,双方各2分钟,由正方开始。共4

分钟。

第六阶段:评委发言,每位评委可以向辩手提出问题,也可以要求参赛队对某些问题做进一步阐释,参赛队无须在本环节直接回应。评委也可以放弃该环节发言。每位评委发言时间不超过 30 秒,此阶段不计时。

第七阶段:比赛暂停,双方根据评委发言进行讨论。讨论时间总共 1.5 分钟。

第八阶段:自由辩论,由正方开始,双方交替进行,每方各 4 分钟,每位辩手至少发言三次。共 8 分钟。

第九阶段:总结陈词,由反方开始,每方各 4 分钟。共 8 分钟。

这个程序有如下特点:

第一,设置了盘问。与华语世界辩论锦标赛的二辩驳论相比,一是驳论时间比盘问多出 30 秒,二是一辩不用回应,形成不了交锋,驳论方有可能按赛前的准备自说自话。而"天伦杯"设置的盘问则更加直截了当,有问有答,而且规定问者只能问,答者只能答。这给一辩带来了压力,在准备立论时,他既要考虑思路和逻辑,也要考虑到对方可能盘问的问题。这样,也给一辩形成了一个悖论:如果一辩准备回应对方的盘问,这就意味着事先知晓了对方盘问的问题;而你不可能知晓对方盘问的问题,那么你又怎么准备回应对方盘问。

第二,设置了自由人对话。其实,这个阶段就是一对一的自由辩论,为了保持对话的快节奏,规定每次对话不超过 30 秒,同时,为了不浪费时间,规定了分别计时,这样,可以使双方节约时间,言简意赅。

第三,设置评委发言,旨在提醒双方存在的问题或不足。其实也为双方后续攻击对方提供了炮弹,使得后面的自由辩论更加激烈和精彩。而设置暂停讨论,目的在于,双方或消化评委的意见,或准备应对对方的攻击。这个程序的设置,也使评委可以深入参与到辩论之中,及时将自己的意见传递给双方,使比赛不偏离正轨,提高比赛质量。

第四,自由辩论规定每位辩手至少发言三次,这一点尤为重要。自由辩论最能体现辩论"流动的整体感",这种"流动"是双方队员的交替发言,充满了动感;而"整体感"则是每位队员发言的次数。判断一方立论的整体配合,往往可以用量化的方式来进行,那就是,每方四位辩手发言的次数越接近,表明整体配合越好。要求至少发言三次,一是考虑到四辩将准备总结陈词,二是避免某一队员过多的发言，把机会匀给其他队友。

三、辩论的要素

辩论学研究的对象是辩论的实践活动，在此基础上，进行比较、归纳，透过现象看本质，逐渐探索和发现辩论的要素。这些要素主要有三个方面。

（一）资料为辩论之基

辩论是双方站在对立的立场上，对某一个特定的问题从正反两个方面进行论证和反驳的过程。为了论证的充足和反驳的锐利，首先要做的就是收集材料，这就需要查阅资料。我们常说，辩论是逻辑之辩，辩论是语言之辩，这些个“之辩”都必须拥有相应的知识，这些知识来自对资料的解读，不然，辩论就很容易流于口舌之争，或者干巴巴的八股之辩。为了避免出现这种情况，就必须未雨绸缪，做好资料的收集工作。在这个意义上，资料是辩论的基础，要想获得辩论所需要的充足的知识，就只能从资料中寻找。因此，资料的数量是辩论的必要条件，没有一定的资料，辩论就要受到影响，而对资料解读的水平则直接决定了辩论质量。从这个意义上来说，资料是辩论的基础，“基础不牢，地动山摇”。

1. 资料拓展自己的辩论空间

从辩题上看，双方的辩论空间是均等的，这是辩论的前提条件，体现公平竞赛的精神。但是，在比赛中，双方都要努力挤压对方的辩论空间以拓展己方的空间，这是一种零和博弈。如同拔河，开始前双方都是对等的，比赛哨声一响，双方都尽力往己方拉，己方拉得长一些，就意味着对方短一些。辩论也一样，辩题所给予的辩论空间只是一种理论上的并且符合规则的预设，双方要考虑如何拓展本方空间。这需要以挤压对方空间为前提，但是这个挤压和拓展都得以资料为前提，没有相应的资料准备，仅凭几条枯燥的逻辑术语是不可能做到的。同样，资料准备不足，辩论场上翻来覆去都是那几句话，只能将己方的空间拱手相让。

2. 资料是构筑辩论体系的建筑材料

就像建房子需要打地基一样，资料的作用就在于给我们准备了沙石、钢筋、水泥等。但是，仅有这些材料并不必然意味着基础就一定牢固，还得对这些建筑材料进行筛选，选择质量上乘的。同样，资料并不能自然用于构筑论证体系，而要对它进行去伪存真去粗取精，这样，资料的作用才能充分发挥出来。

辩论如同课题研究，研究需要占有大量的资料，因为你要有所突破，有所创新，这是研究的价值所在，也是辩论的意义所在。不然，重复他人，没有创新，这样的研究属于无效劳动。当然，资料的“大量”并不是越多越好，它有一个边际效应，当资料同质化程度越来越大的时候，就表明要么寻找异质化资料，要么放弃寻找。然后开始对资料进行筛选，这个筛选的标准是根据自己对辩题的理解而定，因此这个标准也不是恒定的。由于辩手对资料的阅读越来越深入，这个标准也会随之而加以调整，甚至重新设定，新的标准对资料筛选的要求也随之变动。这样，资料阅读与标准判断形成了一个良性互动过程。

3. 阅读资料是加工资料的过程

我们收集和阅读资料都是一个目的，那就是为了构筑己方辩论体系。所以，在阅读中，我们根据己方立场，选取资料中有用的东西，这就成了跟辩题相关的知识。再对这些知识进行加工，使之成为己方概念的定义、立论的依据、反驳的问题、应对的举措等。事实上，辩论所需要的一切均来自资料，我们的大脑就对这些资料进行“来料加工”。来的“料”怎么样，在很大程度上决定了加工的质量，比如一个关于法律方面的辩题：当今中国应不应该立法禁止食用狗肉。双方需要的背景资料包括：人类食用狗肉自何时起，中国食用狗肉自何时起，当今世界上关于食用狗肉的情况，食用狗肉为什么在当今中国成了有争议的问题，21 世纪以来，中国食用狗肉的情况及趋势，中国食用狗肉的现状，等等，这还仅仅是背景方面的，还没有涉及法律方面。可见，一个辩题，所涉及的资料何其多。

(二)立论为辩论之本

所谓辩论之本，就是整个辩论的起点和根源。辩论赛的第一个项目就是立论，陈述己方立场，立论的质量如何，直接关系后续辩论的态势。立论是向对方、评委和观众展示己方的概念界定、己方的逻辑线索、己方的论证路径及论证方式等，后续的辩论比如质询或攻辩、自由辩论、总结陈词等，就是从这里出发。这就要求从立论到总结应该是一条清晰的链条，中间设置的程序都是围绕着这个链条的。一场高质量的辩论，在每一个环节都体现着立论思路的完整、流动，有节奏，甚至有旋律，给人以审美的享受。

1. 立论是集体智慧的结晶

拿到辩题后，大家各自查阅资料，然后聚在一起讨论。这种讨论每位队员都竭尽全力，表达自己的看法，正因为每个队员都有自己的看法，于是就有了不同看法的争论。所以每次讨论都是在激情昂扬中进行，这也是个悖论：讨论的是极其理性的逻辑问题，而讨论过程却充满了激情。经过若干次的讨论之后，立论如同雕塑，棱角慢慢显露出来，这是由己方全队人员共同打磨创造出来的，自然融入我们每位队员的大脑之中，唯其如此，才能够在辩论的各个环节中顺着这个立论思路进行程序规定的发言。然而，也有这样的情况，将责任分解，落实到每位辩手，一辩负责立论，二辩、三辩负责提出问题和反驳，四辩负责总结。这样每个队员"门前三包"，互不通气，或者通气不足，于是比赛场上出现了己方各说各话的尴尬局面。这就是把立论当摆设。他们认为，这只是程序规定的一个环节，那就按照立论文本的格式，八股式地制作一个，到时候声情并茂地朗诵出来。这样，立论就与后面的辩论脱节，辩论就成了无头苍蝇，后面部分即使辩得再激烈，但也只能是支离破碎。

2. 立论引导破旧立新

辩论需要破旧立新，即打破思维定式，推出新的思路，而立论发挥着先导作用。首先，立论凝聚了全队的思想，从评委的角度，立论如何也标志着一方在后续的辩论中将有何作为。比如，辩题"舆论之司法利大于弊还是弊大于利"，反方经过讨论，在立论中将舆论之于司法利与弊的具体表现列举出来，再以事实为依据进行弊大于利的比较，并且将之贯穿于比赛的各个环节，一直到最后的总结。在比赛中，反方一辩在立论中将这种破旧立新表述出来，脉络清晰，得到评委的赞许。其次，立论的文本在很大程度上影响到整个辩论，如果文本是定义加逻辑的结构和书本化的语言模式，则势必导致后续的辩论陷入两难困境：如果按照队员的个性表达，则与立论文本风格相左；如果按照立论文本风格，则加剧全队风格僵化。所以，不要小看立论，它代表本方对辩题及整个辩论的阅读水平，在某种意义上可以这样认为，有什么样的立论就有什么样的辩论。

3. 立论影响总结陈词

从辩论实践看，立论的思路应该一以贯之，以便与最后的总结形成首尾呼应。除非对方剑走偏锋，己方只能相应调整思路，不过这种情况比较罕见。一般是整个辩论过程思路不变，但对策可以随机应变，也就是前面我们所说的博弈。因此,即使比赛发生颠覆性的变化,本方立论的思路也不能放弃,这叫坚守阵地,不被对方的思路所迷惑,最好的方法就是抓住对方漏洞,用攻击来演绎本方立论。立论是本方攻击和防守的阵地,立论的质量决定了阵地的坚固程度。阵地牢固,可以无后顾之忧地攻击对方,当面对对方攻击时,牢固的阵地可以抵挡住对方攻击,这叫以不变应万变,当然这个"应",不是死守,而是主动出击。有一场比赛,反方立论完全出乎正方预料,但是正方没有轻易放弃立论思路,而是及时发现反方漏洞,围绕本方立论思路,组织起有效的攻击,形成了完整的首尾呼应。而反方虽然观点新奇,但立论粗疏,没有形成完整的思路,这是致命伤,结果成了正方攻击的重点。

(三)内容为辩论之王

辩论赛常常很激烈,但精彩的不多,原因是多方面的,但有一个原因很重要,那就是不太注重内容,结果导致内容贫乏,没有血肉,只剩下嶙峋的骨架和赤裸裸的几条筋,这样的辩论赛看着令人心疼。

1. 辩论的成败在于内容

内容丰富层次清晰,胜算是大概率;内容贫乏层次混乱,胜算是小概率,在这个意义上,内容为王。我们说资料是辩论的基础,就在于它是内容的主要来源,没有资料,内容就难以丰富,就成了无米之炊;立论是辩论的本源,内容是通过立论提出的思路来贯穿的,没有思路的内容只是一团乱麻。

辩论的内容,简言之,包括逻辑、论据、语言。具体而言,逻辑方面的要求是,抓住要害,直截了当,比如归谬、悖论、两难困境的合理运用,从逻辑的运用上指出对方的瑕疵,比如偷换概念、类比不当、稻草人假设等。从论据方面,宏观现象与微观事例,事实的典型性与普遍性,公理与学术观点,学术的自圆其说与公理的不证自明,名人名言与共识,对理论的辨别,等等。语言方面,辩手语言的个性化程度,将逻辑隐藏于语言之中,修辞在语言中的运用,语言的幽默,语言体现出来的公共品质,等等。

2. 辩论内容是一种排列组合

辩论的内容是通过以上这些元素按照程序进行的排列组合,但这种排列组合不是固定不变的,在比赛过程中不断拆分重组,使内容随着辩论的进行而越来越丰富,如同滚雪球一般。这种丰富表现在:一是内容随着辩论进程而不断创造出新的成分,立论是给出己方的论证体系,双方一方面要维护自己的论证体系,另一方面要攻击对方的论证体系。这样,在一攻一守中,辩论的内容也随之更加丰富,如果立论思路是一条小溪,那么双方的证明与反驳就是小溪两边盛开的鲜花。二是内容的创造是由辩论双方完成的,这也可以称为一种博弈,这种博弈既可以是零和博弈,也可以是正和博弈。从正和博弈角度,双方相互攻击激发了各自的想象力,这也是一个悖论:双方都压制住对方,或者说,都想让对方丰富自己的内容,结果,双方都做到了这一点,于是水涨船高。另一种零和博弈,一方内容的丰富是以另一方内容的贫乏为前提,一方被对方压制,当然,这很有利于获胜,却不利于比赛的精彩。

3. 如何做到内容为王

这要从三个方面入手:一是要形成这样的理念,辩论赛其实也是一场内容的博弈,不论双方技术如何了得,倘若内容贫乏,技术就会沦落为诡辩的工具。技术只能为内容服务,而不是相反。二是赛前想方设法充实自己的知识储备,内容以知识为基础,知识必须通过对资料的加工形成,而资料就必须通过大量查阅来获取,所以,提高加工能力是一个重要的问题。有些辩题比较生活化,但并不意味着不需要太多的知识。三是强化想象力,只有想象力的参与,才能使辩论内容丰富精彩,因为想象力使辩手的表达体现出睿智,这是辩论内容中最闪光的部分。辩论是博弈,双方只能在博弈中知道对方一招一式,这时就需要想象力,能够临场应对,甚至应对自如。

现在辩论越来越重视内容,毕竟作为辩题背景的社会越来越复杂多样,各种价值取向越来越多元。面对这样的现实,辩论赛评判的价值取向也与时俱进,从过去偏重于技术的娴熟逐渐转移到侧重于内容的丰富。这样,以标准引导辩论,促使辩论健康发展。

第三节　辩论学研究方法

辩论学作为一门实践性学科,对它的研究应该密切联系辩论的实际,这样的研究才对辩论的发展产生有效的指导作用,用一句哲学性很强的话来说,辩论学的研究就是:从实践中来,到实践中去。

一、实证研究法

所谓实证,就是对现象、事实、数据的考察,作出证明。所谓实证研究,就是指研究者自己动手收集资料,基于对事实、现象、数据进行系统的验证而得出问题结论的研究。其特征是强调证据和数据的支持作用,提出的观点和论证过程可以验证和重复验证。实证研究包括数理实证研究和案例实证研究,辩论学所使用的实证研究方法当属案例实证研究。

从主体而言,实证研究方法要求研究者价值中立,依据已有的理论和实践,通过有目的、有步骤的设计,根据观察、记录来确定条件与现象之间的因果关系。所谓价值中立,是指在研究过程中,研究者不能将自己的价值取向、道德偏好作为标准或依据,以保证研究的客观性。从方法而言,实证研究法的重点是研究现象本身"是什么"的问题,揭示客观现象的内在构成因素及其普遍联系,归纳概括现象的本质及其运行规律。简言之,实证研究方法可以概括为通过对研究对象大量的观察、实验和调查,获取客观材料,从个别到一般,归纳出事物的本质属性和发展规律的一种研究方法。

辩论的实证研究方法可以分为案例研究法、观察法、访谈法等。

(一)案例研究法

案例研究法是研究者选择一个或几个训练或比赛场景为对象,系统地收集训练和比赛的数据和资料,进行深入的研究,用以探讨某一辩论活动在现实环境下的状况。

案例研究可以分为单个案研究和多个案研究。个案研究不仅有助于积累不同而典型的具体案例,形成对于问题的实感,也可以为调查者获得第一手资料,从现实获取灵感源泉提供帮助。

案例研究法是辩论学的重要方法,这是因为,辩论学是对辩论实践的归纳和概括,从而形成理论,辩论最具体的就是一个一个赛前训练和比赛过程。案例研究应该从两个方面入手:一是"台上一分钟",二是"台下十年功"。根据顺序,首先要研究"台下十年功",研究的过程是:第一,确定某个或多个辩论事实或现象,可以选取某一辩论队的训练情况作为研究对象。这个选取要有自己的标准,那就是这个辩论队在研究者眼里有一定的代表性,或者这次赛事很有普遍意义。案例研究往往选取个案,而个案就必须斟酌再三。第二,案例研究必须进入"现场",即进入到研究对象之中,比如辩论队,而大学辩论队往往是以赛带训,有比赛的时候才进行有针对性的训练。这是研究的最佳时机,你不仅可以观察,甚至还可以感受他们。第三,辩论队教练应该是研究的重点,辩论比赛在某种意义上是在比教练,有什么样的教练,就有什么样的比赛,这也是“台上一分钟”所不具备的。

至于“台上一分钟”,那是将“台下十年功”的精华呈现。第一,将他们台上的表现与他们赛前的训练进行综合研究,发现赛前训练与台上表现并不完全相同,这要考虑到场景因素和心理因素这两个变量。第二,作为案例,比赛的现场与实况也不完全一样,甚至很不一样。如果仅以视频为案例,那比赛气氛就可能不在实证之列,势必影响到研究的质量。第三,比赛文本可以作为静态的案例,从双方辩论的文字中找出研究的对象。

因此,辩论的案例应该来自四个方面:一是赛前训练;二是比赛现场;三是比赛视频;四是比赛文本。前二者为田野调查,第三个是动态案例,第四个为静态案例,这四种类型各有千秋,最佳的研究方式是将四种类型加以综合,这样,才可能得出比较科学的结论。

(二)观察法

观察法是研究者根据既定的研究目的、研究提纲,在自然条件下,用自己的感官和辅助工具对辩手的行为进行系统观察和记录,然后对记录进行分析,从而获得研究资料的一种方法。

首先,观察法是一种有目的有计划的研究行为;其次,观察不能设置条件,观察者只能冷眼旁观;再次,观察的工具是自己的感觉器官或者辅助工具,比如录音拍摄器材;复次,观察的对象是辩手的行为;最后,观察的结果形成记录,包括文本、音频和视频,以此作为研究资料。

在辩论学研究中,观察法具有以下三个方面的作用:

第一,有助于眼见为实。它能通过观察直接获得第一手资料,不经过任何中间环节,因此,观察的资料比较真实。这对辩论研究尤其重要,上面案例研究法已经说过,对于辩论训练的现场观察,可以看到辩手是如何运用自己的辩论思维以及语言表达的,也可以在比赛现场感受那种唇枪舌剑的针锋相对,这些往往无法用文字记录。感受可以帮助加深理解,而理解是研究重要的前提。更为重要的是,赛前训练可以观察到教练的思维和风格,这对于研究尤其重要。教练是辩论队的核心,他的思路在某种意义上就是辩论队比赛的核心思路,教练只出现在赛前训练中,他不会出现在比赛中,他的思路也不会出现在文本中,所以,只能通过赛前观察了解。

第二,有助于发现细节。观察法要求研究者进入现场直接观察,辩论的现场有两个:一个是赛前训练现场,另一个是比赛现场。这两个现场除了观察辩手们的思维和表达外，还可以观察到辩手们的细枝末节，如仪态、表情等。这些看起来似乎并不重要，但是，辩论的功能之一就是展示辩手个性，个性存在于细节之中，存在于辩手的一举手一投足之中。一个辩论队，除上场比赛的队员，还有很多陪练队员，他们也是辩论不可分割的一部分，他们的行为也是研究的内容。我们研究辩论，队员的个性也在研究之列，但是这种个性并不仅仅表现在辩论之中，有时候，"功夫在诗外"，在非比赛的生活中更多地表现出他们的个性特质，在其中发现细节，更有助于深化我们的研究。

第三，有助于发现新问题。观察过程其实也是一个发现的过程。虽然在研究之前确定了目的，拟订了计划，甚至连研究的程序也做了规划。但是，观察是现在进行时，不可能按部就班，计划没有变化快，观察往往会有新的发现，有新感受、新启发，可能会导致你重新思考计划的可行性，甚至可能重新确定目的。比如，研究辩论中辩手之间如何协调这个问题，为此，我们先拟订观察计划，观察一场模拟比赛，看看比赛中每队辩手们是如何协调配合的。可是，观察中我们发现，这个模拟比赛他们已经进行了很多遍，双方知根知底，完全成了一场双簧表演，没有临场性，如果将这些记录下来作为研究对象，则可能被误导。由此，我们可以得出这样的结论，更重要的是观察他们准备的时候如何在思路上协调，然后再去现场观察他们协调的效果。只有这样，才能有效发现问题，研究才有实际意义。

（三）访谈法

访谈法是研究者通过与研究对象直接交谈来探索研究对象的思维方式和心理状态的研究方法。访谈时，研究者与研究对象需要面对面的交谈，这种交谈可以是一对一，也可以是一对多，但一定要注意交谈的气氛必须轻松、活泼。因为，这些研究对象都是辩论者，他们跟常人不同之处在于他们的思维特别敏捷、感悟能力特别强、心理素质相对较高。如果正襟危坐，不苟言笑，他们会很快推出防御机制，使交谈变成媒体采访，你问我答，从而公式化。

所以，访谈要注意形式和过程，从访谈形式看，首先要确定是个别访谈，还是集体访谈。如果是个别访谈，首先，要确定具体对象，不同的对象，他们的想法和心理都不完全一样；其次，要了解对象的特点和喜好，这样才有可能使访谈顺利进行。唯其如此，才有话题，有话题访谈才能进行，不然，目的性过于突出，容易导致对象不能畅所欲言。如果是集体访谈，最好不要以座谈会的形式进行，辩手最不习惯这样正襟危坐地围绕主题夸夸其谈，最适合辩手们的应该是聊天，以大家在一起聊天的形式，这样容易形成轻松的氛围。话题可以先聊一些大家感兴趣的，当谈话热烈后，再将话题引向自己事先设定好的方面，这样可以有效地避免行政会议的感觉。当然，聊天不要涉及辩手个人隐私，也不要搞宏大叙事，有些涉及个人的事情可以在个别访谈中在访谈对象同意的前提下进行。当然，访谈的对象也不限于辩论参与者，有时我们要了解社会对辩论的理解和评价，对象自然是没有参与辩论的其他同学。

访谈的过程可以分为四个程序：一是访谈开始，向研究对象说明访谈的目的和基本要求，当然，个别访谈时，在表达上要注意方式。二是“聊”出问题，倾听回答。这个“聊”比“提”出问题给人感觉要轻松一些，可以有效地增强被访谈者的悦纳心理。当然最好是开放性问题，这样可以让被研究者减少被动感，增强自主性，在这种状态下，研究对象最容易说出研究者要获得的有价值的资料。三是做好记录。访谈中谈话要做记录，在个别访谈中，为了使谈话保持聊天状态，一般用录音笔、手机加以记录，这种工具比较隐蔽，不会引起研究对象的紧张感。四是及时整理。访谈结束后，要对记录的资料加以整理，经过分析，最后要得出结论性的东西，例如，问题的现状、性质，产生问题的原因等，并随之提出对策、建议、意见。

二、文献研究法

（一）文献研究法概述

所谓文献，从词汇解释角度来说，文，是指有关典章制度的文字资料；献，是指熟悉掌故的人。从概念定义角度来说，就是把用文字、图形、符号、音像等手段记录的有价值的资料，包括手稿、书籍、报刊、文物、影片、音像、幻灯片及胶片等。

文献检索，就是在浩如烟海的各种资料文献中，借助一定的工具和方法寻找所需要的文本和资料。使用这个工具和方法的过程就叫文献检索。

文献研究，是对某处问题（研究课题）进行相关的文献检索、资料收集、信息加工、整理，并在此基础上归纳出新的观点或结论的过程。

文献研究法，是根据一定的研究目的或课题，通过查阅、收集、鉴别、整理文献来获得研究资料，从而全面有效地了解掌握所要研究问题的一种方法。

(二)文献研究法的程序

文献研究法的一般程序大致有六个环节:提出课题、拟订计划、搜集资料、阅读文献、制作卡片、形成文献综述。

1. 提出课题

即研究和解决的问题,这个"提出"是指该问题是在什么情况或条件下产生的、课题研究的意义何在,等等。比如,我们提出研究辩论的立论问题,这个问题提出的背景是:目前,辩论赛立论内容上趋于八股化,功能上日益弱化,结构上渐趋失衡。在这个背景下,提出"立论为辩论之本"的问题,研究的意义在于探究立论问题产生的原因,然后设计对策,使立论回归本位。

2. 拟订计划

文献研究需要研究计划,以"立论为辩论之本"这个研究课题为例,研究计划可能有这样几个方面:研究时间,什么时候至什么时候;研究程序,先研究什么,后研究什么;研究范围,比如,辩手们的素质和能力、辩题的难度、评委的评判标准和个人偏好,等等;研究可能遇到的难题及解决途径。当然,任何计划都不可能完全准确,所以,在研究过程中随时都可能修改计划。

3. 搜集资料

首先是资料搜集的渠道,文献类别不同,搜集的渠道也不尽相同。现在主要是通过网络,因为网络资料浩如烟海,查找比较便捷。此外,图书馆、档案馆、博物馆、单位或机构等,也是搜集的渠道。搜集的方式主要有两种,检索工具查找方式和参考文献查找方式。检索工具查找方式是指利用现成的检索工具查找文献资料,所谓现成的工具是手工检索工具和电脑检索工具。手工检索工具主要有目录卡片、目录索引和文摘。参考文献查找方式即根据作者文章和书后所列的参考文献目录去追踪查找有关文献。

4. 阅读文献

这里说的文献阅读,包括文本阅读和音像阅读。文本阅读是传统的阅读,一般来说,可以分为通篇阅读和选择阅读两种,通篇阅读往往是这篇文章无法拆开阅读,因为拆开它的价值就会打折。比如,一篇有创见的论文,当然要通篇阅读,要了解作者观点是怎样形成和证明的,这个观点对研究有什么意义。如果一篇文本某个段落有意义,就可以选择阅读,比如,某个分论点,某个事例,某个引用,等等。就辩论研究来说,我们常常要阅读辩论赛的比赛文本,就是将双方比赛的视频或音频转为文本,这样的文本研究价值极高,研究者可以根据自己的需要进行阅读，比如，研究者知道这场比赛很经典或者很精彩，自然会通篇阅读，如果觉得其中某一部分比如总结很有研究意义，也可以选择阅读。当然，辩论的学术论文或专著也是文本阅读的重要内容，因为这些研究成果为后续的研究提供了“肩膀”。

除了文本阅读，辩论研究通常还要阅读比赛视频，和比赛文本相比，视频更能给人现场感和流动感，有身临其境之感，这种阅读其实跟文本有些相似，它可以倒来倒去反复观看，如果将文本和视频结合起来阅读，可以从静态和动态两个方面深化对这场比赛的了解。

5. 制作卡片

所谓卡片，也叫资料索引卡片，这是专门做研究用的，由研究者为了自己的研究而制作。以前没有网络的时候，研究者阅读资料还要制作卡片，卡片还要分门别类，分别装进不同的盒子里，以备查考。

阅读文献的时候，手边要放空白卡片，见到觉得有价值的东西、可以转引的资料、别人论著中的观点等，直接就在卡片上记录出处、提示、关键词等内容。阅读完毕，把新制作的卡片按照分类法放入自己的卡片盒中。等到需要研究了，就把卡片翻阅一下，找到需要的资料索引，对着一个个去翻阅原书，抄下需要的话，用于自己的研究论文或专著之中。

当然，随着网络的普及，上述这种传统的卡片制作逐渐被电子卡片所替代，所谓电子卡片，就是将文本（纸质文本和电子文本）阅读所做的索引全部记录在电脑上，甚至不用手写，只需敲击键盘，把文字输入到文档就可以了。

6. 形成文献综述

文献综述是在研究选题或研究方向确定后，在大量搜集、查阅相关文献的基础上，对相关课题或相关领域已有研究成果进行的综合性介绍。一般来说，文献综述的结构可以分为标题、提要或前言、正文、总结、参考文献五个部分。

三、跨学科研究法

跨学科研究法也称交叉研究法，是指涉及两个以上的学科领域的研究主体，运用一个或多个学科的理论、方法和成果，从整体上对某一课题进行综合研究的方法。以辩论学研究为例，如果仅仅用逻辑学的方法和理念进行研究，我们所能了解的只是辩论的逻辑思维情况。事实上，辩论并不仅仅体现辩手们的思维,还有语言、心理等,还有辩论的教育效应、辩论的社会效应等,即使是辩手的思维,也不仅仅是逻辑思维,还有非逻辑思维,如形象思维。

(一)辩论学本体论和方法论

辩论既是一门实践性学科,也是一门综合性学科,辩论学研究必须借助于其他学科作为自己的理论来源和研究工具,以此研究辩论的本体与方法。具体来说主要在于以下几个方面:

1. 辩论学本体论

所谓本体,就是用详细的描述方法定义出来的概念或者概念体系。辩论学作为一门实践性学科,两千多年前分别产生于中国的先秦和欧洲的古希腊。先秦百家争鸣,辩论还是一家,叫名家。可惜的是后来遭遇焚书,再后来遭遇罢黜,由此,中国文化中虽然有辩论,可没有关于辩论的学问。而古希腊也一样,中世纪虽然也有关于辩论的教育,但仅仅用于讨论跟宗教有关的问题,后来的文艺复兴、启蒙运动使辩论大放异彩。在中国,20 世纪 90 年代辩论作为一项大学生文化活动,才又重新为世人瞩目,而将辩论作为一门学科进行研究,目前还处于初级阶段。

因此,辩论作为一项文化活动,它是古老的;作为一门学科,它又是新兴的。所以,就当下而言,辩论学要研究的首先是自身,要建立一门有中国特色的辩论学科,就需要“海纳百川”,借助或借鉴其他学科的理论来充实自己,使相关学科在知识层次形成互动,这种互动一般是指新兴学科利用其他学科成熟的理论或方法,或成熟学科向新兴学科的扩张和渗透。就辩论本体而言,要“跨”的学科包括哲学、逻辑学、语言学、教育学、社会学、心理学等。比如,研究辩题的构成,就需要借助这些学科的一些理论进行分析,那么,辩题就不能仅仅从辩论实践的角度去了解,而可以从哲学、政治学、逻辑学、语言学、教育学、社会学等学科的角度进行研究,从而得出新的结论。这样,一个辩论的立场观点,就跳出了简单的经验层面,将其置于不同学科的背景下进行分析研究,这样,不仅使这项研究能够创新,而且也提升了研究的理论层次。

2. 辩论学方法论

研究需要工具、手段和方法,不同的方法,研究的结果也往往不一样。就辩论而言,它的研究方法不能仅仅满足于形式逻辑,而要大胆地使用其他学科的方法,如心理学,不仅要研究辩手的辩论心理,更要研究比赛中辩手与观众、评委的心理互动。一辩立论陈词所产生的首因效应和四辩总结陈词所产生的近因效应，二者效应的大小，不仅取决于内容，也取决于表达方式，甚至还取决于一辩和四辩的肢体语言。那么，这些因素是如何影响到观众和评委的心理呢？这就要运用心理学的方法进行探究。比如，现在辩论不仅是各级各类学校必备的校园文化活动，而且，也成为校园外的很多单位机构作为本单位本部门青年文化活动的重要内容，这种情况可以借用社会学激励理论进行研究，也可以借助马斯洛需要层次理论。唯其如此，辩论学的研究不论是本体还是方法，才会百花齐放。

（二）辩论学跨学科研究

跨学科研究可根据视角的不同，由低到高，分为方法交叉、理论借鉴、问题驱动、文化交融四个较大的层次。

1. 研究方法交叉

辩论研究方法包括比较、移植、辐射、综合等，这些方法一般发生在各学科之间，每种方法还包含更为细致的特定内容。这些是在跨学科研究中最基本，也是应用最广泛的方法。辩论学中关于辩手的自我意识研究，就要用到社会学的角色理论，以社会角色意识作为研究的出发点，围绕互动中辩手角色扮演过程展开对角色扮演、角色期待、角色冲突与角色紧张等问题的研究。

2. 研究理论借鉴

这是不同学科在知识层次的互动，一般指新兴学科利用其他学科成熟的理论或方法，或成熟学科向新兴学科的扩张和渗透。辩论学也是这样，作为一门新兴学科，它要通过与不同学科的互动，由此借鉴不同学科的知识理论和方法。

3. 研究问题驱动

这是以围绕某个较大的问题所展开的多元综合过程，包括纯粹为研究客观现象而实现的多方面综合；为探讨重大理论问题而实现的多学科综合；为解决重大实践问题而进行的多领域综合。比如要解决辩论中存在的激烈却不精彩问题，这恐怕需要从博弈论、心理学、统计学、传媒学等来进行综合研究，在此基础上提出对策，才具有较强的可行性或可操作性。

4. 研究文化交融

这是指不同学科所依托的文化背景之间的相互渗透与融合。由于学科间的任何互动往往都有文化的因素参与，该融合不是一个单独的过程，而是一个更深更广的过程。这应该是跨学科研究的最高层次,实际上是从单纯的方法和理论层次上升到价值层次,这也是我们研究辩论的方向和目标,在理论和方法的基础上,将辩论的文化与不同学科的文化进行互动互补,可以使辩论上升到一个很高的境界。

第三章　辩论逻辑

辩论既然要“辩”要“论”，自然离不开逻辑，所以在这个意义上，辩论是逻辑之辩，而“逻辑一词的 logos（常译为‘逻格斯’），它的原来含义比较宽广，包括了字词、思想、法则等意思，所以，逻格斯的意思是‘用语言表达思想’……”[1]这要求我们在辩论中，必须遵守逻辑的一般规则，这也是遵守辩论规则的一部分。当然，不能仅仅满足于遵守，更应该自如地运用逻辑规则。一场辩论赛激烈不过是表明双方对抗的程度，而精彩则表明双方运用逻辑的水平，这是我们评价辩论的重要标准。

第一节　同　一　律

同一律是辩论逻辑的基本规律之一，是指在同一思维过程中，必须在同一意义上使用概念和判断，不能在不同意义上使用概念和判断。例如，辩题“信息碎片化提升了当代人认知水平还是降低了当代人认知水平”，双方对于这里的关键概念“信息碎片化”的定义必须相类，双方不能因为概念歧义而各执一端，只有在概论定义相类的前提下，辩论才有意义，双方才有可能把注意力投放到辩论最重要的内容论证过程之中。

同一律可以用公式表示为：A = A（或“A→A”）。

一、同一律的主要表现

（一）语境的同一

语境即语言环境，主要指语言活动赖以进行的时间、场合、地点等因素，

---

〔1〕 徐贲：《明亮的对话》，中信出版社 2014 年版，第 39 页。

也包括表达、领会的前言后语和上下文。在日常思维中，任何思想观点都有特定的具体背景，这种特定背景，对任何观点进行评析，特别是反驳，都必须严格基于该观点原有的语境，保持该语境的同一，不得随意改变。

例如，辩题“宁要大城市一张床的观念更可取还是宁要小城市一间房的观念更可取”，下面是正方对反方的盘问：

正方二辩：对方辩友，发展中的问题是否要靠发展来解决？

反方一辩：是的。

正方二辩：所以我们是不是要把更多人才引入到大城市？

反方一辩：不对，对方辩友，我们要把更多适合的人才引进来。今天只能在大城市得到一张床的人才，您方没有办法论证他是更适合的，相反小城市的空间更可以适应他的发展。

正方二辩：所以对方辩友是告诉我们，要把人才放到小城镇中去吗？

反方一辩：对方辩友，是尽量给一个人才找到可以释放他能力的空间。这个空间不一定是大城市，不一定是小城市，重要在于匹配。[1]

正方试图把辩题引向“发展中的问题要靠发展来解决”，这样一来，就偏离了辩题所给出的语境，反方于是把正方拉到辩题的语境中来，“今天只能在大城市得到一张床的人才……”从而使辩论的语境保持了同一。

（二）概念的同一

在同一个思维过程中，使用的概念必须保持同一，在讨论问题、回答问题或反驳别人的时候，各方使用的概念也要保持同一。辩论中经常会在这个问题上违反同一律，这首先是辩题存在问题，有些辩题本身无法做到概念同一。例如，辩题“人类文明的进步体现在约束人性还是体现在解放人性”。很明显，双方对“人性”定义肯定不能同一，正方可能会侧重于“人性”之恶，反方则倾向于“人性”之善。如果这个关键概念的定义不能同一，那么，这场辩论就是一场典型的违反同一律的比赛，双方都无法攻击对方，因为人性有善有恶是公理。

要保持概念的同一，首先在设计辩题时，要严把定义关，要充分考虑到双方会不会因为立场的原因，导致概念定义大相径庭。如果有这种可能，就要重新设计。事实上，这样的辩题也不少。如辩题“知难行易还是知易行难”，

---

〔1〕 刘想树主编：《论辩西政》，法律出版社2012年版，第240页。

很明显,双方对“知”和“行”的定义会因各自立场而不同一。正方强调知是“真知”,“行”只是执行;反方强调行是“探索”,知只是“探索的结果”。又如辩题“传媒文化塑造人格还是淡化人格”中的“人格”,正方会从社会学角度定义,反方会从心理学角度定义。

事实上,有些文艺形式,如相声、小品,常常故意使概念不同一来制造“笑果”。例如,有一个小品中的一个片段,“问:秋波是啥玩意儿?答:秋波就是秋天的菠菜。”[1]还有一些比较哲理的,“我以前喜欢一个人,现在喜欢一个人”,等等,这些属于文艺创作,文艺属于形象思维,已不在抽象思维的同一律之列。

(三)判断的同一

同一个主体(个人或团队)在同一时间,从同一方面对同一事物作出的判断必须保持同一。换言之,就是指判断自身的意思和真假值必须保持同一。具体来说,判断中所指的各个概念必须同一,判断所表达的意思必须同一,判断本身的真假必须同一。

比如,“人有七情六欲”,这是一个真判断。在辩论中面对这个判断的时候,如果有对方提出“稻草人有七情六欲”为假,以此来反驳“人有七情六欲”,那么对方就违背了判断的同一。因为“人有七情六欲”和“稻草人有七情六欲”不是同一的,主要在于原判断中“人”的概念显然和“稻草人”的概念不是同一的。

这方面的例子在辩论中比较常见。一个判断如果不利于一方,这一方要么回避,要么就是用不是同一的判断应对。如辩题“统考制度有利于创新人才的选拔还是不利于创新人才的选拔”,有这样一段对话:

反方三辩:我想请教尊敬的对方辩友,统考制度选拔创新人才的具体标准有哪几条呢?

正方三辩:我们在说统考制度有利于选拔,但我们并没有说统考制度就在于选拔呀!这就好比是我们今天辩论赛的主席,她可没有和我们一起辩论,但她可是有利于我们的辩论哪![2]

正方遵守了同一律,反方提问设下一个陷阱,把辩题的“有利于”去掉,

---

〔1〕 1999年中央电视台春晚小品:《昨天 今天 明天》。

〔2〕 张德明主编:《千禧之擂》,复旦大学出版社2000年版,第15~16页。

这样,统考制度就是能够或可以选拔创新人才了。事实上,统考制度绝对不可能选拔创新人才,这是常识。正方看破了这个企图,把话题拉到命题上来,维护了辩题所规定的同一性,也捍卫了本方的立场。

二、违反同一律主要表现

(一)概念违反同一律

在同一思维过程中,如果不是在原来意义上使用某个概念,而是把不同的概念混为一个概念或者改换同一概念的含义,不保持概念内涵和外延的确定和同一,就会犯"混淆概念"和"偷换概念"的逻辑错误。

1. 混淆概念

混淆概念是指在辩论的论证过程中,可能由于认知等原因,无意中将不同的概念当作同一概念来使用,这种行为客观上混淆了同一语词在不同意义上的使用,或者是两个语词在语义上的相似或部分相同。当然,这种违反同一律的行为,一般来说不是故意的,只是一种过失。辩题"诚信主要靠自律还是诚信主要不靠自律",其自由辩论阶段是这样的:

正方一辩:刚才对方辩友给我们提到一个机制的概念,可是始终没有告诉我们机制究竟是什么?你说通过有效手段可以使不诚信者受损,使诚信者受益,请教对方辩友有效的手段究竟是什么?

反方三辩:我们说机制就是协调利益分配机制,我想请问,诚信机制可以使人们守信的收益大于失信的收益,人们是否还有失信的必要呢?

……

反方三辩:第二次告诉对方辩友,我们的诚信机制是靠一种利益分配而不是自律加他律,自律和他律都是约束,而我们的诚信机制是引导。

正方二辩:对方辩友,我还是要问,利益分配是用何种手段来分配这种利益?你一直含糊其词。[1]

这场比赛在某种意义上就是概念之辩,反方另辟蹊径,提出了"诚信主要靠机制"的命题,他们试图将"诚信机制"与他律区分,可又无法说清楚"机制的引导"是不是一种"律",于是,陷入了概念混淆的泥淖。

例如,有个小姑娘到邮局去寄信,服务员告诉她:"小姑娘,这封信超重

---

[1] 张德明主编:《激扬才智》,复旦大学出版社2003年版,第221~222页。

了,你必须要多加一枚邮票。”小姑娘不解地问:“信已经超重了,再加贴邮票,不是更重了吗?”在这里,小姑娘对服务员说“信超重”当成纯粹的信的重量,其实,服务员所说的“信超重”是指邮资所能承载的重量,不是单纯的重量。由于小姑娘不理解这其中的含义,才会有这种非故意的过失。[1]

2. 偷换概念

偷换概念是指在辩论过程中,为达到某种目的,故意违反同一律的要求,把不同的概念当作同一个概念使用。偷换概念是一个歪曲对方言论的逻辑谬误,把对方的言论重新塑造成一个容易推翻的立场,然后再对这立场加以攻击。我国的成语如“偷梁换柱”“以假乱真”“混水摸鱼”“顾左右而言他”等,指的就是偷换概念的情况。

偷换概念主要有以下几种手法。

第一,任意改变某个概念的内涵和外延,使其变成另外一个概念。例如,我邻居家只有一条狗,所以是单身狗。其实,“单身狗”属于网络俚语,特指没有恋爱对象的人,意思就是单身汉。

第二,将似是而非的两个概念混为一谈。清代有一则笑话《誓联》,说的是有个县令上任伊始,便在堂上高悬一副对联:“得一文,天诛地灭;听一情,男盗女娼。”打官司的富人相信“有钱能使鬼推磨”,他们照例把金钱玉帛往此“清水衙门”里送,“清官大人”则照收不误。有人气不过,便直截了当地说:“你办事怎么忘了对联上的誓言呢?”县官老爷却振振有词地说:“我没违背誓言,因为我所得的不是一文钱,受贿徇情也非一次呀!”[2]这里,他把“得一文”和“听一情”中的“一”偷换为实数,即实体的一文钱和一次情。

第三,用非集合概念取代集合概念,或相反。例如,“世间万物中,人是第一个可宝贵的。我是人,因此,我是世间万物中第一个可宝贵的。”这个三段论中大前提中的“人”是集合概念,表明所有的人,而小前提中的“人”是非集合概念,表明是“我”个人,言者利用这两个概念共用同一语词进行偷换。这方面的情况在辩论中时常发生,有些是出于战术需要,有些是出于非故意过失。

第四,利用多义词混淆概念。有一年全国大学生辩论赛决赛,辩题是“网

---

〔1〕 木荣本森:《逻辑推理的三种形式》,载360网个人图书馆2020年4月24日,http://www.360doc.cn/mip/907989563.html。

〔2〕 (清)黄图珌:《看山阁全集·闲笔》卷十五《誓联》。

聊有聊还是网聊无聊”,正方在立论中将“有聊”定义为“一种借助网络进行的、具有互动性、轻松而话题广泛的语言交流形式”。我们先来看“无聊”解释:一是由于清闲而烦闷;二是(言谈、行动等)没有意义而使人讨厌。从辩题的语境来看,反方应该取第二种解释,而正方,相对于“无聊”,“有聊”应该是“有意义”的意思,如果按正方的定义,反方的“无聊”则是“沉重而话题狭窄”。由此可以看出,正方利用“有”的多义性混淆“有聊”和“无聊”这两个概念。如果再深入一步,“有聊”其实是仿词,就是根据表达需要,更换现成词语的某个语素,临时仿造出新的词语,改变原来特定的词义,细分起来,“有聊”应该属于反义仿。

这方面的事例不少,如辩题“科学有禁区还是科学无禁区”,双方对于“禁区”的定义应该一致,不然,正方的“禁区”是伦理方面的,反方的“禁区”是知识方面的,这样就没有办法将辩论进行下去了。所以,为了使辩论不至于陷入概念游戏,就有必要保证概念的同一性。

(二)论题违反同一律

在同一思维过程中,如果不是在原来意义上使用某个判断,而用另外的判断代替它,或者在论证某个论题时,中途改变讨论的对象或论述中心,就可能犯“转移论题”或“偷换论题”的错误。

1. 转移论题

转移论题,也称离题或跑题,是指在同一思维过程中,无意识地违反同一律,更换了原判断的内容,使议论离开了论题。请大家看看下面这个例子。

> 反方二辩:现在对方辩友,我想请问:哪一类您喜欢的题材的电影还没有被拍出来呢? 显然是没有吧。
>
> 正方二辩:对方辩友,我喜欢的是下一部电影,还没有被拍出来。
>
> 反方二辩:对方辩友,您这样回答让我们如何讨论呢?[1]

本来,反方提出了要和正方讨论的具体问题“您喜欢的题材的电影”,而反方却转移问题“我喜欢的是下一部电影,还没有拍出来”,这明显是在转移论题,正方也是看出来这一点,于是指出,这样的回答无法讨论。其实,正方二辩的这种说法使自己陷入悖论:既然没有拍出来,你就没看过,你怎么会喜欢;既然你喜欢,肯定是你看过的,可是却没拍出来。

---

〔1〕 刘想树主编:《论辩西政》,法律出版社2012年版,第219页。

2. 偷换论题

偷换论题是指在同一思维过程中，为达到某种目的，故意将某个论题更换为另外一个论题，并用这个论题冒充原来的论题，这是诡辩者常用的手法。

有这样一个段子：

某贪官被捕入狱后，记者征得有关方面同意前去采访。

记者问贪官：你什么时间开始受贿的？

贪官回答说：开始时，我胆子很小，后来就越来越胆大了。

记者问贪官：你受贿数目有多少？

贪官回答说：我受贿犯罪对不起大家，对不起人民。

记者问贪官：你受贿犯罪的主观原因是什么？

贪官回答说：现在干部管理制度有漏洞，很多地方需要改进。

记者问贪官：法院对你的审判公正吗？

贪官回答说：我曾在法院工作过。[1]

记者问贪官什么时候受的贿，贪官的回答是受贿的心态；记者又问受贿金额，贪官回答是自己的道歉；记者问的第三个问题是受贿的主观原因，而贪官则回答受贿的客观原因；记者最后问审判是否公正，贪官却说自己曾在法院工作过。记者问了四个问题，贪官四次偷换问题，这也暴露了贪官的真实心理状态。

辩论中，偷换论题的情况也时有发生。如辩题“信息碎片化有利于丰富大学生的知识体系还是不利于丰富大学生的知识体系”，在辩论中，正方将辩题偷换成“信息碎片化能够构建大学生知识体系”，而反方则偷换为“信息碎片化破坏了大学生的知识体系”，双方都偏离了辩题。

第二节 矛 盾 律

所谓矛盾，在这里并不是双方的对立，而是双方无法共存。所谓矛盾律，也就是“不矛盾律”，是指在同一思维过程中，对两个反对或矛盾的判断不能

〔1〕《法逻—普通逻辑学的基本规律》，载道客巴巴网 2014 年 6 月 29 日，https://www.doc88.com/p-8465595951574.html? r=1。

同时承认它们都是真的,其中至少有一个是假的,否则就会出现思维的前后不一、自相矛盾。如果用专业术语来说,就是两个互相否定的观点,不可能都是真的,一定有一个是假的。

用公式来表述它的逻辑结构就是:A 不是非 A。

比如,胜利的否定,不是失败,而是未胜利,未胜利和失败不是一回事,未胜利可能失败,也可能是平局,还可能是其他未知状态,这种未知状态可能变为胜利,也可能变为失败,也可能变为平局。失败是胜利的子集,所以,胜利和未胜利相互否定,而不是与失败相互否定。

根据矛盾律的内容,它对人们的思维所提出的逻辑要求表现为以下方面。

一、概念不能自相矛盾

在同一思维过程中,不能用两个互相矛盾或互相反对的概念“A”与“非A”指称同一对象。如在同一思维过程中,不能用“人类”和“非人类”指称同一对象,它们不能同时是真的。另外,也不能用“人类”和“反人类”同时指称同一个事物。因为“反人类”包含于“非人类”,即“反人类”必然是“非人类”。所以,互相反对的概念蕴涵着互相矛盾的概念,它们不能同真。

因此,矛盾律对概念的要求具体地说就是:在同一辩论过程中,不能同时用两个互相矛盾或互相反对的概念指称同一个对象,否则就会出现逻辑矛盾。例如,“夜晚,远远望去,整栋教学楼漆黑一团,只有一个房间还亮着灯”,这一看就知道,“漆黑一团”与“亮着灯”自相矛盾;“我基本上完全不赞成对方的观点”,同样,“基本上”和“完全”自相矛盾。值得注意的是,有些理念比如“外圆内方”,到底是圆还是方,其实这不是逻辑问题,而是文化理念问题。有的哲理看起来似乎概念矛盾,其实定义随着语境的变化而改变。例如,有一首著名的诗,其中有这样两句:“有的人活着,却已经死了;有的人死了,却永远活着。”在这里,“活”“死”由于语境的不同,意义截然不同。

二、判断不能自相矛盾

在同一思维过程中,一个判断不能既断定某对象是什么,又断定它不是什么,即不能同时肯定两个互相矛盾或互相反对的判断都是真的,必须确认其中有一个是假的。例如,“我承认,世间万事万物都存在着矛盾,我们双方虽然对立,但是没有矛盾”这句话中,“矛盾”可以从两个方面进行理解:第一个“矛盾”是哲学意义上的,指“客观事物和人类思维内部各个对立面之间的相互依赖而又相互排斥的关系”。第二个“矛盾”是生活意义上的,指“事物之间的相互抵触或排斥”,两个概念不一样,辩手在这里犯了至少两个逻辑错误:一是混淆概念,把两个“矛盾”混为一谈;二是判断矛盾,如果两个“矛盾”概念同一,那么,就违反矛盾律——一个判断不能既断定某对象是什么,又断定它不是什么。

三、悖论:一种特殊的自相矛盾

悖论是一种特殊的逻辑矛盾,这种特殊性表现在其推理的前提是正确的,推理的过程也是严密的,但推理的结果却是自相矛盾的。表面上看,似乎同一命题或推理中隐含着两个对立的结论,而这两个结论却都能自圆其说。如果承认这个命题成立,就可推出它的否定命题也成立;反之,如果承认这个命题的否定命题成立,又可推出这个命题成立。悖论的抽象公式就是:如果事件 A 发生,则推导出非 A,非 A 发生则推导出 A。

比如,“我说的这句话是假的”,这是一个典型的悖论。如果“我说的这句话是假的”是假的,那就是真的啊;如果“我说的这句话是假的”是真的,那就是假的。于是,我们可以从它的真,推出假;从他的假,推出真。悖论非常有趣,很多人热衷于此,如著名的罗素悖论:“理发师说‘我只给村里所有不给自己理发的人理发’,那么,理发师的头是谁理的呢?”

悖论其实是一种思维的形成,比如开心的否定是什么呢? 不是伤心,而是不开心。比如一些常见的悖论,“请相信我,我说的每一句话,都是错的”,那么如果这句话也是错的,这句话就是对的了。再如,“凡规则必有例外,包括这句话”“我最大的缺点,就是没有缺点”“唯一的不同,是处处都不同”,这几句话都是典型的自相矛盾,如果两者相互否定,那么一定有一个是对的,另一个是错的。

四、哲学的矛盾与逻辑的矛盾

哲学矛盾是一种“必然”存在,而逻辑矛盾则是一种“不可能”或者“不应该”存在。在“逻辑矛盾”中,矛盾双方是绝对互相排斥、互不相干,无任何联系环节(中介),一方对另一方的否定是绝对的、单纯的否定,而不是作为发展的、联系的环节的否定,如辩题“科学有禁区还是科学无禁区”中的“有”与“无”是绝对互相排斥的。与此相反,“哲学矛盾”则是由对立双方组成的矛盾统一体,比如道家老子的“天下万物生于有,有生于无”。在这个矛盾统一体中,矛盾的任何一方都不能离开另一方单独存在,它们互相联系、互相渗透,又相互排斥、相互斗争,从而推动矛盾的运动和变化。统一体中的一方对另一方的否定,不是绝对的、单纯的否定,而是辩证的否定,即否定中有肯定,肯定中有否定。简言之,对立统一。

由此可见,哲学矛盾和逻辑矛盾是两种不同性质的矛盾,“逻辑矛盾”是违反思维规则的非正常现象,是思维发展的障碍,是可以也应该排除的;而哲学矛盾则是正常思维所固有的,是思维发展的动力,因而是与生俱来的。

第三节 排 中 律

排中律是指同一个思维过程中,两个相互矛盾的思想或命题不能同假,必有一真,即“要么 A 要么非 A”。排中律要求在同一思维过程中,不能对不能同假的命题(矛盾关系、反对关系)同时加以否定。

和矛盾律一样,排中律也不能确定两个相互排斥的命题究竟哪一个真、哪一个假。但如果已经知道其中一个命题为假,那么,根据排中律,另一命题必真。排中律要求保持思想自身的明确性,一个思想如果被认为既不真又不假,就会令人难以理解、不知所云。

排中律的核心就是,两个自相矛盾的观点,一定有一个是对的,一个是错的,没有都不对这种中间状态。“你”可以不表态,但是“你”若表态,就必须旗帜鲜明地同意哪一方或不同意哪一方,不能说,两个都不同意,或者两个都同意。

一、违反排中律:模棱两可

初唐时期有位诗人名叫苏味道,是苏东坡先祖,他 9 岁能作文,12 岁中进士,先当吏部侍郎,后来武则天做了皇帝,拜他为宰相。面对武后的强权,他明哲保身,避免得罪各方。处理政务,从不明确表态,总是说这样办也行,那样办也行。他还总结出一套为官之道,他说:“处事不欲决断明白,若有错误,必贻咎谴,但模棱以持两端可矣。”处理事情不能作明确的决断,如果发生了错误,就要负失职的责任,所以只要“模棱”以持两端就行了。从此以后,就有人给苏味道起了个外号叫“苏模棱”。这就是成语“模棱两可”的由来。[1]后来的人凡遇到有人说话或处理事情不做明确决断,或不表示鲜明态度,不置可否时,就称它“摸棱两可”或“模棱两可”。

这种情况在辩论赛中也时有发生,比如,在质询环节,一方会向对方提出一些封闭性问题:“对方辩友……请正面回答我:是,还是不是?”而对方知道这是一个陷阱,如果回答“是”,可能中计;如果回答“不是”,又有违事实。面对这个两难困境,根据趋利避害的本性,往往会选择这样的回答:“这不是一个简单的是或者不是的问题,而是……”“对您提出的问题,我的理解是……”甚至还有“如果这世界上所有的问题,都能用是或不是来回答,那我们今天在这里辩论还有什么意义呢?”其实,这不过是在玩模棱两可游戏。不过,也是出于无奈,只能用这种模棱两可来缓解一时之困。如果对方咬住不放:“对方辩友,你应该正面回答我的问题,这不仅是我的请求,更是规则的规定。”这种情况下,你就不可能再“两可”或“两不可”了。

又如辩题“赞不赞成彻底禁绝香烟”,反方:我不赞成禁烟,烟草可是国家的一项重要产业。可是……毕竟吸烟危害人的健康,所以,我也不赞成不禁烟的意见。正方:那到底是禁烟还是不禁烟,你不可能既赞成禁烟又不赞成不禁烟。

再如,有一次在讨论被告是否犯了贪污罪时,有人说:“不能认为被告犯了贪污罪,也不能认为被告没有犯贪污罪。我觉得被告犯的是介于贪污和非贪污之间的一种罪行。”

以上几例对有关同一事物情况的两个相互矛盾的陈述都加以否定,这样所表达的思想含混不清,犯了模棱两不可的错误。

二、排中律与矛盾律

(一)排中律与矛盾律区别

首先,这两个定律最主要的不同在于:矛盾律中包含了对互相反对的命题的判断,两个互相矛盾或者具有上反对关系的命题,不可能同时为真,必有

---

[1] 《模棱两可苏味道,正月十五夜观灯》,载腾讯网 2021 年 2 月 25 日,https://xw.qq.com/cmsid/20210225A03YS100。

一假。比如,“今天雨天还是今天晴天”,不能雨天和晴天同时为真,必然有一个是假的,要么是雨天,要么是晴天;而排中律则只包含了对互相矛盾的命题的判断,两个互相矛盾或者具有下反对关系的命题,不可能同时为假,必有一真。又如,“今天雨天还是今天不是雨天”,不能“雨天”和“不是雨天”都是假的,必然有一个是真的。

所谓上反对关系,就是两个命题不能同真,必有一假,可以同假。比如,“所有的花是有毒的”和“所有的花是无毒的”,它们不可能同时为真,但二者可以同假,由其中一个命题的真,可以必然推出另一个命题的假。而下反对关系则是两个命题不能同假,必有一真,可以同真。由其中一个命题的假,可以必然推出另一个命题的真。比如,由“有的金属不能导电”的假,可以必然推出“有的金属能导电”的真。

(二)如何判断排中律与矛盾律的区别

对于一个命题,到底应该适用哪一个定律,具体来说,有以下三个方面:

一是适用范围不同。矛盾律既适用于互相矛盾的命题,也适用于互相反对的命题,如辩题“大数据发展到极致是喜还是大数据发展到极致是悲”。排中律则不适用于互相反对的命题,如辩题“钱是万恶之源还是钱不是万恶之源”。

二是逻辑要求不同。矛盾律要求,对于互相矛盾和互相反对的命题,不能都加以肯定,必须从中否定一个。排中律要求,对于互相矛盾和具有下反对关系的命题,不能都加以否定,必须从中肯定一个。

三是所犯错误不同。违反矛盾律,犯“自相矛盾”即“两可”的错误。违反排中律,犯“模棱两可”即“两不可”的错误。

比如,辩手们讨论辩题“应不应该降低未成年人刑事责任年龄”,某甲一会儿说“应该降低……”一会儿又说“不应该降低……”而某乙则说“某甲的两种观点我都不同意”。在这里,甲的说法就违反了矛盾律的要求,犯了“自相矛盾”的错误,因为他同时肯定了“应该降低刑事责任年龄”和“不应该降低刑事责任年龄”这两个相互矛盾的判断。而针对甲的说法,乙的说法就违反了排中律的要求,因为排中律认为两个互相矛盾的判断不能同假,而乙恰好断定上述两个判断都是假的。也就是说:要么就是应该降低刑事责任年龄,要么就是不应该降低刑事责任年龄,二者必有其一。

第四节　充足理由律

充足理由律是指在同一论证过程中，一个观点被确定为真，总是有充分理由的。

用公式表示为：P 真，因为 q 真，并且由 q 能推出 P。

违反充足理由律的逻辑错误有"虚假理由"和"推不出"。充足理由律对论证的要求如下：

一、必须有理由

任何论证，必须通过理由来进行，这是充足理由律的前提，理由在先。辩论中，任何一方一辩在立论中都必须提出理由。如辩题"青春贵在仰望星空还是贵在脚踏实地"，反方给出的理由是："任何远大的抱负都不是想出来的，得靠脚踏实地的践行才能实现。"这个理由本身就是公理或者常识，它自然可以成为三段论的大前提。

再如辩题"现代化会不会威胁传统文化的生存"，正方给出的理由是："随着工业革命的迅猛发展，传统文化生存的外在环境受到了破坏，空气污染让卡拉奇木乃伊发生化学变化，酸雨啃食着卢克索城的宫殿，温室效应威胁着威尼斯水城的神话。"这个理由用的是大家公认的事实。

如果仅用一个理由，显然是不够的，就像桌子，起码得有三条腿才能撑起来，因此，辩论的立论所用的理由常常不止一条，一般都是三条，这样就显得稳定。

辩题"恪守寂寞是学者的美德还是学者的悲哀"，正方立论给出了三条理由：第一，学术造诣的提升需要恪守寂寞；第二，学术人格的养成源于恪守寂寞；第三，学术良心的维护离不开恪守寂寞。这样，分别根据学术造诣、学术人格、学术良心三个方面的理由证明恪守寂寞是学者的美德，就比一个理由更加稳定，也更加加大证明力度。

二、理由必须真实

所谓理由真实，就是必须符合客观实际，理由需要实际来检验，唯其如此，才能使本方理由充足。可以这样说，理由充足与否在很大程度上取决于理由本身是否真实。在辩论实践中，也有不自觉地用不真实的理由进行论证，结果往往弄巧成拙，陷入两难困境。有时候，理由的真实往往不在于自己的主观意志，而往往是由于判断失误所致。那么，如何最大限度保证理由的真实，如果我们的理由来自网络上获得的资料的话，那么，验证这些资料就是保证理由真实的最有力工具。比如，2010年有一场辩论比赛，辩题是："未来世博应以网络展示为主还是以园区展示为主"，反方在网上查到2015年意大利米兰将举办世博会，主题是农业。这在世博会一百多年历史上是一次创新，以前都是以工业和科技为主题，而米兰则以农业而且是种植业为主题。米兰世博将模拟参展国的气候，要求参展国在自己国家的场馆里种植最有代表的农作物，整个世博会将没有围墙，参观者可以参与种植、管理、收割以及制成食品，并且品尝。反方如获至宝，但是，网上得来终觉浅，绝知此事须验证。反方经过反复验证，甚至动用了在意大利的朋友，最后确定这个事实是真实的，完全可以成为充足的理由，在后来的比赛中，这个事实有力地支撑起反方的观点。

现在辩论资料基本上都是从网上获得，因为资料海量、便捷，但是，网络上的资料良莠不齐，如果仅仅以满足己方作为标准，或者更有甚者，根据自己的立场裁剪、修饰，甚至编造资料。这样做，辩论资料不但不能成为己方的理由，反而很有可能成为己方的炸弹，导致己方整个论证体系崩塌。有一次比赛，辩题是"低碳生活更多依靠科技进步还是更多依靠观念转变"，自由辩论中，正方二辩提出这样的理由："今天三峡大坝建成之后，水电已经成为我们中国电力的主要能源。"反方二辩则以这样的理由回应："您知不知道水电每发电100千瓦时就要用到1241吨的水泥、14吨的钢筋，排放8克的二氧化碳呢?"其实，正、反双方的理由均不真实。就正方来说，查阅了一份权威期刊——《能源技术与管理》2010年第3期，其中一篇论文中有一个表格：主要能源消费国2008年一次能源消费结构，表格中的中国能源消费结构是：石油20.7%，天然气3.9%，煤炭68.7%，核能0.8%，水电5.9%。而反方的理由也不符合常理，如果"水电每发电100千瓦时就要用到1241吨的水泥、14吨的钢筋，排放8克的二氧化碳"，这样的发电还有意义吗？而且，发电怎么会用到水泥和钢筋呢？那应该是修建电站的材料吧，即使这样也大有疑问。2018年12月21日，三峡集团官网（http://www.ctg.com.cn/）发布头条新闻称，三峡水电站今年累计发电 1000 亿千瓦时。按反方的说法，发这些电得用水泥 12,410 亿吨，钢材 140 亿吨，排放二氧化碳 80 亿克，也就是 8000 吨！这样的理由显然虚假，可惜双方都没有发现对方这个巨大的漏洞。

三、理由必然推出论题

理由与所要论证的论题之间应该有内在的、必然的逻辑联系，通过理由进行合乎逻辑的证明，才能展示出充分的论证和具有说服力的判断。换言之，就是理由与论题之间应当具有推理关系，理由能够合乎逻辑地推出判断。简言之，就是“有推理”和“能推出”，唯其如此，才能使辩论具有论证力度。

有一场比赛，辩题“幸福是主观的还是幸福是客观的”。正方的理由是：“对方学校毕业的两位美术女硕士，整天都在故宫博物院修复文物，这项工作其实跟她们的专业刚好相反。她们的专业是画画，需要创新，而修复文物却要修旧如旧，可她们坚持下来，并且爱上了这份工作。她们说，文物都是有生命的，我们修复文物，就是和远古对话，在工作中感受到幸福。”作为理由，这个事实来自一部国家级媒体拍摄的纪录片《我在故宫修文物》，这应该是真的。如果是真的，那么，这个事实作为理由跟“幸福是主观的”之间构成了必然的推理关系，由于这个理由很具有说服力，完全可以推出论题。

当然，没有理由不可能推理，理由不真也不可能推理，理由真但是和论题不构成必然的推理关系，也不可能推出合乎逻辑的结论。简言之，就是，从理由的真不能推出判断的真。

如辩题“现代化会不会威胁传统文化的生存”，在质询环节，双方有这样一段对话：

反方二辩：……请问，您认为，贝多芬的音乐是传统文化还是现代文化？

正方三辩：传统文化。

反方二辩：贝多芬的音乐是传统文化，但是，你知道贝多芬的音乐相较于古典音乐，他的浪漫音乐是一个如同魔鬼般奇怪的现代音乐吗？

正方三辩：我想传统和现代本身是一个相对的概念，但是，我们今天的辩题讨论的是，在现代化开始之后的传统文化有没有受到现代化的威胁。

反方二辩：对方辩友，贝多芬的音乐在当时也取代了古典音乐，您会不会说贝多芬威胁了莫扎特呢？

正方三辩：我想我们今天论证现代化会威胁传统文化，不是说任何一种文化都会威胁另一种文化的生存。[1]

反方的推理是这样的:现代化不会威胁传统文化的生存,贝多芬的音乐当时相较于古典音乐,也是一种现代音乐;莫扎特的音乐相对于贝多芬的音乐来说是古典音乐,贝多芬没有取代莫扎特。所以,现代化不会威胁传统文化的生存。

其实,这一点正方已经指出来了,文化不等于现代化。正方提出的理由是真实的,贝多芬和莫扎特的事实,但是,这个事实作为理由,与现代化不会威胁传统文化的生存之间不存在必然的推理关系,因此,无法从这个理由推出论题。

这种推不出的情况在辩论赛中并不少见,如主观臆想、以偏概全、以人为据、违反推理规则等。上面的例子就是属于主观臆想。

辩论逻辑这四条规律是辩论所必须遵守的基本条件。只有遵守这四条规律,才能做到概念明确、判断准确、推理有逻辑性、论证有说服力,这才是辩论所应该展示出来的基本逻辑。

第五节 非形式逻辑

一般认为,辩论要"论"要"辩",只能运用形式逻辑,或者说,形式逻辑是辩论的唯一标配。但是,从辩论的实践来看,除了形式逻辑,还有一种逻辑对辩论也很重要,它就是非形式逻辑。所谓非形式逻辑,"是逻辑的一个分支,其任务是讲述日常生活中分析、解释、评价、批评和论证建构的非形式标准、尺度和程序"。[2] 其实,在我们的生活中,很少用严谨的形式逻辑来精确地分析问题,更多的是经验和常识,这在有声语言的交流中尤其显著,比如辩论,如果完全用形式逻辑,有声语言就会显得枯燥乏味,增加了接受者的接受难度。因为"人的理性思考并不囿于论辩性文本,或者依从严格的推理或者暗示的结构;其最典型的方式是讲故事。据此而言,所有论说争辩都可视为

[1] 刘想树主编:《论辩西政》,法律出版社2012年版,第168页。
[2] 武宏志:《"非形式逻辑"与"论证逻辑"》,载《延安大学学报(社会科学版)》2000年第1期。

故事,也都可以作为故事来加以评判”。[1] 辩论最重要的就是通过叙事来论证和反驳,这样就难以做到严谨和精确,而且,辩论还需要展示辩手个人的个性和风采,这些都不可能用形式逻辑实现。

一、与形式逻辑的区别

(一)重推理与重论证

二者的主要区别在于,形式逻辑主要侧重于推理,即由一个或几个已知的判断(前提)推出新判断(结论)的过程。“在形式逻辑中,逻辑证明取决于公理,证明遵循着严格的形式规则,而在论辩中,‘证明’应当具备非形式的性质。”[2] 比如三段论:

大前提:有害于人体健康产品的广告都应禁止。
小前提:香烟有害人体健康。
结论:因此应该禁止香烟广告。

大前提“有害于人体健康产品的广告都应禁止”这是已知的,小前提“香烟有害人体健康”这也是已知,由此推出“应该禁止香烟广告”。整个推理过程清清楚楚明明白白,但是,在生活中,这样的推理恐怕有些呆板,尤其是用有声语言表述。而非形式逻辑不在于从一个或几个判断的真,推出一个新的判断的真,它的重点在于论证,而论证是为观点寻找论据并建立起观点和论据之间的因果关系。比如:

主张:应该禁止香烟广告。
理由:香烟有害于人体健康。
保证:有害于人体健康产品的广告都应禁止。

在这里,“主张”是“你要说什么,证明什么”,“理由”是“你必须提出什么支持”,“保证”是“你如何达到这一步”。总而言之,就是三个问题:是什么?为什么?怎么办?而辩论的论证程序也是如此,这一点在立论中充分体现,首先不是提出前提,而是本方所主张的观点,为了使观点更加明确清晰,还要对构成观点的概念进行界定,但这种界定也不是形式逻辑的定义,而是糅合

[1] [美]托马斯·郝理翰、凯文·马斯科:《论辩学教程:论说与辩争的思维与方法》,邓炘炘译,清华大学出版社 2018 年版,第 26 页。
[2] 樊明明:《修辞论辩与非形式逻辑》,载《解放军外国语学院学报》2005 年第 5 期。

了定义、解释和经验的阐述，其逻辑关系也不是形式逻辑那种完全确定和精确，而是留有一定的模糊空间。一则因为辩论是零和博弈，双方只知己不知彼，在这种情况下，如果按照形式逻辑的方式建立推理结构，当遇到对方观点不在本方预测之内时，就很难转变论证方式。二则按照形式逻辑建构的立论体系十分完整而且也很牢固，环环相扣，形成一个闭环，但是，这是在假定对方观点及论证如此这般的情况下构筑的，而如果对方观点不在预料之内，那么，这一套体系就很难临场转换。

(二)判断真假与分析谬误

形式逻辑重点在于证明判断的真与假，而非形式逻辑的重点在于分析错误的论证来辨别逻辑谬论。辩论最重要的就是质疑与反驳，首先要质疑的是对方的立论，即立论中的论证过程，所以，有的赛制还专门为此设立了对一辩立论的质询或盘问环节。以前由于没有这个环节，立论基本上相当于走程序，有什么漏洞只能在后续的环节提起，但随着辩论环节的推进，立论中的漏洞往往被眼前的情况所遮蔽，这样，立论就被边缘化，成为孤立于整个辩论的装饰。也正因如此，立论也大可按照形式逻辑来构筑立论，只要能自洽就可以。而现在设立了质询或盘问环节，在很大程度上盘活了立论，使立论避免了完全形式逻辑。比如辩题“宁要大城市一张床的观念更可取还是宁要小城镇一间房的观念更可取”，下面是反方一辩立论陈述完毕，正方对反方一辩进行的盘问：

正方二辩：……我想问您一个问题，我们大城市压力大不大？

反方一辩：有的大，有的不大，看您说哪一方面。

正方二辩：对方辩友，我们的就业压力大不大？

反方一辩：可能大，看您从事什么专业。

正方二辩：可对方辩友，我想问你小城镇是不是比大城市的经济压力要小一些，在您方立论中。

反方一辩：在某些专业是这样的。

正方二辩：好，对方辩友，所以您告诉我们是不是小城市活的更安逸一些呢？

反方一辩：不一定，因为人生理想是不一样的。袁隆平在湖南研究杂交水稻的时候，几十年如一日，压力一点都没有小。[1]

反方在回答正方的问题时，用了一些比较模糊的语词，比如“有点”“有

〔1〕 刘想树:《论辩西政》，法律出版社 2012 年版，第 239 ~ 240 页。

的""可能""某些""不一定",这些回应既符合客观事实,也没有放弃自己的立场,而且还导致对方无从发现漏洞。这种情况的出现,主要原因在于反方在立论中没办法预测到正方将要质疑的问题,所以,反方一辩只能以这种方式搪塞,这在辩论中是常有的事。从形式逻辑来看,这有些模棱两可,它要求确定判断的真实性和有效性,而从非形式逻辑的角度,我们较多关注的是论辩的说服力,并非要求结论必然为真,而是通过论辩合理性,使听众认同本方的观点,这种合理性的证明当然不能离开形式逻辑,但不局限于此,还应该结合非形式逻辑来加以论证。

(三)语言符号化与语言的生活化

二者的语言不一样,形式逻辑并不考察每个具体论证过程的具体内容,只研究每个具体论证过程中共同的、最一般的东西,形式逻辑的语言抽象,也就是语言的形式化,这在现代逻辑中表现突出,即用精确的数字或机器可处理的公式定义的语言。也就是将语言符号化、数字化。当然,辩论中的形式逻辑语言还没有出现这样的情况,但是,也时不时冒出一些形式逻辑语言,比如"对方辩友,你方是怎样论证的""我方得证""请问对方辩友,这二者的关系是因果关系还是条件关系""我方的三段论是完整的,而你的类比论证有缺陷",等等,这样的语言就是形式逻辑语言,这种语言在很大程度上导致辩论思辨性下降。这似乎形成了悖论:为了加强论证力度,使用形式逻辑语言;正因为使用形式逻辑语言,导致论证力度弱化。

而非形式逻辑的语言则比较生活化,具有叙事性。因为,从有声语言表达看,"人们评价论辩观点时,首先检测这些观点的叙事可能性(narrative probability)"。[1] 这个特点正好符合辩论的需要,辩论是有声语言的博弈,这种博弈在观众的参与下进行,就是要让观众听得懂听得清,而且还能给观众思辨和语言的享受,那么,这就要求博弈双方语言要口语化、个性化,不是用逻辑充当有声语言,而是在有声语言中体现逻辑。比如有这样一段自由辩论:

正方二辩:……其实我今天到现在为止,冷静地倾听才明白,对方所讲的机制无非是拿一点他律的好的东西,再拿一点自律的好的东西,把它揉成一个团,告诉我这就是一个机制。其实就无非我有一个果园,其中种有苹果、香蕉,

---

[1] [美]托马斯·郝理翰、凯文·马斯科:《论辩学教程:论说与辩争的思维与方法》,邓炘炘译,清华大学出版社2018年版,第26页。

你告诉我,你主要种的不是苹果也不是香蕉,主要种的是水果。(掌声、笑声)

反方二辩:对方辩友为什么总愿意将我方提出的概念进行拆分呢?我方还讲了一个人性的问题,对方辩友是不是还要告诉我们,我讲的是人和性呢?(掌声、笑声)〔1〕

反方的"机制"这个概念定义不清晰,反方将"机制"界定为:既不是自律,也不是他律,而是一种利益的制衡。但问题是:这种利益的制衡是如何运作的,反方的解释似乎既有自律的因素也有他律的影子,正方于是用了一个类比,将这个逻辑问题形象化,而反方则以归谬回应,尽管这个归谬本身也有些荒谬,但产生了良好的剧场效果。

此外,非形式逻辑还讲究论证的叙事性,也就是事例的叙说和阐述。事例在辩论中往往起着举足轻重的作用,此所谓"事实胜于雄辩"。有一场比赛,辩题"幸福是主观的还是幸福是客观的",这个比赛在故宫进行,最后正方四辩总结陈词,举出了这样的事实:几位毕业于对方学校的女研究生,在故宫修文物十年,她们觉得文物是有生命的,她们修文物是跟远古对话,在工作中她们感到很幸福。此言一出,全场兴奋,还有什么逻辑比这个事实更有证明力度,同时也更能打动观众和评委。

二、图尔敏论证模型

(一)图尔敏论证模型产生

斯蒂芬·图尔敏(Stephen E. Toulmin 1922—2009 年)是 20 世纪英国著名的哲学家和伦理学家,被称为非形式逻辑的创始人。一直以来,归纳和演绎是逻辑学的两大支柱,演绎逻辑的代表是亚里士多德的《工具论》,而归纳逻辑的代表则是培根的《新工具论》。亚里士多德的演绎逻辑也被称为形式逻辑,三段论(大前提—小前提—结论)就是演绎推理的核心。它强调逻辑的合理性,最明显的优点就是保证由真的前提推出真的结论,由此,三段论为科学研究提供了便捷有效的思维工具,尤其是对数学和物理学的发展起到了巨大的推动作用。在辩论中,三段论也是必需品,但是,在图尔敏看来,三段论存在两个比较重要的问题:一是过于简化,存在诸多模糊,隐藏了过多的中间环节;二是形式三段论只关注理论中的分析论证,无法处理真实生活中的

---

〔1〕 张德明主编:《激扬才智》,复旦大学出版社 2003 年版,第 221 页。

实质论证。

图尔敏在其《论证的运用》中对亚里士多德以来的以“三段论”为代表的传统逻辑体系进行了反思，提出了不同于形式逻辑的非形式逻辑，图尔敏将之称为“实践逻辑”。图尔敏指出，在科学、法律、经济和医学等许多专业领域，基于传统形式逻辑的论证意义很有限，实际上真正大量使用的是“实质论证”。他指出，在传统的论证研究领域人们常常将注意力聚焦于“怎样论证才合乎逻辑”，却常常忽视“人们实际上如何论证”。在论证中，人们常常采用静态的形式逻辑的“解剖学”方法，而不是采用动态的实践逻辑的“生理学”方法。他主张用“实践逻辑”弥补形式逻辑的不足，提出了“图尔敏论证模型”。

图尔敏论证模型（见图1）中，论证不再是简单地收集证据或事实，而是一个持续的、层层深化的过程。在图尔敏的论证模型中包含依据（ground，D）、支援（backing，B）、正当理由（warrant，W）、限定（qualifer，Q）、反驳（rebuttal，R）、主张（claim，C）6个基本要素。论证的基本过程是：依据（D）和支援（B）共同构成了正当理由（W），在接受了反驳（R）之后，经过限定（Q），使主张（C）得以成立。

图尔敏指出，仅仅依据（D）不足以成为支持一个主张（C）的正当理由（W），还需要一些必要前提的支援（B）。一个有效论证只能基于一定的前提约定之上。根据同样的事实，基于不同的前提约定，可能得出非常不同的结论。

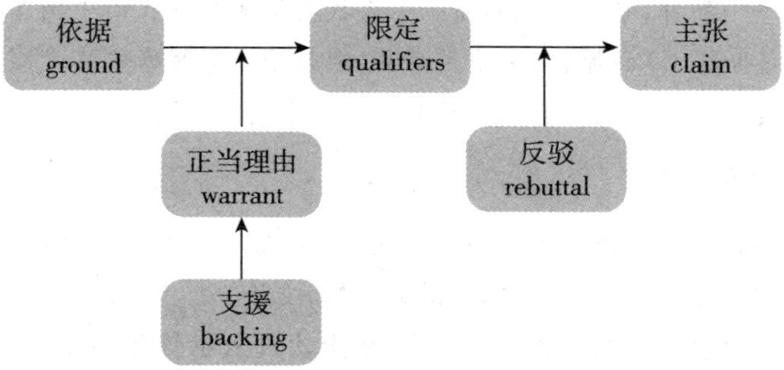

图1　图尔敏论证模型

（二）图尔敏论证模型解读

1. 主张

所谓主张，就是想要证明和确立的结论。主张是辩论正反双方所持的立场或观点，它以辩题的形式存在。比如辩题“未来世博应以网络展示为主还是应以园区展示为主”，正方的主张是“未来世博应以网络展示为主”，反方则“未来世博应以园区展示为主”，这就是辩论的出发点，也是论证的起点。在后续的辩论过程中，双方的主张将接受来自对方的质疑，为此，双方在质疑对方的同时，还得努力维护本方的立场。

2. 依据

“依据”是支持“主张”的事实或数据，要求事实和数据必须真实确凿。

正方的依据是：

今天上海世博会已经做得很好了，已经有7000万人，但是相对于10亿网民来说，相对于全球60亿人来说，是不是还有很多人没有能够感受到世博的精彩。（正方一辩，盘问）

网络刚刚发明的时候只有一个人用网络，现在有十亿人使用网络，您告诉我差值到底谁大？（正方四辩，攻辩）

让我们看看(2005年日本)爱知世博会好不好，每个场馆要排五个小时的队。（正方二辩，自由辩论）

今天的上海世博会的网上世博会一共分三类场馆，第一类叫浏览馆，第二类叫体验馆，第三类叫创意馆，您要不要对第二类体验馆告诉大家网络到底可不可以体验呢？（正方四辩，自由辩论）

刚才我们在那个知识竞答中我们也看到了一个模拟，那就是日本给我们带来的是一个高仿，它也不是真品。今天我们世博会中我们中国馆中有清明上河图，它也是3D还原，它也不是真品，但是给人们带来的感受跟网络的不是一样的吗？（正方四辩，自由辩论）

反方的依据是：

丹麦不远万里送来参展的小美人鱼，捷克查理大桥上幸运的浮雕，还有法国珍贵的罗丹青铜时代雕像。（反方一辩，立论）

而中国也有一位九十多岁的老人，他七次进入世博馆去参观世博，这就是他对世博感情的体现。（反方一辩，盘问）

我们也知道今天拥有网络拥有计算机的人全国只有三分之一，而观看电视的人却有90%，现在更多的人是通过电视来了解网络世博、了解世博会的。（反方三辩，攻辩）

1885年第一届世博会的时候只有四十多万人去参观世博，而到了今天

有七千万人。(反方三辩,攻辩)

2015 年米兰世博会它的主题是农业,让我们亲手耕种、亲自品尝做出来的那种食物。(自由辩论,反方二辩)

中国第一次参加世博会的时候展出茅台酒没有人来看,后来他把一瓶茅台酒砸掉了,香味四溢把大家都吸引过来了。(自由辩论,反方二辩)

2015 年米兰世博会就解决了排队的问题,因为 2015 年米兰世博会不再采用封闭场馆,人们完全不需要排队直接就可以进去参观。(自由辩论,反方一辩)

上海世博会的那个循环呼吸系统,网络怎么让人在网络面前感受到它的清凉呢?(自由辩论,反方四辩)

我们前面那道题说到的是法国馆给大家展示的那六幅画,有很多在法国都没有人看到过。(自由辩论,反方四辩)[1]

从数量上看,正方 5 条数据,反方 9 条数据;从事例的典型性上看,正方最突出的是数据:上海世博园参观人数 7000 万,网民 10 亿,全球 60 亿。反方构成了事实链:纵向的从巴拿马万国博览会、上海世博再到米兰世博;横向上海世博循环呼吸系统、丹麦和法国送来的艺术品,主打事实是米兰世博。

3. 正当理由

"正当理由"就是如何从"依据"得到"主张"。换言之,"主张"和"依据"之间具有的关联性,它为这一过程提供了"担保"。

从上面"依据"中我们可以看出,正方的依据不是很充分,归纳起来就是三种:一是三个数据;二是排队时间长,以日本爱知世博为例;三是网络可以还原实物。由此能否必然地得出"未来世博应以网络展示为主"的结论,还值得商榷。相对来说,反方的依据比较充分,其事实与主张之间的关联性要强于正方,但是,这并不是说,反方的依据能够充分证明本方的主张,事实上任何辩论都不可能做到这一点,这是辩论的性质所决定的。辩题先天存在无法证明的漏洞,正因为双方都不可能充分证明,双方的博弈就在于谁比谁证明的力度更强。

4. 支援

"支援"是对正当理由的进一步支持,提出佐证或必要条件,对正当理由

[1] 刘想树:《论辩西政》,法律出版社 2012 年版,第 316 ~ 334 页。

进一步说明或解释,提供更多资料来确保正当理由的充足性。例如,正方进一步再提出质疑:“为何米兰世博以农业为主题就等于以园区展示为主呢?”反方回应:“因为体现和传承世博的理念和价值”,这种方式称为“支援”,也是一种佐证和底层根基,有一定的证明力度。因为证明力度最大的应该是诸如自然科学的定律、法律条文等,但是,辩论难引用这些,还是由辩论本身的性质决定。

5. 限定

“限定词”用来表明正当理由对主张证明的力度或程度,为了确保主张成立,对论证范畴和强度作限定。这种限定在辩论中也常常用到,就是要防止把话说满说死,给自己留有缓冲的余地。这种限定,往往根据辩题类型而定。比如矛盾型辩题,双方一个肯定一个否定,就要注意不要全面彻底肯定或否定,因为有可能存在例外。对立型辩题则虽然相互否定对方的观点,但是也要注意划出底线,以防绝对化。而比较型辩题本来就是有限定,双方“你中有我我中有你”,都不可能完全否定对方。

6. 反驳

“反驳”是指从依据、正当理由和支持进行反驳,怀疑其正确性、合法性,并且提出反对意见,再次验证从理由到主张的正确性,意在提示在某些特殊条件下,不能从数据中推断出最终主张或结论。反驳是辩论的主要武器,辩论不是以论证而是以反驳来获取比赛的主动权,反驳主要从上述三个方面切入,但实际上可能溢出这个范围。

当然,在具体辩论实践中,这一论证模型不一定六个要素一个都不能少,但必须至少有三个,那就是主张、理由和结论。

第四章　辩 论 语 言

黑格尔曾经说过，"语言的艺术在内容上和在表现形式上比起其他艺术都比较广阔，每一种内容，一切精神事物和自然事物、事件、行动、情节，内在的和外在的情况都可以纳入诗，由诗加以形象化"。[1] 在这里，黑格尔将语言定位于艺术，这是人类最直接最形象的表现方式，从广义上，人类的其他艺术不过是将语言形式化，比如，绘画将语言艺术色彩化、线条化，建筑将语言艺术凝固化、物质化，而舞蹈就是将语言艺术肢体化、动态化，等等。有的人据此认为辩论不是语言的艺术，而是思想的逻辑，因为马克思曾经说过，"语言是思想的直接现实"。[2] 其实，辩论的语言既是思想的直接现实，也是艺术的直接表现。所谓思想的直接现实，意思就是辩论是要用语言来表达思想，这种表达是以逻辑的方式；但是，辩论是一种公共表达，是要说给大众听的，那么，它一方面要注重表达什么，另一方面，它也必须讲究如何表达。所以，辩论既是语言的艺术，也是思想的逻辑。

由于辩论具有对抗性，因此辩论是语言的较量，而不仅仅是语言的表达，因为演讲、朗诵等也是表达。辩论的较量，是双方以语言为载体将内容进行博弈。在辩论中，语言不仅仅是载体、工具，语言本身也是思想理念，所以，完全脱离思想的语言和完全脱离语言的思想都是不存在的。在这个意义上，语言往往等同于思想，有什么样的思想，就有什么样的语言；反过来说，有什么样的语言就有什么样的思想。当然，我们也不能因此而否定语言的载体作用，运用载体的方式，也就是语言的艺术，我们才能从价值层面和工具层面来阐述辩论语言的艺术。

---

〔1〕［德］黑格尔：《美学》（第3卷·下册），朱光潜译，商务印书馆1982年版，第10～11页。

〔2〕《马克思恩格斯全集》（第3卷），中共中央马克思恩格斯列宁斯大林著作编译局译，人民出版社1960年版，第525页。

第一节 辩论语言的特点

所谓特点，就是同其他具有可比性的形式相比较的不同之处。作为有声语言活动，辩论语言的特点只能跟辩论相近的其他有声语言活动进行比较才能确定，如演讲、朗诵、报告、教学等，这些活动的主体只有一个或一方，都是有声语言活动，都是通过口头直接表达，向受众传递信息、情感等。一般来说，这种传递是单向的，而辩论则不同，辩论的主体由正方和反方组成，即双主体，其目的主要不在于向观众传递信息，而是通过论证和质疑，使对方难以自圆其说。双方不是直接向受众传递辩论信息，双方传递的对象是对手，而受众包括评委只是“坐山观虎斗”，因此，他们语言表达的对象主要不在于听众而在于对手，基于上述理由，我们归纳出辩论语言的特点。

一、语言的博弈性

辩论语言的博弈性来自辩论本身的规定，这是其他有声语言活动所不具有的，在这个意义上，辩论就是用其特有的语言来进行博弈。博弈的主体是处于对立态势的双方，而其他有声语言活动的主体都只有一个，比如，演讲者、朗诵者、报告人、教师都只是一个，而辩论的主体必须是两个，只有这样，博弈才能进行。

(一)语言方式的博弈

辩论是零和博弈，即只有一胜一负，没有两胜，也没有两负。在这种情况下，双方的语言设计不能一厢情愿，而是在预测对方语言风格和特点的情况下进行有针对的设计，这叫作有的放矢。但是，这种设计不可能完全准确，也不可能完全不准确。前者在于双方都是暗箱操作，后者在于辩题规定双方万变不离其宗。有些问题，也必须赛前设计，比如质询、攻辩的问题，就应该以对方的语言习惯、语言方式、语言的逻辑性等进行有针对的设计，当然，对方也会如此办理，这就形成了语言的博弈。

根据辩论语言的性质，可分为辩论语言的技术博弈和艺术博弈。

所谓技术博弈的“技术”，主要是指辩论语言的逻辑安排与结构设计。

语言的逻辑安排，是指语言的论证力度，这主要在盘问、质询和攻辩这样的辩论程序中实施,因为这些程序规定了一方只能提问,另一方只能回答。比如辩题“宁要大城市一张床的观念更可取还是宁要小城镇一间房的观念更可取”,下面是攻辩环节:

反方三辩:对方辩友,今天有一批人,他在大城市自己的奋斗目标不能够实现,今天梦想变成了妄想,今天追求变成了强求,这样的选择观念您认为还正确吗?

正方三辩:对方辩友,今天这句话正是我方要批判的。大城市不仅仅是要给我们这种实现梦想的机会,更是要给我们实现梦想的这种沃土,给我们实现梦想的这种能力。她们为我们提供的这一系列东西,难道真的是我们自己所不拥有的吗?

反方三辩:对方辩友我告诉你,的确,给你提供了很多机遇,可是机遇是什么?抓住是机遇,没有抓住是遗憾。请问对方辩友,今天大城市的供需比例达到了一种饱和,今天的就业岗位达到了饱和,我们的就业比率是百分之几,千分之几,这个时候一个工作几个人争取到,几千个人几百个人争取不到的时候,你们认为这个时候我们的梦想怎么实现呢?

正方三辩:对方辩友,非常简单嘛,发展中的问题靠发展来解决,如果出现问题我们就逃避,对方辩友您是在逃避吗?[1]

反方语言的逻辑是,设定一个不利于对方的情景:“梦想变成幻想,追求变成强求”,目的在于使对方难以按照本方的立场论证。而正方正面回应,然后反问,这是博弈的一个回合;反方紧逼,根据前面的逻辑又设定一个不利于对方的情景:“大城市的供需比达到了一种饱和”,这样又试图使对方提问,然后让对方对这个情景无法应对,结果正方以“发展中的问题靠发展来解决”应对。这种语言的技术博弈在辩论赛中比较普遍。在这几个环节中,提问的一方往往是赛前就准备好问题,表达上就显得流畅有节奏,而回答的一方往往只能临场反应,只能临时组织语言,就比较仓促。

所谓语言结构,在这里主要指的是语言的语法结构、句式结构,语言结构的博弈,在于不同语法结构、句式结构的互动。辩论的语言是灵动的,最忌惮结构单一,如果只是一种结构,势必导致辩论语言枯燥乏味。再则,辩手一般都比较有个性,这种个性也往往体现在他的语言结构上,于是,不同的个性形

[1] 刘想树主编:《论辩西政》,法律出版社 2012 年版,第 243 页。

成的语言结构就形成了博弈。比如辩题“青春贵在仰望星空还是贵在脚踏实地”,下面是攻辩环节:

反方三辩:……对方辩友,可见您只知道心系天下,却连天下是什么状况都不知。我问的每一个问题都不是涉及天下苍生吗?对方辩友,作为一个心系天下的学子是不是应该脚踏实地地务实这些呢?今天西政是重在打造务实人才,他为什么不是重在打造仰天人才呢?

正方三辩:今天西政的精神是告诉我们厚德重法,对方辩友,在座的西政学子们如果没有为社会的正义这样高远的想法,你让我方如何务实呢?

反方三辩:没错对方辩友,我方从来没有否认仰望星空,只是在青春这个夯实基础的阶段,更应该正确的脚踏实地。

正方三辩:对方辩友正面回答我的问题。我们需要有目的,也需要有目标,青春正是脚踏实地的时候,是应该脚踏实地,只是青春的特性是什么,在这个时候正是我们树立目标,找寻到自己人生方向的时刻。

反方三辩:对方辩友,您已经告诉我了,人的一生都应该贵在脚踏实地,所以青春贵在脚踏实地,感谢您承认我方观点。用人单位说我们西政有两个特点,一是实在,二是实干,为什么不说我们西政人有想当大律师的抱负呢?

正方三辩:对方辩友,我觉得西政人今天选择这里,都是为了这个国家,为了改变社会现在一些不正义的现状。

反方三辩:没错对方辩友,但是更重在脚踏实地。那请告诉我说在座的各位不是在脚踏实地地学习,为了报效祖国吗?[1]

反方的第一次发言的问句,第一个是反问,第二个是封闭性问题(是什么),第三个是开放性问题(为什么),当然,从技术上看,一次只能提一个问题,对方不可能也没有时间回答三个问题。正方以陈述句回应,最后来一个开放性问句(怎么样)“你让我方如何务实呢”,反方马上以陈述句回应“只是……更”;正方也以陈述句回应,这样,双方改变了语言结构,从疑问句变为陈述句。这时,反方又改变句式,开始承接对方的陈述,然后提出一个开放性问题,这个问题要求对方给出理由或原因,正方以陈述句应对,反方加强了攻势,用了反问句“各位不是在脚踏实地地学习,为了报效祖国吗?”正方继续以陈述句回应。这就是语言结构的博弈,相对来说,反方的疑问句多于正方,

〔1〕 2010年西南政法大学第11届“天伦杯”校园辩论赛。

且疑问句式包括封闭式提问、开放式提问以及反问，而正方的疑问句式少于反方，陈述多于反方，而且这种陈述更多表现为防守。从这个环节看，双方的博弈，反方强于正方。

（二）语言的随机博弈

所谓随机博弈，就是在比赛中根据对手的发言内容决定自己的表达内容和方式，对手的表达如何，在很大程度上决定自己的表达。辩论除了程序发言外，其他环节的发言大多具有随机性，因为辩论的发言跟其他有声语言活动不一样，比如，演讲、朗诵、报告，发言一般都是事前准备好的，演讲和朗诵是艺术，关键是将准备好的文本通过自己的表达解读进行二度创作，然后声情并茂地表达出来，给受众以启迪和美的享受，这个过程也不太可能随机。报告属于公务活动，绝对不能随机，必须原原本本将文本内容告知受众。教学，尤其是大学教学，比较讲究师生互动，教师上课极少照本宣科，也有一些随机的表达，也有学生之间、师生之间的质疑甚至辩论，但这不是博弈，双方不存在胜负问题，而只是通过这种质疑和辩论使问题的讨论更加深入。所以，可以这样说，除了辩论，其他有声语言活动都没有博弈，因为只有一个主体，即使不止一个主体如教学辩论，也不是博弈。

辩论语言的随机性主要体现在辩论过程中，语言往往根据对方的表达作出瞬间反应，这种反应基本上接近本能。这一方面需要辩手辩论语言方面的训练，另一方面也得益于他们比赛的经验。比如辩题“诚信主要靠自律还是诚信主要不靠自律”，这是一段自由辩论：

正方二辩：……其实我今天到现在为止，冷静地倾听才明白，对方所讲的机制无非是拿一点他律的好的东西，再拿一点自律的好的东西，把它揉成一个团，告诉我这就是一个机制。其实就无非我有一个果园，其中种有苹果，有香蕉，你告诉我，你主要种的不是苹果也不是香蕉，主要种的是水果。（掌声、笑声）

反方二辩：对方辩友为什么总愿意将我方提出的概念进行拆分呢？我方还讲了一个人性的问题，对方辩友是不是还要告诉我们，我讲的是人和性呢？（掌声、笑声）[1]

由于反方提出的观点完全超出正方预料“诚信主要靠机制”，自由辩论

---

〔1〕　张德明主编：《激扬才智》，复旦大学出版社2003年版，第221页。

只能根据对方的发言随机应对，因此，整个自由辩论都是随机的。正方发现，反方对“机制”的定义和对辩题的逻辑关系理解有误，于是这成了正方自由辩论的主要攻击点。此时，正方用类比将对方的失误加以形象化，意在说明对方在混淆概念，这个类比确实很有趣，以致引来观众的掌声和笑声。如果仅仅这样还不是博弈，还需要反方的回应，虽然反方有些诡辩，但是与正方形成了博弈。可以看出，反方也是在随机应对，双方语言交锋的随机性构成比较经典的博弈。这种博弈在其他有声语言活动中不可能出现，所以，这成了辩论语言的特点之一。

二、语言的简洁性

汉语的写作和表达，通常都要求简洁，强调言简意赅，但是，辩论语言的简洁跟其他有声语言不一样。一方面，它的表达受时间严格限制。当然，其他有声语言也不可能无限地使用时间，也都有时间限制。但是，辩论的时间限制最为严格，它被分解到每个环节，甚至精确到秒。比如，有的环节，提问不超过 10 秒，回答不超过 20 秒，时间一到马上停止，否则扣分，因此，必须想方设法将语言压缩精练。另一方面，辩论的语言主要是说给对方听的。我们知道，作为有声语言，一次发言字数越多，在听觉器官中过滤得也越多，因为听觉器官在时间单位上的容纳速度和空间有限。所以，这两个因素决定辩论语言必须简洁。

（一）辩论程序决定语言简洁

辩论跟其他有声语言活动不一样，其他有声语言活动在时间的规定上只有一项。比如，演讲、教学都有时间规定，但只是一个时间，没有再划分环节；朗诵和报告虽然没有明确的时间限定，却是以文本为依据，朗诵一般不会太长；而报告有长有短，因为文本的原因，当然都不可能随意拖延。辩论规定了一场比赛的时间，如果仅仅是这个时间，那么，这场辩论赛就没办法进行了，因为双方都想尽量多地占有时间，于是都抢着发言，这一抢，辩论就成吵架了。所以，一场辩论还要分为几个环节，每个环节必须限定时间，某些环节还限制每次发言和回答的时间，用规则迫使双方必须语言简洁。辩论的立论和总结一头一尾，属于程序发言，时间最长，也不过 3 ~ 4 分钟，这样也就限制了字数；同样，质疑、攻辩、自由人对话等环节甚至规定了每个辩手发言的时间，为的是加快节奏。20 秒大约能说出 70 个字，这么短的时间，必须控制住自己的表达欲,节约使用时间。就是这样,在时间的压迫下,辩手慢慢就适应了规则,也慢慢习惯了简洁。

（二）辩论语言的边际效应决定语言简洁

并非说得越多,对方就越能听懂己方的发言。当你说的字数到达一定的限度时,对方便开始产生听觉疲劳,此时效应开始递减,如果再说下去,后续的发言效应将从零下降到负数。这种情况跟其他有声语言有联系也有区别,比如演讲、朗诵、教学、报告,这些也有边际效应。比如长篇大论的演讲与朗诵,肯定会产生听觉疲劳,形成边际效应;教学虽然时间较长,一般 45 分钟,但是,教师不能一直讲下去,要向学生提问,或让学生表达自己的观点,让学生们讨论,等等,目的之一就是为了避免边际效应。辩论则是把时间根据程序进行分配,比如,程序发言的立论和总结,一个需要向对方展示己方的论证体系,一个是要展示己方对这场辩论的看法,所以给予时间比较长,一般是三到四分钟,而其他环节的辩论强调的是临场发挥,短兵相接,每位辩手发言的时间比较短,这样,长短结合,形成节奏,同时也使双方都能听懂对方的意思,可以有针对性,使辩论紧紧围绕立场进行。

有一次比赛,辩题"当梦想与现实矛盾时,应该坚持梦想还是应该妥协于现实",自由辩论阶段,正方向反方提问:"梦想和现实经常产生矛盾时,对方是不是常常妥协于现实",两句话,25 个字,说出来大约 6 秒;如果再简洁一点,省去第一句,变成"对方是不是常常妥协于现实",12 个字,用时 3 秒。可是在实际比赛中,正方的这位辩手却是这样向反方提问的:"我们知道,梦想与现实总是存在矛盾的,因为梦想产生于对现实的不满,既然对现实不满,当然就不能妥协于现实了,如果妥协于现实,那就是满足于现实了。在我们的生活中,我们发现梦想和现实经常发生矛盾,那对方辩友是不是也要经常妥协于现实?"

10 句话,112 个字,用时大约需要 27.3 秒。以这种方式使用时间,一方的四位辩手整个自由辩论时段总共只能发言 8.79 次,每位辩手只能站起来发言两次左右,而在正常的情况下,一方四位辩手的发言总次数应在 16 ~ 20 次。这位辩手的这段提问可以分为两个部分,第一部分是论证梦想与现实存在着矛盾是正常的,第二部分才是提问。其实,自由辩论并不要求辩手论证,而是需要质疑和反驳。这位辩手说了那么多字,不仅模糊了自己的提问,钝化了己方的攻击,而且,即使对方听懂,也只是对你的提问作出回应,如果对方再聪明一点，还可以用最简短的语言再次引起你的冗长发言，借以消耗你方的时间。

三、语言的通俗化

"人的理性思考并不囿于论辩性文本，或者依从严格的推理或者暗示的结构；其最典型的方式是讲故事。据此而言，所有论说争辩都可视为故事，也都可以作为故事来加以评判。"[1]既然是讲故事，而且是用有声语言，那就有一个如何向受众传递的问题，因为有声语言是一次性的，以受众的听觉器官为接受终端。从接受习惯来看，那种专业的学术语言对普通受众来说接受的难度最大，而通俗化的语言就比较容易接受。比较一下，演讲一般来说，语言比较倾向于通俗，但又得保持其艺术性，所以其通俗性定位于大众能接受的上限。朗诵由于作品的因素，往往艺术品位很高，其文本通俗的程度不是很高，当然有些朗诵作品早已为大众耳熟能详，大众欣赏的主要不是作品本身，而是朗诵者如何以自己的表达演绎作品；教学，尤其是大学教学，本来就是很专业很学术的事，教师或许为了活跃气氛，可以通俗地诠释一些专业术语等，但教师语言不可能完全通俗化；至于报告，那可是宣读，压根不存在通俗的问题。而辩论语言的通俗化，一是语言倾向于口语化，二是语言尽量生活化。

（一）语言口语化

学生腔，常常是指大学生用书面语言表达，这样的语言给人的感觉是没有个性没有特点，形象化的描绘就是面无表情地念念有词。场上双方队员都是用书面语言表达，书面语言是规范的，是统一的，而语言使用者是有自己个性风格的大活人。跟辩论比较，演讲和朗诵的语言是事先准备的，甚至为表演者量身定制，教学因为内容的专业性，其语言也应该跟专业有关，不能完全口语化。至于报告，则完全不能口语化，必须照本宣科。而辩论的语言则不然，它主张辩手的口语表达。当然，这是一种经过训练的口语，它是在辩手生活语言的基础上提炼而成，不完全是生活中聊天的语言，毕竟，辩论的内容往往是严肃的社会问题。除了立论和总结的一部分可以事先准备外，其余基本上是临场反应，言从口出，不可能事先预料到对方的发言，只能随机应变。那么，这个"变"在语言上就是口语，什么样的语言最能脱口而出呢？自然是我

---

〔1〕［美］托马斯·郝理翰、凯文·马斯科：《论辩学教程：论说与辩争的思维与方法》，邓炘炘译，清华大学出版社2018年版，第26页。

们的口语，毕竟，这是离我们本性最近的语言系统。如果我们用书面语回应，可能导致反应速度减缓，因为我们需要按照书面语言的规则组织语言，这一点在自由辩论中表现最突出。比如辩题“未来世博以网络展示为主还是以园区展示为主”，自由辩论环节反方的一些发言：

反方三辩：对方辩友因为未来不可预测嘛。对方辩友还是没有回答我方四辩的问题，循环呼吸系统怎么体验？是不是坐在网络边，然后吹着电风扇呢？

……

反方四辩：对方辩友我告诉你以网络展示为主那茅台酒怎么感受，手里拿着茅台酒盯着屏幕，要砸了要砸了……一砸我闻到那个香气，对方辩友，这是网络带来的吗？还不是实物让我感受到的，对方辩友，您究竟如何解释呢？[1]

“是不是坐网络边，然后吹着电风扇呢”这两句不但将内容具象化，而且表达有修辞的特点，“边”和“扇”押韵，说出来朗朗上口；“手里拿着茅台酒盯着屏幕，要砸了要砸了……一砸我闻到那个香气”，这是场景模拟，绘声绘色，给人身临其境之感。

（二）语言生活化

最通俗的语言是日常生活语言，这是我们每天都在使用的语言，正因如此，它也是最接地气的语言。演讲和朗诵都要受到文本的制约，不能超越文本，即使文本语言也生活化，但这是作者的语言，而并非表演者自己的生活语言。比如，海子的诗《面朝大海，春暖花开》，这首诗的语言确实很生活化，朗诵起来味道十足，可这是海子的生活化语言，那么，有一千个朗诵者，就有一千个海子。而辩论所强调的语言生活化则是辩手自己的语言，而且，他的表达应该不需要文本的依托，完全是凭借场上对手的发言瞬间作出反应。

辩论语言的生活化，当然不完全等同于辩手们平时生活中的话语，如果这样，辩论容易陷入口水话的境地。辩论语言生活化的形成跟辩论语言口语化相同，也要经过打磨，经过训练，这样的语言可以拉近与受众的距离。毕竟，一场辩论赛，需要受众参与，哪一种语言受众接受的心理成本最低，当然是生活化的语言。因为这种语言贴近他们的语言习惯，贴近他们的生活。下面，我们来看一段攻辩，辩题是“城市问题主要是交通设施问题还是城市交通

[1] 刘想树主编：《论辩西政》，法律出版社 2012 年版，第 328 页、第 329 页。

问题主要是管理问题”：

反方二辩：……请对方辩友用交通学当中著名的波动理论给大家解释一下，在介位换位当中的 UW 为什么能从负值转为正值呢？

正方二辩：对方辩友，我们今天是在进行大专辩论赛，并不是进行知识竞赛。你一上来就问我一个纯知识性问题，我相信不仅我不是非常清楚，在座的评委、在座的观众也不是非常清楚。假如对方认为这个问题和我们的辩论非常有关系的话，请详细地解释一下，我们来展开一场有意义的辩论。（掌声）

反方二辩：其实很简单，只是一个管理的问题。那我再请问对方辩友，你用奔驰理论给大家解释一下畅通工程在管理城市交通中发挥了什么样的作用呢？[1]

反方试图以专业术语让正方就范，提出“波动理论”“介位换位当中的 UW 为什么能从负值转为正值”“奔驰理论”，这些专业语言毫无生活化气息，观众和评委如果不是这个专业，肯定都不懂。如此一来，对手不懂，观众和评委也不懂，这样的专业术语为什么要用于辩论中呢，显然，是想以此压倒对方，殊不知，这样反受其害。正方回应得很好，可反方还要一意孤行，可能是赛前是这样安排的，无法临场反应。

第二节　辩论语言的技术

美国著名传播学者威尔伯·施拉姆说：“语言是设计奇妙的工具。……事实上，工具越精细，对技巧的要求也越高。人类的语言也需要懂得技巧的人来好好使用。”[2]人类的语言不是天生就具有的，而是经过后天的训练形成的，既然是训练出来的，自然有技术在其中。“人们在用书面文字或口头语言交际的时候，传递的不只是‘意思’，而且是某种情绪氛围中的意思，因此需要借助语气、语调、敬语、礼貌和情感等文字外手段。”[3]在现实生活中，我

---

[1]　《2012 最精彩的辩论赛：城市交通问题主要是设施/管理问题》，载无忧考网 2012 年 11 月 5 日，https://www.51test.net/show/2513279.html。

[2]　[美]W. 施拉姆：《传播学概论》，何道宽译，中国人民大学出版社 2010 年版，第 96 页。

[3]　徐贲：《批判性思维的认知与伦理》，北京大学出版社 2021 年版，第 33 页。

们就会发现,同样的意思,不同的语言方式效果不同,甚至大相径庭,这跟语言技术密切相关。辩论赛又称竞技辩论,所谓竞技,自然包括语言之技,那就可以通过训练来掌握。

一、辩论语言的语气

《现代汉语词典》对“语气”的解释是:(1)说话的口气。“口气”的含义之一是“说话时流露出来的感情色彩”。例如,严肃的口气,幽默的口气。(2)表示陈述、疑问、祈使、感叹等分别的语法范畴。《辞海》对“语气”的解释是:通过一定的语法形式表示说话人对行为动作的态度,如陈述语气、祈使语气、虚拟语气。现代汉语用语气助词“的、了、吗、呢”等和语调表示各种语气。

从辩论的角度来看,所谓的语气,是指在辩论过程中,发言者对对方的动作或状态表示的看法和态度,是在思维运动状态支配下的语句的声音形式。这里的发言者,是相对概念,既可以是己方队员,也可是对方队员。如果用学术的语言来描述,所谓语气,就是发言者面对对方辩手行动和表情的心理倾向。

(一)语气的构成

从语气内在要素划分,可以分为三个方面。

1. 思想情感

这在语气中起着支配作用,因为语言本身就承载思想感情。就思想而言,这在辩论的各个环节都有其独特的体现。在立论环节,通常一辩的语气就比较平缓,因为他表达的是思想的论证过程,主要目的在于让对方听明白,因此不需要多少情感的参与;而四辩总结到后半部分时,表达的更多是情感,用以渲染气氛,打动评委和观众。自由辩论环节,双方辩手语气短促激烈,思想情感交融,有时候情感营造的气势可能大于思想的论证。其实,任何思想都有情感因素,任何情感都有思想因素,其理由在于,任何思想的主体都是人,而人是有情感的。有时候,我们觉得某人的表达没有情感,只不过是他压抑了自己的情感,而辩论并不要求辩手为了逻辑而压抑自己的情感,相反,就应该把自己的情感融入其中,这样才会使思想活起来。同样,任何情感的主体是人,人是有思想的,哪怕是朗诵,那充满激情的语气中难道没有思想？如果这个判断成立,那么,可不可以这样认为,没有无情感的思想,也没有无思想的情感。现延伸一下,还可以得出这样的结论:有什么样的思想情感,就有什么样的语气;有什么样的语气,就有什么样的思想情感。

2. 声音

语气要通过具体的声音形式来体现,辩论语言是有声语言,辩论的语气所依托的声音形式包括气息、语音两个方面的要素。所谓气息,就是说话的声气。我们在辩论过程中,要合理利用气息的更换,尤其在长句子的表达上,要注意不随意浪费语气,使语气更加持久。在辩论时,尤其在自由辩论时,由于此时全身心进行着高速的思维活动,语气也随着变化,有时候会因为着急而变得气急败坏,这个时候就要注意调控自己的语气。要做到这些,还需要平时加强这方面的训练,在短兵相接时,如何保持语气的平和而又不失攻击性。

汉语富于音乐性,一个汉字就是一个音节,每个音节都有元音,作为乐音,元音清晰响亮。汉语的音节通过运用不同的声调,使声音抑扬顿挫,给人鲜明的节奏感。汉语里的双声词、叠韵词、叠音词、同音词以及词的轻重音等,都是装饰声音的重要材料,它们的反复再现,可以使声音回环婉转,具有音乐美。辩论中,我们都希望自己的发言声情并茂,可这需要声音的配合。声音配合协调,说起来顺口,听起来悦耳,甚至可以给人以回味。这一点尤其在总结陈词的阐述意义部分,如果声音韵律优美,不但能降低对方、评委及观众接受和解读信息的成本,而且还能给人以美感。所以,辩论的语言训练之一,就是要刻意锤炼词语,训练不同元音词语的组合,通过自己的有声语言产生审美效应,力求在内容与形式统一、形式为内容服务的原则下,通过语音技术实现语言的音韵美。

3. 句子

语气以句子为单位,存在于有具体语境的句子中。一个句子,哪怕仅仅是标点不同,也能创造出不同的语境。比如,“对方辩友,这个数据是我方告诉你的。”“对方辩友,这个数据是我方告诉你的?”“对方辩友,这个数据是我方告诉你的!”第一个句子的语境,只告诉对方一个事实:这个数据是我方告诉你的,没有什么感情色彩;第二个句子的语境,表示怀疑,甚至不相信,这就表示出心理上的排斥;第三个句子的语境,强调这种事实,只能是我方告诉你的,不可能有其他人。这里体现的是心理上的自我肯定。

(二)语气分类

根据语气的用途,我们将语气分为陈述语气、疑问语气、祈使语气、商榷语气、感叹语气等不同的类型。

1. 陈述语气

陈述意为陈说、叙述，指有条理地表达事物、事实或者说话人的理念、观点。陈述语气，是指客观陈述事实，不带强烈情感，或者淡化情感。陈述语气可以分为肯定陈述："我方观点成立"；强调陈述："是你方弄错了"；否定陈述："你方观点不成立"。一般来说，陈述语气使用的语气助词主要有"了、呢、吧、啊、嘛"等。在辩论中，陈述语气主要用在立论和总结，立论重在"论"，以陈述语气论证本方观点；总结重在"结"，多以陈述语气对整场比赛作归纳和概括。此外，在其他环节也有用到，比如质询、攻辩和自由辩论环节中的回答质疑，但使用的频率不高。

2. 疑问语气

疑问语气是辩论的主打装备，所谓"辩"，就是质疑和答疑。根据疑问语气可以分为"无疑而问"和"有疑而问"两种。

无疑而问就是反问，这是不需要回答的疑问，目的是加强本方的语气，从而强化本方立场。比如，"对方辩友，难道你不知道这个事实吗？""这不是明摆着的吗？""这还用问吗？"当然，现在辩论越来越趋向于心平气和讲道理，这种反问语气正因为其力度过大而容易走向强硬，因此辩论中一般不太主张频繁使用反问语气，如果有其他疑问语气可以替代，就不要用反问语气。下面是三组句子，我们来做个对比：

对方辩友，这个事实，你难道不知道吗？

对方辩友，我想，你应该知道这个事实吧。

这个情况对方还要否定？

这个情况我想对方不会否定吧。

对于你的这个问题，还要我再回答你一次吗？

对于你的这个问题，我是否可以再一次回答你？

这三组前一个都是反问句，表现出来的情绪是：不耐烦、鄙视甚至愤怒，这些情绪是辩论的大忌，有损辩手的形象。而后一句虽然也是无疑而问，但语气缓和多了，以商量的口吻，表现出谦谦君子的风度。其实，后面一句在内容的力度上并不亚于前面一句。当然，辩论中并非只能用这种语气，有时候也可能需要增加语句的含铁量，比如，"事实上，这不就正向我们证明，只有教育才能达到这种根本性的解决效果吗？"这样的反问语气上就要柔和一些，但如果还需要加大力度，那么就用这种语气："事实证明，要达到这种根本性解决的效果，只有教育。"

关于有疑而问，根据所表达的疑问语气，可分为三类：

其一，是非问。提出问题，要求对方只能回答"是"或"否"的疑问句。这主要有两种类型：一种是陈述句后面加上一个问号，就成了是非问句，比如"这是你方的观点?"；另一种就是在句末加上疑问语气词，比如常用的"吗"，但不能使用"呢"。比如"这是你方的观点吗?"还有一种是非问语气，里面融合祈使的语气，这样听起来就比较有人情味，比如："对方辩友，首先请问你一个简单的问题，对方辩友小时候应该上过音乐课吧?"第一句是祈使语气，第二句虽然是非问语气，但是加上了"应该"就缓解了是非问的冲击，增加了情感气氛。

其二，特指问，就是用疑问代词"什么""怎么"指明疑问点，要求对方对疑问点给出回答。特指问的语气词一般用"呢"，不能用"吗"。比如，"对方辩友，那现在的世博会是以什么展示为主的呢?"这种语气使表达的内容更具有攻击性，它的特指有些像是非问，但不明确给出，可实际上对方只能在特指中进行选择。

其三，选择问。选择问句是提出两种或两种以上的情况，让对方从中进行选择的疑问句。基本格式是"(是)A 还是 B"，语气词常用"呢"，一般不用"吗、啊、吧"。比如，"现在更多的人是通过电视来了解世博会的，对方辩友，那现在的世博是以网络展示为主，还是园区展示为主呢?""那么我们今天进行思想的碰撞是为了碰撞出一个真理呢？还是要去追求一个谬误呢?"

3. 祈使语气

祈使语气要(请)求或禁止某些行为，感情色彩不是很强烈，一般表示提出请求、命令、建议、邀请等。从语气来看，可分为委婉型、命令型、反驳型。

委婉型语气，表示恳求、建议和邀请，发言者语气缓和，希望听话人能理解甚至同意自己的请求，这种语气在辩论中已经成为常态。比如，"对方辩友，我不太明白，还请您告诉我""对方辩友，我方不知道，反而想请教您，您方同不同意今天我们在讨论威胁的时候是形式重于内涵还是内涵重于形式呢?"

命令型语气，发言者认为对方的言论不能成立或者不符合己方的预期，于是对对方提出相关要求。命令型语气分为两种，一种是要求式，即要求对方认同本方观点或者承认己方观点为错，用一句成语，就是“强人所难”。比如，“下面我想请问对方辩友，没有统考制度是否就有利于创新人才的选拔？请对方正面回答：是，还是不是？”这种语气就有点强迫对方承认己方观点，语气是一种含有“必须”“一定”的强硬要求。还有一种是禁止式，即一方不希望让对方的某种言论继续表达，这种情形比较粗暴无礼。比如，“对方辩友，你的这个言论不要在这里表达出来”，这种语气应该是辩论的大忌，因为说什么是对方的权利，也是辩论规则所允许的。至于说得怎么样，应该由评委来判断，而不是由对立的一方越俎代庖，在比赛现场，这种情形很容易引起观众和评委的反感。

反驳型语气，通常是一方对对方的言论表示不满时，用反驳的语气来提醒对方或纠正对方。这种语气有时容易显得生硬，并不礼貌，甚至带有嘲讽的意味。比如：

反方二辩：听完对方一、二辩滔滔如黄浦江水般的陈词，我不禁想起了一首粤语老歌：浪奔浪流，滚滚辩词错误永不休。

……

正方三辩：对方刚才指出说我们的错误好像黄浦江的江水，如果真的我们有错的话，希望对方用理性的态度加以指正。[1]

从这里可以看出，正方的陈词不可能很长，不至于要用黄浦江水来形容，其实，两位辩手的发言加起来也不到7分钟，用黄浦江形容，过于夸张。最主要的，用滚滚江水形容对方错误，一方面在于讽刺，另一方面也是表达愤怒，但这两种情绪都应该是辩论所忌讳的，因为有人身攻击之嫌。正方三辩的回应用的是陈述的语气，看不出有情绪上的波动，心平气和，给大家营造出有修养的印象。[2]

二、辩论语言的语调

《现代汉语词典》对“语调”的解释是：说话的腔调，就是一句话里语音高低轻重的配置。《辞海》对“语调”的解释是：句子里声音的高低变化和快慢

---

[1] 张德明主编：《激扬才智》，复旦大学出版社2003年版，第15页、第20页。

[2] “祈使语气”这一节，参见潘晓军：《“好不好”表祈使语气的形成及虚化》，载《汉语学习》2009年第6期。

轻重。句子都有一定的语调,表示一定的语气和情感,如陈述句多用下降调,疑问句多用上升调等。

综合上述解释,结合辩论,语调是指辩手说话时句子的高低、快慢、轻重、停顿等变化。语调的变化表现不同的感情,反映出辩手表达时的情感和态度。正是由语音高低轻重配置形成了高低起伏、抑扬顿挫,如同歌曲的旋律,不但接受双方辩论的信息,也同时获得美的享受。说话的语调如果从头到尾都是一样的高度一样的音调,听者尤其是观众就会听觉疲劳,感觉枯燥乏味。所以,在辩论的时候,一定要注意你的语调一定要切合你的内容。只有这样,你才能向对方准确地传递你的信息,从而强化你的逻辑力量,打动评委和观众。

(一)停顿

所谓停顿,一般是指说话中话语的短暂停歇,或者声音的截断和连接。说话总要有停顿,其作用在于:保持语意明晰,突出重点,给对方辩手以思考和领会的余地,同时也可使自己便于调节声音、气息。

作为辩论语言技术,停顿有助于强化表达的主动权,引起对方、评委和观众对本方的陈述的注意。有时候,当表达不是很流利的时候,也可以利用停顿为自己赢得思考的时间,避免表达失误。同时,停顿也会给对方暗示,导致对方感受到压力。

根据停顿的性质,可以分为语法停顿、逻辑停顿、感情停顿和生理停顿。

1. 语法停顿

所谓语法停顿,就是依照标点符号所作的停顿。根据文本上标点符号的不同,所作的停顿时间长短也不同。句号、问号、感叹号、省略号,停顿的时间长于分号和冒号;分号和冒号停顿的时间则长于逗号;逗号停顿的时间又长于顿号。

辩论中,有两个环节的文本尤其要注意语法停顿,一个是立论文本,另一个是总结文本。相对来说,立论文本更需要注意语法停顿,因为整个文本都是赛前撰写,撰写时就要考虑到语法停顿。立论陈词时一辩最好不要照稿念,这样念出来的停顿很不自然。这当然要背稿,但不要给人背稿的感觉,因为背稿容易忽略必要的停顿。当然更不能像演讲那样慷慨激昂,也不能如自由辩论那样质疑与反驳。

2. 逻辑停顿

根据逻辑关系,为突出强调某种重要语意而安排的停顿,叫逻辑停顿。

在辩论过程中，有时为了表达某种情感，强调某一观点或理念，突出某一事物或现象，在句中没有标点的地方作适当停顿，这样可以使语意明确，重点突出。

逻辑停顿可以保证观点和论证过程的正确表述和准确理解，比如，“先天下之忧而忧”，这个“先”就是逻辑重音，强调“先”这个概念。比如，某场比赛四辩总结陈词的最后一句：“综合以上，我方认为，诚信应该主要靠/机制。”这个“机制”就是逻辑重音，强调“机制”这个概念的重要性，因为这是他们这场比赛的核心概念。

3. 心理停顿

所谓心理停顿，是辩手为了表达某种感情或达到某一目的而有意识安排的一种停顿，它常常取决于说者和听者的心理活动的需要。辩论中，恰当地使用心理停顿，能够获得更好的辩论效果。

心理停顿没有固定的模式，既可以在句子开头停顿，也可以在句子中间或结尾停顿，这主要根据辩手的需要而定，可短可长。辩论中心理停顿都不会太长，因为辩论的节奏很快，如果停顿时间过长，会影响到比赛节奏，也会影响到本方的发挥，一般的停顿最多几秒。当然，这全在于表达者根据内容或情感的状况及需要，自行设计和掌握，运用得好，可以产生很强的剧场效果。

心理停顿有时候可以救急，比如思维不利索的时候，通过心理停顿给自己连接思维的时间，但是，这并不意味着可以随便停顿。时常会看到这样的停顿，比如“啊”“嗯”“这个这个”“那个那个”，这其实已经向对方表明自己的思维短路了，语句不能连贯了，这种情况其实是辩论的大忌。

（二）重音

重音一般指词、词组、句子里重读的音。辩论时，为了突出本方观点、逻辑而对于语句中的某些词语加以突出强调的音，它是体现语句意义的重要手段。重音位置不同，语音也会随之变化。比如，“我知道你爱辩论（别以为我不知道）”，“我知道你爱辩论（爱不爱演讲我不知道）”。第一句的重音在“爱”，第二句的重音在“你”，于是，意义就不一样了。

根据重音运用的方式，可分为语法重音和逻辑重音两类。

1. 语法重音

语法重音是根据句子的结构自然而然生成的重音，这种重音位置比较固定，在语句中，能够充当语法重音的一般是谓语、中心语的修饰成分，如疑问代词和指示代词。

有一次比赛，反方二辩在攻辩小结中有这样一句话："停留在知的层面，那么我们知道世博会要干什么？要感，要悟。"这里用语法重音是谓语"感"和"悟"，用以突出本方观点"未来世博应以园区展示为主"。

"改革开放以来，在党的领导下制定了一系列中国特色的经济制度和社会制度"，这是一场比赛中正方四辩总结中的一段话，这里有的语法重音是定语"中国特色"，旨在突出经济制度和社会制度的归属性，从而证明正方观点"法律的价值取向应以维护社会秩序为重"。

2. 逻辑重音

为了突出表达某个观点或事实，把语句中的某些词语加以强调的语音，叫逻辑重音，跟语法重音的不同之处在于，逻辑重音没有固定的位置，它不受语法制约，重音的确定是根据语句要表达的重点，其作用在于揭示语言的内在意义。由于辩论具有很强的针对性和临场性，所以，逻辑重音往往需要辩手自己阅读比赛，根据现场情况，随机确定重音。逻辑重音一般是能表明语句意思的词句，还有就是像一些并列、对比、照应的修饰手法的词句，再有就是情感表达比较强烈的词句等。

一是突出话语重点、能表明语音内容的词句。由于表达目的不同，就会落在不同的词语上，所揭示的含义也就不相同，表达的效果也不一样。比如：

我知道你会辩论。（别人不知道）

我**知道**你会辩论。（不要以为我不知道）

我知道你**会**辩论。（别人不会）

我知道**你**会辩论。（你怎么说自己不会）

我知道你会**辩论**。（你不会演讲）

二是表示对比、并列、照应和递进等关系的词句。这是正方四辩总结陈词中的一段话："诚然，正如您方所言，我们给幸福一个客观的标准，对于每个人来说，可能更简单易行，但是它真的能够使我们幸福吗？"这里面的重音在于关联词"诚然、正如、但是"，正方的观点是"幸福是主观的"。

三是表达某种强烈感情的词句。一般来说，辩论应该是一场理性的较量，所谓理性，就是辩论过程中应该没有心理因素参与其中。事实上这做不到，因为辩手是人，而人是有七情六欲的。辩手的情绪往往跟辩论激烈程度成正比，其实激烈本身就表明了情绪的强度。辩论赛最激烈的环节当属自由辩论，一是因为双方不可能按照文本表演，只能根据对方的反应进行临场应对，此时情绪就成了辩论的动力；二是自由辩论的节奏较快，很多回应根本来不及细想，往往是出于本能反应，既然是本能，情绪也就在其中了。下面试举一例：

正方一辩：其实幽默是最深刻的理解，不是随随便便一句有技巧的话就可以成为幽默，也不是随随便便一个能言善道的人，就可以成为幽默大师呀！

反方三辩：那对方辩友的意思就是只有博士以上的专家才能幽默了！我想请问，辩论赛要不要展现辩手个性魅力！

反方三辩最后一句话中的"个性魅力"用了重音，旨在加强反问的语气。

三、辩论语言的语速

语速，即文字或人类表达意义的语言符号在单位时间内所呈现的词汇速度，是人们为了传播或沟通运用词汇时，单位时间所包括的词汇容量。正常情况下使用汉语表达意义和传播信息，语速约为 240 字/分钟，广播电视新闻播音的语速在 300 字/分钟左右。相对其他形式的有声语言，辩论的语速要快一些，因为辩论是双方语言的交锋。既然是交锋，语言就不可能如朗诵般小桥流水，而且，辩论语速往往取决于辩论的环节，有的环节可能慢一些，比如立论和总结；有的可能快一些，比如自由辩论。下面，我们对辩论的一些主要环节的语速进行分析。

（一）立论和总结的语速

立论发言一般时间规定在 3 ~4 分钟，表达用的主要是陈述语气，由于是开篇立论，没有对抗，双方主要是向对方、评委和观众展示本方立场的论证体系。这也在某种程度上使我们的语速加快，似乎只有这样才能将更多的语言发射出去。可这也有边际效应，达到一定限度后，这种语速产生的就是负效应了。如何把握好这个度，对辩手是一大考验。

当然，立论的语速因人而异，有的人可能快一些，有的人可能慢一些。比如，有这样一位辩手，她是演讲高手，她把演讲的语速融入立论陈词中。有一次比赛，规定立论发言为 4 分钟，共进行了 3 场比赛，她的 3 次立论发言平均约 292 字/分钟。按说，这个语速算是快的，可是在场上却感觉不出快，因为每个字都听得很清楚。而另一位辩手，她在两场比赛的立论发言，时间 3 分钟，平均约 357 字/分钟。这个语速更快，可是，从现场看，两人的表达效果却看不出明显的差距。

相对立论，总结的前半部分必须临场发挥，这一部分的语速也不能快，因为这里是对双方的主要分歧进行梳理，需要的是心平气和，而不是声色俱厉。不过，总结尽管有一半是临场发挥，但它的语速跟立论差不多，同样是上述的那一场比赛，总结的时间为3分钟，平均约306字/分钟。总结虽然有一半不是赛前预制，但是，语速还是比较稳定，因为这是最后的时间，用平缓的语速，可以将本方的内容让评委和观众能够听得进去，从而加深理解。有一场全国比赛决赛，总结陈词为4分钟，反方四辩总结平均407字/分钟，而正方四辩竟然平均约461字/分钟！更不可思议的是，如此快的语速，大家都听得一清二楚，一点都不觉得快。

当然，这只是从立论和总结这两个发言一般的要求而论，语速的掌握，还得看辩手本人，这跟辩手的个性、对辩题的理解，以及赛场上的形势有关。比如，作为反方一辩和正方四辩，他们发言都是在对方一辩和四辩发言完毕后，这无疑对他们后续的发言产生影响。

（二）提问和答问的语速

辩论除了立论和总结，提问和答问环节的语速相对就比较快。这种问答贯穿于除了立论和总结的全过程，具体可分为两类：一类是一问一答，问的步步紧逼，答的一一拆解，比如盘问、攻辩，问的只管问，答的只能答。另一类是问和答交叉混合，主要在自由辩论。跟自由辩论比较，盘问和攻辩的语速要慢一些，因为一方只管问，不用担心被对方问倒。同时，问和答都有时间规定，问不超过20秒，答不超过20秒或30秒，双方都可以根据这个时间表达自己最需要表达的内容。我们以2010年“世博杯”海峡两岸暨港澳地区大学生辩论赛决赛为例，盘问时间是3分钟，正方向反方的盘问，每分钟约411字，反方向正方盘问，每分钟约398字，这个语速比立论和总结快得多。这应该是语速最快的，攻辩双方共12个回合，用时3分钟，每分钟460字，而一般认为最快的自由辩论双方用时共8分钟，43个回合，每分钟约439字。

第三节 辩论语言的艺术

西晋著名文学家陆机在《文赋》中有这样的话：“思风发于胸臆，言泉流于唇齿。"大意是:文思如风生发于肺腑之内,言语像泉水流淌于唇齿之间。辩论不仅仅是语言的技术,也是语言的艺术。作为有声语言,辩论语言的技术性自然是题中应有之义,毕竟,辩论是竞技,语言技巧就是竞技的一个重要内容。但是,辩论的主体是人,人是语言的组织者和发出者。由于每个人的个性、思维方式、表达习惯等都不完全一样,语言必然带有发言者个人鲜明的特色,这也是辩论语言作为艺术的充分理由。同样,辩论的语言除了逻辑性以外,还应该具备审美的元素,这样,辩论就会变得令人赏心悦目,使观众不仅仅体会到逻辑的力量,也感受到艺术的魅力,事实上,观众欣赏辩论,更多的也是从辩手有个性的语言中感受逻辑之美。

一、辩论语言的形象化

辩论语言形象化是指用具体可观的感性语言将抽象的事理变成事物形态。这跟文学语言形象化的区别在于对象不同,文学语言不论是无声语言(文字)还是有声语言,其形象化的对象是存在的事物或心理活动,而辩论语言形象化的对象则是抽象的事理以及论证过程。比如,"二月春风似剪刀",这是文学语言,用比喻的手法描写客观存在的自然现象;而"对方的回答如同剪刀,试图一下子将我方的思路剪断",这是辩论语言,用比喻来说明对方的意图。

辩论语言形象化需要使用修辞手法,所谓修辞,"修"是修饰的意思,"辞"就是言词,就是可以在使用语言的过程中,利用多种语言手段以收到尽可能好的表达效果的一种语言活动。在辩论中,常用的修辞有比喻、拟人、排比、借代、夸张、双关、仿词等。

(一)比喻

所谓比喻,就是找出两个事物之间的相似点,一个叫本体,就是被用来做比喻的东西,比如,"露似真珠月似弓","露"和"月"是本体;一个叫喻体,是根据本体延伸出来的东西,这里的"真珠"和"弓"就是喻体。在辩论中,可以用浅显易见的事物对深奥的道理加以描述,化抽象为具体,在逻辑之上覆盖形象,化繁为简,能使道理通俗易懂,便于人们理解。

使用比喻必须注意:一是本体和喻体必须是性质不同的两类事物;二是本体和喻体之间必须具有相似性。上面说的"露"和"真珠"、"月"和"弓"都属于不同性质,但它们在形状上具有相似性。

辩论中,适当地使用比喻,可以增强语言的可理解度和感染力。有时候,一个道理或定义如果原版表达，观众可能很难听懂，这时恰当地使用比喻，可能使观众更能接受和理解。有一次比赛，辩题“生命诚可贵爱情价更高还是爱情诚可贵生命价更高”，在立论中，正方给“爱情”和“生命”的定义是：“爱情是指两性间建立在心理、生理、伦理之上的相对稳定而持久的情感，它与平等、奉献、自由等构成了人类的精神价值体系。生命是人自然的生理状态，它是人类精神价值体系的承载平台。”而反方的定义就很直观：“假如生命是一条长河，那么，爱情就是长河里的一朵浪花。”比较一下，正方定义的可理解度就比反方低得多。由于反方用比喻将“生命”与“爱情”形象化，不仅提升了可理解度，而且还强化了艺术感染力，使观众能够根据这个比喻来品味“生命”与“爱情”这两个概念。这真正体现了辩论的魅力。

（二）比拟

所谓比拟，就是把一个事物当作另外一个事物来描述、说明。比拟可分为拟人和拟物。所谓拟人，就是把物当成人来写，赋予物以人的动作行为或思想感情；所谓拟物，就是把人当成物来写，使人具有物的动作或情态，还有，把甲物当成乙物来写。运用这种修辞手法的效果是：或增添特有的情味，或把事物写得神形毕现，栩栩如生。

比如辩题“统考制度有利于创新人才选拔还是不利于创新人才选拔”，自由辩论中，反方一辩是这样运用比拟的：“对方辩友在这里大谈公平，那我就不明白了，让一头老黄牛跟一匹千里马一起去拉磨是很公平啊，但是这有利于选择千里马吗？”

这里，反方一辩将非创新人才比作老黄牛，而将创新人才比作千里马，让创新人才去做一般的事务工作，这显然不利于选拔创新人才。这样一比拟，给人的印象就更加直观和生动。想想吧，非创新人才和创新人才，从外表上不可能分辨出来，而比作老黄牛和千里马，一下子就清晰了。

（三）排比

排比是一种把结构相同或相似、意思密切相关、语气一致的词语或句子成串地排列的一种修辞方法。这种方法利用意义相关或相近，结构相同或相似和语气相同的词组或句子并排，一般为三句或三句以上，有时候两个句子或以上的并列句子也可以称为排比句。辩论中使用排比强化本方立场，可收到条理分明的效果，同时也可以增强本方的论证气势。

辩题“温饱是不是谈道德的必要条件”，这是反方一辩立论陈词中的一段:“道德是石,敲出希望之火;道德是火,点燃生命之灯;道德是灯,照亮人类之路;道德是路,引我们走向灿烂的明天。”这里借用诗人流沙河的《理想》,这样的排比营造了反方立论的气势。如果用一般陈述句表达,那就是:道德可以帮助我们树立希望,充满活力,规划道路,指引方向。比较一下,意思都差不多,效果怎么样?前者是语言艺术,后者为语言逻辑。

再如辩题“统考制度有利于创新人才选拔还是不利于创新人才选拔”,这是正方总结陈词中的一段:“朋友们,我们不会忘记,中华人民共和国成立后统考制度为我国建设事业创新人才的选拔做出了巨大贡献;朋友们,我们不会忘记,废除统考制而去崇尚‘白卷英雄’的那段悲凉历史。前车之覆,后车之鉴,忘记历史就意味着背叛!”

用两个排比句“朋友们,我们不会忘记”进行对比,给人以强烈的反差,从而深刻地揭示统考制度存废的利弊,再配上后面的结论,更进一步强化了正方的立场。

(四)仿词

所谓仿词,就是根据表达的需要,更换现成词语的某个语素或语词,临时仿造出新的词语,改变原来特定的词义,创造出新意。这种方式在辩论中经常用到,为的是营造幽默轻松的气氛。

比如辩题“未来世博应以网络展示为主还是以园区展示为主”。在驳论环节,反方二辩:“我们说范仲淹曾经写过一篇《岳阳楼记》,登斯楼也,则有去国怀乡之感,那么,如果他今天面对的是一个网络上的岳阳楼——上斯网也,怎么会有感觉?”攻辩环节,反方三辩:“我们都说谈恋爱是什么,‘月上柳梢头人约黄昏后’,有没有人说‘月上柳梢头人约屏幕后’呢?”这两例都属于仿词中的“仿中式”,即仿造词仿拟原型词的结构,更换原型词的中间位置,而其他语素不变,如此一来,产生了幽默感,活跃了赛场气氛。

这一场比赛,辩题是“统考制度有利于创新人才的选拔还是不利于创新人才的选拔”,在语言上也使用了很多仿词:

反方二辩:可是统一的标准答案说不对,雪化了是水和泥!朋友们,统考就是这样把创新变成了水泥!(掌声)学生的脑袋是圆的,统考的框框是方的。正所谓,“个性诚可贵,创新价更高,若为统考故,二者皆可抛!”

正方三辩:如果没有统考制度,像对方辩友这样的优秀人才何时才能脱颖而出啊!恐怕也是选来选去“选白了少年头,空悲切”。

正方三辩:按照对方辩友的说法,我想也指的是统考制度萧萧下,不尽庸才滚滚来。[1]

这三段发言都使用了仿词,第一段发言仿的是裴多菲的诗句,第二段发言仿的是岳飞的《满江红》诗句,第三段仿的是杜甫的《登高》诗句,而且都针锋相对,表面上看起来幽默风趣,其实内容则是剑拔弩张。

最早使用仿词是当属复旦大学辩论队,1993 年,新加坡国际大专辩论赛决赛,辩题“人性本善还是人性本恶”,反方复旦大学四辩总结陈词有这样一段话:从希波战争到十字军东征,从希特勒的奥斯维辛集中营到日寇在华北的细菌试验场,真可谓是“色情与贪婪齐飞,野心共暴力一色”。辩手巧妙地借用了唐代王勃《滕王阁序》中的名言,“落霞与孤鹜齐飞,秋水共长天一色”,一下子使内容生色不少。

二、辩论语言的趣味性

辩论是学理之辩、逻辑之辩,也是语言之辩,而语言不仅是逻辑的工具,也是艺术的载体。长期以来,一涉足辩论,人们脸上立马紧锁眉头做思考状,语言顿时书面起来,结果导致辩论赛的观赏程度越来越低。

一讲到趣味性,往往自动想到喜剧、相声、小品之类,其实,辩论也完全可以引入趣味性,如果大家有心可以看到,国外的有些竞选辩论、议会辩论、学术辩论等也并非全程义正词严铿锵有力,也有轻松愉快幽默搞笑。辩论作为一项有声语言活动,它是面向大众的,就更没有理由不关注其语言的趣味性。

(一)引用俗语民谚

这是当今辩论语言的短板,俗语民谚是我国传统文化的重要组成部分,相对于普通话来说,这种以方言为载体的俗语民谚往往具有强烈的本土特性,代表着那个地域的历史文化传统。

有一次比赛,当对方说到某一事有两大好处时,这位辩手用胶东腔普通话脱口而出:“又娶媳妇又过年,世上哪有这样的好事?”顿时全场掌声笑声竟然使比赛暂时中断,因为声音太大,双方已经无法听清楚对方的发言了。第二天的比赛,这位辩手又甩出一句家乡民谚:“我们家乡有一句老话:‘养

[1] 张德明主编:《千禧之播》,复旦大学出版社 2003 年版,第 14 页、第 21 页、第 24 页。

儿不读书，不如养头猪。’”效果复制了头一天。辩论本来就是求异，而通常辩论语言多半是逻辑性很强的书面语或口头语，而这位辩手不经意间将自己家乡的民谚说出来，虽然土得掉渣，却给人耳目一新的感觉，这也是一种求异。辩论语言作为一门艺术当然需要求异，而民俗民谚就是一种“异”。这样做效果确实不错，营造了氛围，激发了观众的兴趣，使观众融入辩论之中。那次比赛已经过去了二十多年，比赛的情形已经模糊了，而那两句民谚却一直为大家津津乐道。

遗憾的是，在这二十多年的辩论中，类似的民俗民谚很少见到，尽管修辞手法的使用比比皆是，比如前面所述的比喻、排比、拟人、借代等，这些当然可以营造轻松幽默的效果，但是其文化含量还是比不上民俗民谚。毕竟，这些修辞手法难以具有民俗民谚厚重的历史文化感。

（二）善用歇后语

歇后语是民众在生活实践中所创造出的一种约定俗成的特殊语言形式，是一种短小、风趣、形象的语句。歇后语由前后两部分组成：前一部分起“引子”作用，像谜面，后一部分起“后衬”的作用，像谜底，表达出来十分自然贴切。在一定的语境中，通常只要说出前半截，而把谜底“歇”掉，听者就可以心领神会，所以就称为歇后语。歇后语一般寓意深刻，短短的一句凝聚着很多智慧。在辩论中，歇后语往往可以体现辩手的语言特点，还能够起到辅助论证的作用，甚至还可以渲染比赛现场气氛。

有一次辩论赛，辩题“轿车热促进了城市发展还是阻碍了城市发展”，自由辩论阶段，反方三辩这样质疑对方：“对方辩友……今天我们要缓解北京未来 50 年的轿车热的话，修路要扩大 10 倍，要从五环修成五十环。而这个时候，对方辩友，没有这么多的路，却一定要跑那么多的车。对方辩友，是不是有一句话，叫作‘强扭的瓜——不甜’呢？”

反方三辩以这个歇后语，指出对方试图通过修路缓解北京未来轿车热的问题，对于观众来说，这比直接用逻辑语言要入耳得多。

有一次比赛，双方辩手自我介绍，轮到反方，反方一位辩手是这样自我介绍的：“大家好，反方四辩，‘山中无老虎——猴子称大王’，能不能称王，就在这场比赛了。”他姓侯，名字中有一个“山”，取这个歇后语的谐音，给自己壮了胆，缓和了赛前紧张的气氛，观众会心一笑，为现场营造了诙谐的气氛。

歇后语的使用一定要注意礼仪，不要给人这样的感觉：故意针对对方人身或动机进行负面评价。比如,有一场比赛,辩题“人性本善还是人性本恶”,自由辩论阶段,反方发言:“没有恶的存在,对方同学还要讨论恶之源,是不是叫作‘没有牙齿的老太太嚼牛筋——白费口舌’呢?”如果仅从辩论的效果看,这个歇后语用得很形象,跟你说了那么多那么久,你竟然还不明白。可是,从礼仪看,这个歇后语用得不当:第一,“白费口舌”有贬低对方之嫌,好像对方要么是智商有问题,要么是有意为之,这两种推测都涉及对方动机和人身;第二,在今天这个讲究尊重的时代,这个歇后语的前半部分也涉嫌对老年妇女的不尊重。

(三)讲究用词生动形象

除了民谚、歇后语,辩论语言的趣味性还应该在词语的使用上下功夫,毕竟通篇民谚、歇后语会形成边际效应,因此,在用词上讲究,这才是辩论语言艺术化的基本要求,

一场辩论赛,不论思想多么深刻,内容多么丰富,归根结底还得通过语言表现出来,正如马克思所说,“语言是思想的直接现实”。[1] 辩论语言是有声语言,是有观众参与的活动,这种活动的空间是公共场合。在这样的场合中,用语不仅体现了辩手的语言艺术水平,也体现了辩手的文明素养,艺术与文明,二者其实是一枚硬币的两面。

语言的艺术性首先应该是语言的文明,这种文明不仅是形式上的,更是内容上的。有些语言虽然生动形象,但其指向却是对方的动机或人身,表现出的是取笑、讽刺,甚至挖苦、鄙视。比如,“对方辩友,对你的智商我表示遗憾”;“不好意思,我方刚才的回答可能超出了您方的理解能力”;“对方辩友,你有权保持沉默,但沉默不是今晚的康桥”。如果从纯粹语言形式看,这些语句应该是幽默风趣生动的形象,但是,内容上却违反辩论规则,即使再形象,也是形象地贬低对方,自然是不可取的。

辩论语言的生动形象,就在于在尊重对方的前提下,营造出轻松幽默诙谐的气氛。比如,“骑白马的不一定是王子,有可能是唐僧啊!”意在指出对方这个论证得出的结果不一定是对方所预期的,这样的表达,效果最佳。如果直白,就是:“你方的这个结论是不能成立的。”这个逻辑上很准确,效果却平淡。

现在的辩论,越来越重视语言的生动形象。于是,在辩论表达中借用一

---

〔1〕《马克思恩格斯全集》(第3卷),中共中央马克思恩格斯列宁斯大林著作编译局译,人民出版社1960年版,第525页。

些著名歌词、诗词、名言的现象越来越普遍，从而使辩论语言也变得色彩丰富起来。比如，辩题“生活应该慢一点还是生活应该快一点”，自由辩论阶段，正方一辩发言：“当我们生活都去追求快速的时候，我们常回家看看的时间少了；我们今天去旅游，我们只能去网红打卡点，我们只能过眼云烟一般的去旅游，这样的方式、这样的人生价值是您方追求的，对吧？”

这里借用了一句歌词“常回家看看”和成语“过眼云烟”，有趣的是，过眼云烟本义是眼前飘过的云烟，后用来比喻身外之物，不必重视；现在则比喻很快就消失的事物。而该辩手用它的本意，实际上也就赋予了新意。

有这样一段自由辩论，辩题“人性本善还是人性本恶”，双方辩手的语言生动形象，可以说，这是在论证中嬉笑，在嬉笑中质疑：

反方三辩：对方辩友不要一再地引语录了，我们看看事实吧！历史上那么多林林总总的真龙天子们，他们有几个不是后宫嫔妃三千，但为什么自己消费不了，却还要囤积居奇，到最后暴殄天物呢？（笑声、掌声）

……

正方三辩：我们当然论证本了，良心就是本哪！对方辩友，您才没有论证本呢！您说的那是跟动物一样啊！（掌声）

反方四辩：那我就不知道了，哪个人过马路的时候，是捧着这个良心过去的吗？我倒听说过孤胆英雄，却没有听说过“孤心英雄”啊！（笑声、掌声）〔1〕

反方三辩将词语“消费”和成语“囤积居奇”“暴殄天物”的意义与语境配合，营造出诙谐幽默的气氛；而反方四辩则用仿词用“心”换“胆”。当然，这只是临时借用，而且只能在当下的语境中有效，离开了具体语境，这样的方式就显得无聊了。

三、辩论语言的情感性

《毛诗序》有言：“情动于中而形于言”，辩论语言的特点之一，就是由理性的“言志”过渡到感性的“言情”。言情“言”的对象不是对方辩友，他们不可能为你方的情所动，这些情是“言”给评委和观众听的。我们一方面用逻辑讲道理，为的是晓之以理，另一方面用情感感染人，为的是动之以情。清代

---

〔1〕　王沪宁、俞吾金主编：《狮城舌战》，复旦大学出版社1993年版，第342页、第343页。

沈德潜曾经说过:“以无情之语而欲动人之情,难矣。”[1]如果仅仅是严密的论证、精准的定位、深刻的剖析,这些都不可能打动观众,而且作为一种博弈,双方都力争在两个层面争取评委和观众,一个是逻辑,另一个是情感,二者缺一不可。

(一)观点表达的情感

观点除了用逻辑论证以外,还可以成为情感的对象,这是辩论语言的一大优势。为了证明这个观点,在倾注了大量精力的同时,也倾注了大量的情感。当对方攻击时,自然会引起情感上的波动,表示出愤怒、焦虑、排斥等心理,而且这种心理随着对方攻击的强度增加而强化。同样,当看到对方在己方的攻击下节节败退时,己方的情绪也会随之高兴、轻松起来。也正因如此,辩论的语言色彩才不至于一片灰色,而是随着喜怒哀乐呈现出不同颜色,也才使观众能够通过这些语言来欣赏逻辑的美。

比如,20 世纪末的一场比较经典的比赛——99 国际大专辩论会 A 组决赛,辩题是“美是客观存在还是美是主观感受”,这场比赛不仅内容丰富,逻辑严谨,更是由于其语言情感的五彩缤纷而享誉辩坛。下面,我们摘录部分内容:

这是反方自由人发言:

……请问对方辩友,(举着一枝玫瑰花)您告诉我,在大家的眼中,这是不是同一枝花,但在大家的心中是不是有不同的美的评价?伤心的人会说“感时花溅泪”;而高兴的人会说“花儿对我笑”;憔悴的人会说“人比黄花瘦”;而欣喜的人会说“人面桃花相映红”;有人说花是有情的,所谓“落红不是无情物,化作春泥更护花”;有人说花很无情,“癫狂柳絮随风舞,轻薄桃花逐水流”。原因是什么?“年年岁岁花相似,岁岁年年人不同”;在客观上“花自飘零水自流”,使我们的主观“一种相思,两处闲愁”。[2]

这段话,不过是证明不同心境和审美标准的人对事物有不同的情感体验,如果用纯粹书面论文语言表达,那就只剩下赤裸裸的逻辑了,很准确,却无情。而这里引用了歌词和诗词:“花儿对我笑”,出自儿歌《上学歌》,诗词有杜甫、李清照、崔护、龚自珍、刘希夷的诗句,这些唐宋名家的诗句大家都耳

[1] (清)沈德潜:《说诗晬语》二。
[2] 1999 年国际大专辩论赛大决赛。

熟能详,用在这样的语境下,这些诗句分别赋予了这段论证不同的情感色彩,人们在对诗句的欣赏中理解逻辑,在对逻辑的理解中欣赏了诗句。

（二）论据表达的情感

辩论的情感性不仅仅体现在观点,也可以体现在对论据的描述上。辩论中的现象主要分为:一是对事实或数据的评价;二是对作为辩题所给出的公理常识的评价。

辩题“钱是不是万恶之源”:

正方一辩发言:

……但是,当崇尚自由的人类精神已经被缚上了黄金锁链的时候,他还能自由飞翔吗?

正方二辩发言:

在中国的传统社会中,一个满腹道德文章的读书人,其最高理想却也不外乎“学成文武艺,货与帝王家”。这已经是赤裸裸地把人生看作一场金钱的交易了,因而才会有“三年清知府,十万雪花银”的民谣。[1]

正方一辩用了具有实体状态的词语“黄金锁链”和一个拟物的动词“自由飞翔”,就把“思想自由不应该被禁锢”这个理念形象化了,通过反问,将这种意思充分表现出来。

正方二辩在第一段对传统社会中读书人的动机和目的进行描绘,用了两个大家都很熟悉的民谣,这样的描绘,看起来没有使用情感色彩的语句,观众却能通过这两句民谣“学成文武艺……”“三年清知府……”浓缩的场景,产生出负面的情感。

---

〔1〕 2001年国际大专辩论赛决赛。

第五章 辩 论 心 理

作为一项竞赛活动，自然会涉及竞赛者心理，以及赛场心理等，在某种程度上，辩手的心理对比赛的影响具有决定性意义，同时，辩手通过自己的语言和观众共同营造赛场的心理氛围。所以，辩论心理也应该是辩论爱好者应有的训练内容。本章所阐述的辩论心理，其主体是参加辩论者，或称辩手，其心理状态体现在辩论的全过程，包括赛前训练、比赛过程、赛后总结这三个阶段。

第一节 辩论的心理定势

所谓定势，即定向趋势；心理定势，是指心理上的“定向趋势”，它是由一定的心理活动所形成的准备状态，对以后的感知、记忆、思维、情感等心理活动和行为活动起正向的或反向的推动作用。它可以使我们在辩论时能够驾轻就熟，甚至达到习惯成自然的程度，可以使表达流畅。但同时，心理定势也会限制我们的思维，使我们只会用既定方式去思考问题，难以另辟蹊径。比如一方面，当我们拿到辩题，就会自动地对对方的辩题进行质疑；另一方面，当我们拿到辩题时，我们也会自然而然地根据自己习惯的方式去解读，这往往妨碍了求异。

人有三种基本的心理定势：认知、情感和意志，其对应为三种基本的客观事物或行为：事实关系、价值关系和行为关系，认知是主体对客体的认识和了解，它是抽象的、精确的、有逻辑的，是我们了解、判断的基础和依据。情感是主体对客体的情绪反映，它是直观的、模糊的、非逻辑的，当主体的认知固定下来，演变成一种情感体验时，它将长期支配人的认知定向。意向是主体的行为倾向，是潜意识的、随意的、能动的，是主体行为的直接准备状态，它受制于认知和情感因素。

辩论心理定势，是辩论者在辩论活动中形成的心理上的习惯性倾向，对辩论者的认知、情感和意向起着定向作用。辩论心理定势包括三个方面：认知定势、情感定势、意向定势。

一、辩论的认知定势

认知的范围很广泛，它包括对人的认知，对客观事物的认知，对社会的认知等。所谓认知，是指一个人对某一事件的认识和看法，包括对过去事件的评价，对当前事件的解释，以及对未来发生事件的预期。[1] 所谓辩论的认知定势，就是辩手对辩论过程的认识和看法，包括对过去辩论经历的评价、对当前辩论的解读以及对辩论结果的预期，具体来说，就是辩论的自我认知定势、对对手的认知定势、对辩论结果的认知定势。

（一）自我认知定势

希腊古城特尔斐的阿波罗神殿上刻有七句名言，其中流传最广、影响最深，以致被认为点燃了希腊文明火花的却只有一句，那就是："人啊，认识你自己。"事实上，这句话直到今天还在产生效用，因为人类永远都在"认识你自己"。用学术语言表达，就是自我认知，也就是对自己存在的觉察，包括对自己的行为和心理状态的认知。

1. 自我暗示

自我暗示，就是我们与自己的潜意识对话，主动把现实的自己与某些特定的事物和情况联系起来，使我们的身体、心理和行为产生相应的变化。自我暗示也可以理解为自己对自己的提醒和指引，帮助自己建立目标、追求目标并采取相应的行动。[2] 暗示分为积极的自我暗示和消极的自我暗示，在辩论活动中，一般来说，积极的自我心理暗示表现在，拿到辩题，随即进入状态，心无旁骛，在好奇心驱使下查阅资料、分析观点、设计对策，一切都有条不紊。这种积极的心理暗示其实就是一种比较合理有效的认知程序，从哪里开始入手，中间应该经过什么环节，遇到难题怎么分析和解决，如何形成文本，场上遇到意外怎么办，等等。在积极的心理暗示下，这一系列形成了一种合理的认知定势。

---

〔1〕 本书编委会编：《心理健康教育》，社会科学文献出版社 2009 年版，第 51 页。

〔2〕 鲁渊明：《自我暗示——激发潜能的神秘力量》，载《心理与健康》2020 年第 10 期。

某次全国辩论赛决赛，某支辩论队的四位辩手均保持平常心，没有将这场比赛意义化价值化——不过是一场比赛，碰巧叫决赛，如此而已。在这样的心理暗示下，队员按部就班地准备，也没有熬通宵，第二天比赛中，队员们充分发挥，最终赢得了胜利。相反，消极的心理暗示则表现为焦虑、紧张、患得患失、优柔寡断等，拿到辩题后，首先想到的不是如何安排准备工作，而是对己方立场的难度在心理上夸大和强化，每一步都觉得很难，都和比赛的胜负联系在一起。在这种消极的暗示下形成的认知定势，虽然不一定会导致该辩手发挥失常，但容易影响到队友的情绪，因为消极的暗示其实也会通过自己的行为传递给其他人。这种消极的心理暗示主要来自对比赛结果的重视，总是想着万一输了会怎么样？在这样的心理暗示下，对自己的准备反而信心不足，总觉得自己这也不足，那也不够，上场亮相，总觉得对方比自己强，这种心理很容易传递给本方队员，从而严重影响到比赛的进行，用一句通俗的话来说，就是自己打败了自己。

2. 自我评价

自我评价是主体对自我察省的判断和评价，是认知定势的另一个重要表征。一般来说，自我察省比较积极的，自我评价的肯定程度就高，否则就低。这种情况我们在比赛中常常会看到，有些实力不高的辩论队以及辩论新手，当面对他们认为的高手时，往往自我评价低于客观的自我。我们知道，评价带有很强的主观性，尤其是自我评价。就辩论而言，辩手的自我评价应该稍微高于客观的自我，为的是获得自我肯定，由此产生自信。我们发现，有些欧美国家的辩手很自信，其实他们自己的实力往往低于他们的评价，可是，正是这种评价，使他们时常有超水平的发挥。

当然，这种对自我的肯定也要恰如其分，如果过高，则显得自负。这往往发生在面对一个实力比较弱的对手的时候，因为你用对方的弱势证明自己的强势，从中获得了过高的自我评价，而事实上，对方的弱势只是你自己的感觉，而比赛中往往有弱势的一方战胜所谓强势的一方的案例。同样，当你感觉到对方强势时，自找评价往往低于客观的自我，因为你很容易将对方的强势放大，同时将自己的弱势放大，这样就形成自我心理评价的“剪刀差”。

正确的自我评价应该是，平时，应该稍微高于客观的自我，比赛前的准备阶段，有意淡化评价，全身心投入准备，让大脑处于高速运转状态，此时自我基本上是忘我。比赛前，调整心态，增强自信，积极的心理暗示。比赛后，如果输了,淡化归责,这不是事故,不存在承担责任问题。当然,对于失利还是需要总结,这种总结是从技术层面,而非个人层面。这样做,一方面保持合理的自我评价,再伤不能伤了自信;另一方面,吃一堑长一智,这是提升自己辩论能力的必由之路。

(二)对对手的认知定势

作为对抗性竞争活动,对于对手的认知定势也是辩论认知心理的重要内容,所谓"知己知彼"。对对手的认知心理定势往往建立在两个基础之上:一是对对方所在单位(学校、机关、企业等)的认知;二是对对方辩手的个体情况的认知。我们的认知定势一般是:如果对方单位层级较高,且跟辩论有一定关联度,则容易将其视为实力雄厚;反之,则视为一般或弱势,那么,根据这个判断,启动相应的认知定势。对于被我们认为实力雄厚的对手,我们会感到压力大,而且这种压力与对方实力成正比,在比赛准备上,就会感到处处有漏洞,甚至疑神疑鬼,心神不定。如果对方实力被我们判断为很差,这个时候往往信心满满,在比赛准备上,就会驾轻就熟。如果觉得对方跟我们不相上下,认知对象就会集中到辩题的解读上。这种定势用得好,可以提高我们的效率,减少无用功;如果用得不好,可能会误导我们的认知方向,甚至南辕北辙。

此外,就是对对手的认知定势。俗话说"棋逢对手",辩论赛,自然是跟对手对抗,对对手的认知也成为一种心理定势。当你确定对手后,你就会对对方的队员产生强烈的好奇心,尤其是辩位相同的。你是一辩,你大概很想了解对方一辩的实力,如果是一个单位或学校的,这比较容易了解;如果是跨单位甚至跨地区比赛,则往往要通过网络或熟人打听,这也是一种"知彼"。而且,这种"知彼"的欲望随着比赛进程会越来越强烈,到决赛,尤其是全国比赛的决赛,"知彼"成了一种心理上的"刚需"。

二、辩论的情感定势

关于情感,《心理学大辞典》认为:"情感是人对客观事物是否满足自己的需要而产生的态度体验。"情感是人对现实的一种比较固定的态度,它表现为与人的个性、道德经验等有关的各种体验之中。情感就是人类主体对客观事物的价值关系的一种主观反映。

总结以上三个定义:一是情感是一种态度;二是情感是一种体验;三是情

感是一种价值关系。

所谓情感定势，具体说，就是初次接收到相关信息，在心理上形成对某人或某事物带有情感因素的定向趋势，从而影响到以后对该人或该事的评价。辩论的情感认知定势，就是辩手在拿到辩题后，在心理上形成的对辩题和对手带有倾向性的情感定向趋势。

（一）辩题难度的情感定势

这跟考试一样，当我们第一次看到题目的时候，我们对题目难度的判断决定我们的情感走向。抽到自认为比较有利的一方，整个情感就会轻松愉快，这种情感使自己的自信倍增，此时的情感定势呈正面走向。这个时候，本方的立场就具有了审美价值，因此，在准备的时候，就会觉得得心应手，套用一句外交辞令：准备是在轻松愉快的气氛中进行的。但是，这也往往容易导致夸大的自我暗示，即辩题几乎为我方量身定制，任何资料都有利于我方，还没比赛就已经预感到胜利在向我们招手。事实上，任何辩题，都不可能明显地有利于某一方而不利于另一方，觉得有利于本方，往往是因为情感定势的原因。比如辩题"逆境有利于成才还是顺境有利于成才"，乍看起来，似乎反方有利，于是反方的情感定势就显现出来了，不仅认为己方占有优势，甚至还觉得己方的立场是公理，甚至对对方的囧境生出同情心。这种情感往往影响到思维，甚至思维跟着情感走。比赛的时候才发现，反方正是由于对本方辩题形成的情感定势过强，影响了破题分析，对"成才"这个关键概念没有进行界定，在比赛中，被正方抓住破绽，导致被动。

与此相反，当拿到辩题觉得己方很难的时候，此时的情感定势呈负面走向，从辩题背景开始，一路下来，满眼都是困难，而且一个比一个难，自信心也因此慢慢弱化，最后剩下的都是自馁。就举上面的例子，正方看到本方的辩题不是顺境而是"逆境有利于成才"时，似乎觉得有违常理，于是畏难情绪产生。想想吧，这个辩题不是比较型而是对立型，那就是正方必须否定"顺境有利于成才"，这个难度可想而知。幸好，该队阻止了情感定势的负面走向，回归理性，全体队员经过反复讨论争论，终于寻找到了突破口。这个事例告诉我们，拿到辩题，在对辩题的认知过程中，会产生情感心理定势，这主要表现为愉快、痛苦、憧憬、绝望等态度倾向，这些情感定势会产生向前或向后的动力。如果向前，就要控制惯性，防止过度。否则轻敌带来的往往是负面效果。如果是向后，则要努力阻止定势的运动势头，尽量将其拉回到原点，那就要平心静气，调整心态，将情感转化为对辩题的认知。

（二）辩题立场的情感定势

辩题的难易程度影响到我们的情感定势，而且辩题的立场也同样会影响到我们的情感走势。我们知道，辩题的立场是由抽签决定的，这就要求我们必须将情感投入到已方抽到的立场上。如果抽到的辩题跟自己的真实观点一致，自然会对辩题的立场实行情感倾斜，不仅理直，而且气壮。这个“气”就是情感，就是把自己的情感倾注在立场上。比如，辩题“应不应该降低刑事责任年龄”，假如“你”本来就赞成降低刑事责任年龄，那么，“你”自然就有情感上的认同，觉得本方的立场就是自己真实的观点。这样的情感定势可以形成辩论的巨大动力，因为只有情感上认同才会产生维护捍卫的冲动。但是，并非所有的辩题都符合自己的真实想法，事实上，很多时候，辩题往往跟自己的真实想法相反。比如上面的辩题，自己就觉得不应该降低刑事责任年龄，可是却抽到相反的立场，如果情感上不认同这个立场，那就没办法辩论下去，因为“你”无法产生维护和捍卫己方立场的冲动。但是，为了比赛，“你”得千方百计转变“你”的想法，有同学会说，可以假装相信；“你”可以假装相信，但“你”却很难假装比赛。那怎么办？“你”必须调整“你”的观点，找出理由来说服自己，好在，这些辩题都不是定论，更不是真理，所以，转变看法应该不是很难。

对辩题立场的情感定势不是仅限于对己方的认同，也包括对对方立场的不认同，这样的情感定势用一个比较极端的成语形容，就是“爱憎分明”，当然，这个“憎”不是仇恨，而是不认同、否定。值得注意的是，现在的辩论跟过去相比较，一个最大变化就是，情感不太外露，或者说情感理性化。首先，双方只是就一个有争议的问题进行辩论，而非真理与谬误之辩，因此，我们虽然对本方立场充满了正面的情感，总是要竭尽全力维护和捍卫，但是，我们也应该知道，对方的一些观点或论证也有合理之处，我们也应该适当给予肯定。好像这跟我们的情感定势不符，其实，我们的情感定势并不能停留在“爱憎分明”这样的浅层次上，还得具有包容的心态，立场虽然势不两立，但表达并非一定要针锋相对，这样才能显现出儒雅的风度，而这种风度应该是情感定势的最高要求。

第二节 辩论的心理效应

所谓效应，是指在限定的条件下，某些因素和某些结果形成的一种因果现象。所谓心理效应是社会生活中比较常见的心理现象，就是某些人或事物的行为或作用，引起其他人物或事物产生相应变化的因果反应或连锁反应。通俗地说，就是某些人的行为，如某明星的服饰、行为等，常常被其粉丝模仿，这就是明星光环效应，引起了其他人在心理上产生相应的变化或者连锁反应。

在辩论中，会有很多心理效应产生，但是，最值得我们注意并且重视的当属首因效应和近因效应。

一、辩论的首因效应

首因效应也叫首次效应、优先效应或第一印象效应，从传播的角度，先呈现的信息比后呈现的信息有更大的影响作用；从社会学角度，是指双方交往形成的第一次印象对今后交往关系的影响，也就是“先入为主”带来的效果。在现实生活中，首因效应所形成的第一印象常常影响着人们对他人以后的评价和看法。并且，这种先入为主的第一印象是人的普遍的主观性倾向，会直接影响到以后的一系列行为。虽然这些第一印象并非总是正确的，但却是最鲜明、最牢固的，并且决定着以后双方交往的进程。如果一个人在初次见面时给人留下良好的印象，那么人们就愿意和他接近，彼此也能较快地取得了解，并会影响人们对他以后一系列行为和表现的解释。反之，对于一个初次见面就引起对方反感的人，即使由于各种原因难以避免与之接触，人们也会对之很冷淡，在极端的情况下，甚至会在心理上和实际行为中与之产生对抗状态。[1]

辩论中的首因效应体现在两个环节：一个是双方队员自我介绍环节；另一个是立论环节。

（一）自我介绍环节的首因效应

这个环节并不计入评分，但不能因此就掉以轻心，这是将自己的外在形

---

〔1〕 时蓉华主编：《社会心理学词典》，四川人民出版社 1988 年版，第 157 页。

象展示给观众和评委,以使他们从视觉和听觉中形成第一印象。按照规定,每位队员介绍不超过10秒钟,这相当于见面打招呼,让对手、观众和评委在"表面上"认识自己。很多辩论队都比较重视这个环节,赛前还专门进行训练,一是仪态,二是表达。仪态包括上台走步,不疾不徐;面带微笑,主动和对手握手致礼,站起来自我介绍,男生两手下垂,女生手掌相勾置于腹部。表达的内容有的队直截了当,如"我是一辩某某某",或者"我是某学院某年级某某某";也有的队队员先念一句话,这句话既可以是格言警句,也可以是自己编的短句,这些自我介绍往往与本方辩题有关,比如辩题"青春贵在仰望星空还是青春贵在脚踏实地"。下面是正反方双方的自我介绍:

主席:……首先请双方辩手进行自我介绍,时间为每人10秒,每方40秒。有请正方。

正方一辩:我仰望星空,它是那样的辽阔而深邃,那美丽的星星让我苦苦的求索追索着。正方一辩×××。

正方二辩:我仰望星空,他是那样的庄严而圣洁,那里面的正义让我充满热爱想要敬佩。正方二辩×××。

正方三辩:我仰望星空,它是那样的自由而宁静,它博大的胸怀让我的心灵依稀戚微。正方三辩×××。

正方四辩:我仰望星空,它是那样的壮丽而光辉,那永恒的炙热让我心中常含泪水。正方四辩×××。正方××学院辩论队问候在场各位。

主席:有请反方。

反方一辩:青春太飘逸。

反方二辩:梦想满天飞。

反方三辩:少壮不给力。

反方四辩:老大徒伤悲。反方一辩×××,反方二辩×××,反方三辩×××,反方四辩×××。反方××学院代表队问候在场各位。[1]

正方用散文诗的格式来表达本方立场,反方用短句加成语组成短诗,双方都力图以此进入评委和观众的情感空间,以期"先声夺人",创造良好的首因效应。

---

〔1〕 2010年西南政法大学第11届"天伦杯"辩论赛。

(二)立论环节的首因效应

首因效应最重要的还是一辩的立论陈词。前面的印象还是表面的,仅仅停留在形式上,而一辩陈词给予的印象才是从外在到内在,即有一定的深度。一辩不仅通过仪态表情,更在于通过表达内容和表达效果获得评委良好的第一印象。就比赛程序而言,双方第一位向评委和观众展示的就是一辩,当他(她)直立发言,就开始构建第一印象,这第一印象包括语言的和非语言的。语言的就是发言的内容,即说了什么和怎样说。说了什么,就是对辩题的概念是如何定义的,构成本方立场的逻辑关系,支持本方观点的理由。一般来说,概念清晰、观点鲜明、逻辑严谨、论证充分的立论容易获得评委和观众的认同,从而产生良好的第一印象。而怎么说,这里有两个方面:一是用什么表达,二是怎样表达。有人认为,要创造良好的首因效应,应该用一些比较有感情色彩的词汇,比如形容词、成语,以及使用修辞手法。比如这一段立论:

第一,从统考制度本身来看,它有利于创新人才的选拔。统考制度作为人类长期选拔实践的经验总结,本身具有公正、广泛、高效、权威的优越性。在统考制度面前,没有门第的高低贵贱,没有贫富的世俗偏见,没有关系网里的人情冷暖,更没有台前幕后的黑色交易。有了统考制度的公正与客观,我们才能抛开偏见,拒绝腐败,做到"内举不避亲,外举不避贤";有了统考制度的广泛与公开,我们才能够面向大众,着眼于社会,"纳四海贤良,揽八方豪杰";有了统考制度的科学与权威,我们才能够稳定高效、准确合理,做到"知人善用,唯才是举"。[1]

这是该立论的第一个分论点:从统考制度本身来证明有利于创新人才选拔。那么,后面部分就是用论据和逻辑来证明这个分论点。而后面的这些文字都是在说明而不是证明统考制度的好处,而按照立论要求,必须回答为什么。所以,从证明的角度,这一段不会给评委创造良好的首因效应。我们来看看语言,这段文字用了两个排比:"没有……没有""有了……有了……有了",而且还引用一些古代格言,如此华丽的词语,如果评委专业,可能由此带来的首因效应是负的。因为立论最重要的不是以情动人,而是以理服人。

同时,在怎样表达方面,立论是用有声语言来表达的,首先要让评委和观众听得明白,这就要求吐字清楚,判断"清楚"的标准是评委和观众设定的,

[1] 张德明主编:《千禧之擂》,复旦大学出版社2000年版,第9~10页。

这就要求声音悦耳,娓娓道来,所以,很多辩论队的一辩都是女生,因为女生嗓子婉转,比较容易入脑。但是,也要注意,女生的表达是因为她们的嗓音悦耳,但不能因此将这种“悦耳”理解为演讲朗诵,如果这样,那就适得其反。为了获得良好的首因效应,应用悦耳的声音、适中的节奏阐述严密的逻辑。

二、辩论的近因效应

所谓近因效应,是指当人们识记一系列事物时,对最后部分的记忆效果优于其前面部分。这是因为随着后续信息不断进入大脑,导致前面信息逐渐模糊,使传播时间越近的信息在短时记忆中越清晰,信息前后间隔时间越长,近因效应也就越明显。首因效应形成于第一印象,而近因效应则是最后的印象。这也决定了辩论的近因效应必然产生于最后的发言,那就是总结陈词。

辩论中只有两个是程序发言,一个是开篇立论,另一个是结尾陈词;二者时间都比较长,在 3 到 4 分钟。前者的心理效应是首因效应,后者的心理效应是近因效应。与总结不一样的是,立论文本可以在赛前撰写,到时候在赛场上用即兴的方式表达出来。而总结陈词则带有一定的临场性,首先要对整场比赛做一个概括,几十分钟的比赛不可能赛前预测,所以担任总结陈词的辩手必须学会倾听,听出双方在整场比赛中存在的主要分歧,或者说对方的主要漏洞或瑕疵。这一部分展示出辩手临场归纳的能力,评委对这个的印象最深刻,也最能影响到近因效应。另一部分则是阐述本方立场的意义,评委由此看出该辩手的学养及境界,这一部分可以赛前撰写,但难以把握分寸,如果拔得太高,就会给评委空话大话的感觉;如果太低,又会使评委感觉到学养不够境界不高。除了文本内容影响到近因效应以外,还有就是表达,这种表达既不能完全是论辩式,因为第二部分不是论证而是阐述,需要以演讲的某些方式,但又不能完全照搬演讲,这部分处理起来有难度,但这可是总结陈词的最后部分,如果处理不当,或者平淡,会直接影响到近因效应。

下面是一篇比较典型的总结陈词,辩题是“人性本善还是本恶”。

反方四辩:

谢谢各位,一个严肃的辩论场需要一个严肃的概念。对方多次问我们人性怎么样?人性怎么样?始终没有问我们人性本怎么样?我想请问对方,人性是什么和人性本是什么是同样的一个概念吗?你们如果连这个概念都没有根本建立基础的话，那你们的立论从何而来呢？我们多次问对方的善花里面如何结出恶果，对方说要浇水，要施肥呀。那我就不懂了，大家都承蒙这个阳光雨露的话，为何有那么多罪行横遍这个世界呢？难道这个水，那个肥还情有独钟吗？为何要跟恶的人作一个潇洒的“吻别”呢？（笑声、掌声）

今天我们本着对真理的追求来同对方一起探讨这个千年探讨不完的话题。无论是从性善论的孟子也好还是性恶论的荀子也好，又有哪一家哪一派不要我们抑恶扬善呢？抑恶扬善是我方今天确立立场的一个根本出发点。下面我再一次总结我方的观点。

第一，只有认识人性本恶，才能正视历史和现实。回顾历史的时候，我的内心总感到痛苦而颤抖。从希波战争到十字军东征，从希特勒的奥斯维辛集中营到日寇在华北的细菌试验场，真可谓是“色情与贪婪齐飞，野心共暴力一色”。以往的人类历史，可以说是交织着满足人类无限贪欲而展开的狼烟与铁血啊！可见，本恶的人性如果不加以控制的话，将会给这个世界带来什么呢？

第二，只有认识人性本恶，才能重视道德、法律的教化作用，才能重视人类文明引导的结果，培养健全而又向上的人格。在历史的坎坷当中，人类并没有自取灭亡。尤其是在面对彬彬有礼、亲切友善的新加坡朋友面前，我们更有理由相信，人类明天会更好，这其中我们要感谢新加坡孜孜不倦地建立起他们优良的社会教化系统。人类文明是在人类智慧之光照耀下不断茁壮成长的。饮水思源，借此我们要感谢那些在人类教化路途中洒进他们含辛茹苦汗水的这些中西先哲们。正因为从他们的理论智慧当中，从他们的身体力行当中，人们才有可能从外在的强制走上理性的自约，自约人的本性的恶，从而培养一个健全而又向善的人格。可见，人性本恶，并不意味着人终身成为恶，只要通过社会的教化系统就可以弃恶扬善，化性起伪啊！

第三，只有认识人性本恶，才能调动一切社会教化的手段来扬善避恶。光阴荏苒，逝者如斯，在物质和科学技术突飞猛进的同时，而人类的精神家园可谓是花果飘零。在这个时候，我们要警惕，人性本恶这个基本的命题。可喜的是，在东方的大地上，我们说传统文化的发扬光大，已经从一阳来复开始走向了新的春天。我们也相信，传统文化的精华，将使人类从无节制的欲望中合理地扼制并加以引导，从他律走向自律，从执法走向立法。人类才可能挽狂澜于既倒，扶大厦于将倾。“黑夜给了我黑色的眼睛，而我却要用它来寻

找光明!”谢谢各位!(掌声)[1]

这个总结陈词文本分为两个部分:第一部分是指出对方存在的漏洞或瑕疵。第二部分是阐述本方立场的意义,这个总结陈词最精彩是在第二部分,首先结构上用的是排比,三个“只有……才”形成气势,展示辩手的情怀与胸襟。尤其是最后一句,用了一句著名的诗,再加上辩手的表达,理性中有激情,激情中有理性,于是全场情绪因之带动起来,从而将近因效应最优化最大化。总结陈词在语言上跟立论很不一样,总结陈词可以用形容词、成语和修辞,因为总结陈词的后面部分就是需要渲染气氛,以此打动而不是说服评委和观众。但是,现在像上面如此华丽的总结陈词也不多见,现在的辩论越来越讲究内容的充实,语言的逻辑力量,以及幽默感,因为现在评委们的评判标准发生了变化,不再满足于渲染和煽情,这里的原因大致有二:一是辩论本来就是求异,一种总结陈词文本,如果产生了极好的近因效应,自然同时也产生了示范效应,争着被大家模仿,这个文本不“异”了,于是边际效应产生,首因效应趋向零甚至负;二是随着对辩论内容要求的提高,评委和观众更注重内容的深刻,同时要求语言为内容服务,而不是单纯展示语言的形式美,更在于展示语言的哲理之美。

第三节　辩论的心理调整

所谓辩论的心理调整,这里专门指的是辩手的心理调整。我们知道,一场比赛,不仅要考虑到辩手的心理,还应该考虑到受众的心理,包括评委和观众,毕竟这是面向大众的比赛。竞技辩论,辩手是主要角色,他们的心理状况如何,在很大程度上决定着比赛的进程和结果,因此,辩手心理调整就显得尤为重要。比赛的过程可以分为赛前、赛中和赛后三个阶段,据此可以分为赛前心理、赛中心理和赛后心理。而且,同一辩手在这三个阶段的心理状态也不一样,我们需要在每一个阶段有针对性地进行心理调整,可以根据辩论比赛的阶段分为这样几个内容:一是辩手赛前准备期间的心理;二是临上场前和比赛中的心理;三是比赛结束的心理。

---

[1] 王沪宁、俞吾金主编:《狮城舌战》,复旦大学出版社1993年版,第344~345页。

一、赛前心理调整

这个阶段通常指的是比赛前，就是比赛前的准备期间。抽到辩题立场后就进行准备，包括上网查阅资料、讨论立论思路、设计问题等。看起来，这些都是事务性工作，不涉及心理问题。其实不然，这些工作都是由辩手来做，而他们不是人工智能机器，他们在竞技心理驱使下，产生压力，为了胜利，他们不仅要猜测对手的情况，还会自觉或不自觉地对自己的实力进行评估。

（一）对对方背景的评估

这种评估常常会影响自己的竞技心理。如果对方是强手或者名校，于是就获得一种暗示，即自己就是处于弱势的一方，外在反应就是在言语中表现出灰心丧气，甚至感叹时运不济碰上克星了。这种心态对赛前准备的负面影响很大。它弱化了赛前准备必需的内在驱动力，如果不加以调整，势必传染到其他队员，最终可能导致全队悲观消极情绪弥漫，如此则未赛先败，也就是所谓的“自己打败自己”。对于这种心理状态，简单的正面鼓动或价值宣示不会起多大作用，心病还需心药治，一方面要让辩手认清自己的长处，分析对方的不足之处；另一方面转移注意力，把注意力集中到对辩题的解读上来。比如，有一次全国比赛决赛，对方的学校是全国顶级名校，另一方队员露出畏惧心理，教练就想办法为队员淡化畏惧情绪。首先，教练先整理自己的情绪，他不能在队员面前表现出丝毫胆怯，反而要在队员面前表现出无所谓的样子，他是这样为队员减压的：“不过就是一场比赛，凑巧叫决赛；比赛必然有对手，碰巧对手叫××大学”“我们就是要抱着必输的态度去比赛”，如此一来，队员的心理负担就减轻了许多，全神贯注于比赛的技术准备，到了赛场轻装上阵，对方反倒显得紧张，完全处于防守，结果不言而喻。

还有一种情况刚好相反，主观上判断对方处于弱势，于是盲目自信，认为对方不堪一击，胜负已定，比赛不过是走走程序而已。面对这种情况就要及时泼凉水，骄兵必败，任何比赛都不能小看对手，因为比赛的不确定性很大。这一方面是出于尊重对手，比赛场上表现出的不屑一顾，甚至冷嘲热讽，都会被评委和观众认为没有涵养；另一方面，弱队打败强队的事例不胜枚举。赛前被认为是弱势的队伍，比赛中往往表现超常。因为他们没有包袱，摆正心态，放手一搏，绝处逢生；他们会举全力强化训练，甚至请来高手指点迷津，而强队则由于自大而疏于准备，比赛中面对方凶猛的攻势而手足无措，最后败下阵来。

那么,队员能不能做到客观或者实事求是地评价对方和自己呢?这不可能。评价本身就带有主观色彩,这似乎是个悖论:评价者是人,而人有主观性;却要求去客观评价他人。鲁迅先生曾经说过,“解剖自己比解剖别人难”,其实,“解剖”别人也不容易,因为辩论的“解剖”是双方的互动行为,即双方既要解剖自己也要解剖对方,这就很难保持中立,自然有主观倾向性。而且,对方准备的资料也不可能完全为我方掌握。因此,实事求是这个“事”难以“实”,也就不能准确地求“是”了。要做的就是“削峰填谷”,这是借用电力术语,即通过一定的手段,降低电网的高峰负荷,提高低谷负荷,使发电、用电趋于平衡。当队员们因为觉得对手不如自己而志得意满时,就是适当降低他们的自信度,使其冷静,同时,引导他们将情绪化渲染转化为理性的探究。当队员们觉得对手强于自己而灰心丧气时,就要适当提升他们的自信度,使其充满希望,及时对他们发现和解决的每一个问题给予肯定的评价,以此强化他们的获胜欲望。

(二)辩题有利或不利时的调整

辩论过程除了受到对手的影响,还会受到辩题的影响。一般来说,正反双方的辩题相对比较均衡,双方的辩论空间基本相等。但是也有例外,有时会出现这样的情况:辩题双方的空间不对等,甚至一方几乎没有空间。遇到这样的情况怎么办?比如,有一次比赛,辩题是“国企振兴的关键在体制改革还是在技术创新”,当时全国上下都一致认为国企改革首先要进行体制改革,这样的背景对反方很不利,无法确立大前提,整个立论陷于停滞状态,全队于是悲观起来。教练此时要做的就是如何恢复和增强队员的自信,他一方面在队员面前做出胸有成竹的样子,队员见教练如此平静,也就平静下来了,另一方面让队员们集中讨论辩题,以此转移注意力。果然,集思广益,终于找到了破解之法,队员一下子信心暴涨,情绪也“阴转晴”,比赛由此获得胜利。

此外,当抽签得到更有利于本方的辩题时,同时也意味着更不利于对方,于是本方信心爆棚,以为辩题似乎是为本方定制的,对方基本没有什么辩论空间,这种心态很容易导致比赛“翻车”。有一个辩题“逆境有利于成才还是顺境有利于成才”,反方很高兴,以为这辩题正方没有什么辩论空间,基本就是为自己量身定制的。全队都沉浸在预期的胜利之中,很难集中精力分析辩题。可是到了比赛中,却因为辩题中一个关键概念“成才”没有给出定义,被对方抓住不放，差点导致本方“翻车”。

通过这两种截然不同的遭遇，可以使我们得出这样一个结论，那就是：顺不骄逆不馁，要保持心态平和。当“你”觉得自己处于有利地位时，不要因此而骄傲自满。其实“你”这个所谓“有利”，不过是自己的一厢情愿，一种主观判断，甚至可能是一种自我欺骗；当“你”感觉到自己处于不利地位时，千万不要悲观失望，因为“不利”也同样不过是自己的主观判断，不过是没有找到正确的路径。对此，我们应该这样暗示自己：正因为不利，才给了我们另辟蹊径的机会。事实上也是如此，身处逆境，只能硬着头皮创新，否则只有死路一条。

二、赛中心理调整

比赛过程中包括临上场前和场上两个环节。竞技比赛往往有这样的心理状态，越临近比赛，越是焦虑，总是怀疑自己的准备和能力不足，这其实是在为自己可能的失败预设理由。既然是竞技，出现焦虑也很正常，焦虑产生压力，压力可转化为动力。但是这需要进行心理辅导，将焦虑控制在正常范围之内。否则，焦虑容易放大，超出负荷，而且，这种情绪还会从个体传染至全队，导致整个队伍惴惴不安。

（一）上场前心理调整

在临上场前一两天，必须对辩手们进行心理调整。当然，这种调整不是那种常见的宣传鼓动，诸如“你们肩负着学校的期望”“全校师生对你们充满期待”“我们要有信心拿下这场比赛”之类的口号，这样的“调整”只会强化队员的焦虑。有效的心理辅导只能从“心”进行，首先，要维护队员跃跃欲试的心态，这种心态往往也伴随着焦虑，这是必要的，如果一点焦虑都没有，那不符合常理。但是，随着比赛的临近，焦虑程度将越来越大。到了决赛，离冠军只有一步之遥，稍微一点闪失即成“千古恨”，这时真的压力山大，如果放任不管，不及时进行心理辅导，比赛时会抑制真实水平的发挥：表情紧张，反应呆滞，语无伦次，配合失序，等等。如何心理辅导，比如，做一些游戏，让大家暂时转移注意力；放下手头的资料文本，聊天开开玩笑，大家一块散步；等等。有一次全国比赛，参加者包括全国上百所大学，比赛历时三个月，有支队伍一路打进决赛，而决赛的对手可是全国数一数二的大学。队员都很亢奋，表示机会难得，一定要战胜他们夺取全国总冠军。当然，队员这种心态值得肯定，但是，这也很容易转变为超强压力：一是自己万一不能扬名立万的压力，全国总冠军的荣誉确实诱人，一生就这么一次，要是得不到将遗憾终生；二是自认为来自学校的压力，尽管学校并没有定任何目标，但总觉得获得亚军就是失败。这就需要及时对他们进行心理调整：我们比赛不肩负什么期望，没有义务去实现什么意义，不过是为了展示自己的形象风采，全校几万学生，只有你们四个有这个机会。这样的一些言语，使队员们从"意义"拉回到辩题，潜心研究，由此卸下了心理负担，结果赛场上超水平发挥。

就辩手个人来说，临场前的心理辅导更为关键。因为越临近比赛，队员的心理焦虑越强，这其实是对压力的一种正常反弹，但是，会有个别队员反弹强烈，表现出寝食不安、失眠等情况，严重的甚至出现强迫症状。有一次在比赛的前一天，一位辩手突然啜泣，他觉得自己太无能了，快要上场了竟然大脑一片空白，原来准备好的都想不起来了。虽然对他进行心理辅导，但为时已晚，只好放弃，用另一名陪练队员替补上场。其实，他原本就有强迫症，追求完美，不容许自己有瑕疵，一旦发现，就必须消除，不然就会失去自信心，可惜教练平时只关注队员的思维状态，或多或少忽视了辩论的主体——队员的心理状态。这个教训告诉我们，辩手的心理调整也应该纳入比赛训练的内容。比如，有一次全国比赛，某方四辩有比较明显的强迫心理，越是临近比赛焦虑越强烈，也就越不自信。作为四辩，他的总结陈词不做文本准备，而是靠临场捕捉，只是陈述意义部分需要和教练讨论，这个时候，教练就在和他讨论意义时给予他积极的暗示，使之信心倍增。比赛中，他陈述时的语言风格和姿态表情展示出他鲜明的个性，甚至成为当时高校辩论的范本，他也因此成为全国大学生辩论界的典范人物。

（二）场上心理调整

在比赛现场，教练对队员的心理暗示作用也不可或缺，比赛中，教练绝对不能离开现场，他必须坐在台下，与台上队员成对角线，队员轻轻扭头就能看见。事实上，此时教练比队员还紧张，毕竟这场比赛也倾注了教练的心血，尤其冠亚军决赛。但是，越是临近比赛包括决赛，教练就越不能在队员面前表现出对获胜的渴望，这会给队员增加压力，而要做出若无其事的样子。这需要教练自我心理调节，平静地看着比赛中的本方队员。当队员的发言精彩时，教练要不失时机地向队员高高伸出右手，竖起大拇指表示赞赏，这会给队员增加信心，增强气势。当队员遇到挫折处于低潮时，教练就要面朝队员，满脸微笑，向他们传递信任和安慰。这种无声交流，将台上台下融为一体，营造出一种激励的心理氛围，形成“流动的整体感”。

有一位四辩，酷爱学术，很有些学究气，说话总是作深思状，不疾不徐。这样就会影响到表达的语速，给人吞吞吐吐之感，这可是辩论的大忌。他也越来越强烈地意识到这一点，临到决赛时，他的信心动摇了，向教练提出更换辩位，不再担任四辩，临阵换将乃辩论之大忌。这个时候，教练就不能仅仅用宣传教育来给他鼓劲，这很可能产生反作用，使他的自信心加速弱化。此时，教练告诉他，他的吞吞吐吐不是他的弱点，而是他的特点，然后告诉他为什么：第一，他表达的内容学术味道重，这正合评委的口味，评委都是来自高校的学者，对学术性的东西有倾向性；第二，参加比赛的队伍中，只有你一人有这个学术味道，这就是与众不同，就是特点；第三，你“吞吞吐吐”的是你的学术观点，说明你对这个问题有比较深入的研究，而不是仅仅从辩论来考虑。如此这般，这位四辩一下子找回了自信，在决赛中有超常的发挥。

上述所说的心理调整，是由教练主导，但是，辩手不能满足于被动接受这种心理辅导，而是应该主动自我调整。尤其在比赛中，有时候对方出奇招，完全出乎自己预料，此时很容易因紧张而失方寸，最后自乱阵脚。为了因应这样的情况，平时就要加强这方面的训练，结合辩论的特殊性，有针对性地利用心理学的一些知识和心理调整的技术，这样，当他们遭遇场上的变故时，不会因为出乎意料而惊慌失措，而会冷静下来，调整心态，厘清思维，寻找出路。有一次比赛，没想到反方剑走偏锋，其立论完全出乎正方的意料，更没有想到的是，正方几位辩手全神贯注聆听，然后不约而同在纸片上写下同样的两个字，这两个字正是反方的漏洞。于是在后续的辩论中，正方紧紧抓住这个漏洞，不断扩大战果，最终取得了胜利。如果没有平时的心理训练，面对这突如其来的变故，他们大概率会惊慌失措，自乱阵脚，由此导致整个辩论体系崩溃，结果可想而知。

三、赛后心理调整

比赛后的心理调整，集中到两点，就是胜不骄败不馁。这说起来容易，至于要以什么方式去做，效果怎样评估，都需要进行探索和实践。

（一）“败不馁”

所谓“败不馁”，即失败后如何及时调整心态，因为这不仅仅是辩手个人的心理健康问题，更是关系到重振和维护全队士气，使辩论队正常健康发展。尤其是有的队伍第一次参加全国比赛，学校领导当然很重视，时不时来勉励大家：为学校争光，重在参与。慢慢地，队员们感觉到肩膀上不但要负担辩题的解读，更要肩负起学校的期望，尤其是后一个，形成了队员想赢怕输的心理，因为输了就是辜负学校全体师生的期望。这往往使得队员们在比赛中仿佛戴着脚镣跳舞，瞻前顾后，老是放不开，这容易导致比赛被动而失利。接下来就是，回到寝室后队员们悲痛欲绝：如何见江东父老。此时，教练或老师就要及时调整心态：我们是第一次参加全国比赛，就是为了开开眼界，为以后积累经验。现在大家赶快哭，从明天起，每人带着小本子去现场观看比赛，并且做记录，回来后一起讨论，这个机会难得。用这种方式，一方面让大家宣泄不良情绪，另一方面也给大家布置任务，转移注意力，尽快恢复常态。这种做法比较容易奏效，大家很快平复了心情，把精力转移到观摩学习上去，把失败的沮丧转变为学习的动力。

（二）“胜不骄”

这不仅仅是一个保持谦逊的态度问题，更是一个化荣誉为动力的心理过程。获胜了，大家都高兴，漫卷资料喜欲狂，都沉浸在自豪之中，但是这种“狂”也只能是一时的情绪宣泄，结束以后还得回归常态。大家都会想着冠军这荣誉对于自己、家庭、学校甚至将来职业生涯的作用或意义，尽管有些功利，但也是正常心理，享受荣誉，天经地义。但同时也要检讨，今天的比赛在技术层面还有没有不足之处，这不仅是为了防止骄傲，更是为了提高自己的辩论水平，胜利往往会掩盖自己的不足与过失，会产生晕轮效应。因为荣誉，很容易滋生骄傲情绪，荣誉越大，骄傲的指数越高，于是，生出“一览众山小”的自负心理，目空一切，自以为是，导致出现人际交往障碍。所以，这个时候，我们既要充分享受胜利的喜悦，毕竟来之不易。同时，通过“复盘”，让我们的心态回归到刚刚结束的比赛中来，由此既可以保持谦逊的风度，同时发现自己的漏洞，并寻找提高的空间。一支优质的队伍，优就是优在把辩论视为一种竞技博弈，不论胜负，都专注于过程的完整和严谨，面对结果一律淡然处之，一切的努力，都是在比赛中为观众呈现出有特色、有个性、有风格的思想盛宴。

下编

辩论实践

第六章　辩题审读

辩论题目不同于作文题,也不同于社会争议的问题。作文题只是单方面表达自己的意思和取向,社会争议的问题,虽然是不同观点的争论,但这种争议不规范,往往容易意气用事。所谓辩题,就是辩论的主题或话题,它来自社会有争议的问题,也来自人们在抽象层面的不同观点,但它本身不是争议的问题和不同观点的移植,而是按照辩论的要求打磨之后成为辩题,它具有这样的特点:一是双方的立场必须针锋相对,或者相互否定,或者非此即彼,这是辩论能够辩起来的前提;二是双方的立场都不可能完全成立,都有不尽完善之处,这是双方能够辩起来的理由。

审题是辩论准备的第一步,当你拿到辩题时,你首先可能需要了解这样一些内容:确定这个辩题的类型,出题的意图,辩题的背景,概念界定,确定哪些概念是关键词,辩题的价值意义,当然,还有预测对方对辩题的解读,等等。这些都是审题的任务,而且一个都不能少。

第一节　辩题背景

什么是背景?《现代汉语词典》的解释是:对人物、事件起作用的历史情况或现实环境。[1] 也就是说,人物的活动、事件的发生都不是孤立的,都有外在力量的影响,这个外在力量就是背景。什么是辩题的背景?就是对辩题内容起作用的历史情况和现实环境。其实,任何辩题都是问题,而任何问题都来自社会、自然,辩题来自社会。这个三段论应该能够成立。比如,辩题"信息碎片化提升了还是降低了人们的认知水平",我们就必须了解当今社

[1] 中国社会科学院语言研究所词典编辑室编:《现代汉语词典》(第5版),商务印书馆2005年版,第60页。

会信息化是一个什么样的状况，信息是如何被碎片化的，它对人们的认知有哪些影响，社会对此有何看法，政府对此有什么对策或政策，等等。只有了解到这些我们才能给辩题定位，也才能从中形成整个论证的依据和前提，即所谓“以事实为依据”。

为什么辩题需要背景？辩题无背景，就像一个人没有家庭一样，无根的浮萍。这种没有背景的辩论我们时常看到，往往就是纯粹的形式逻辑之辩，干巴巴的几条筋。辩题游离于形成它的社会背景之外，这样的辩论辩手辩得辛苦，听众听得难受。为了使辩论有内容有生活有故事，所以才要求辩题不能离开产生它的背景。更为实际的是，我们辩论的前提就是建立在背景之上的。有人曾经认为，辩论的前提是公理，那是形式逻辑的规定，如果真有这样，一方可以用公理作为前提，那另一方怎么办？因为不可能有两个相互对立的公理。如果有，那辩论将成为公理之辩，这就偏离了辩论的要求。而背景虽然是事实，但是，事实的解读各有不同。所以，双方都可以用背景作为自己辩论的依据和前提，关键在于如何解读这些构成背景的事实。

怎样寻找辩题的背景，这是本章的重点。首先我们从两个方面来研究这个问题：一是辩题背景分类；二是如何收集背景资料。

一、辩题背景分类

如前所述，背景包括历史情况和现实环境，那么，辩题的背景自然也不例外，也有历史的也有现实的，亦即所谓辩题的前世今生。按照这个依据，我们可以把辩题的背景分为历史背景与现实背景。

（一）辩题的历史背景

任何辩题都来自问题，而任何问题的产生既有纵向的历史原因，也有横向的现实原因。而辩题的历史背景，是辩题产生的深层次因素，这在文化类辩题中比较突出。比如辩题“现代社会，男人更累还是女人更累”，这个辩题的历史背景要从劳动分工说起。首先是农业社会，中国男人从来都是家庭的经济支柱，因为那是农业社会，劳动主要依靠肌肉的力量，这方面男人占有先天的优势。另外，古代家庭劳动分工都是男耕女织，所以，女人也不轻松，虽然不是主要的经济来源，但生育和家务劳动也够繁重。其次是工业社会，体力劳动逐渐被机器所替代，但是男人在受教育方面比女人有更多的机会，这时妇女开始争取受教育和就业的权利，开始大量进入职场，同时法律倾向于保障妇女的权益,比如同工同酬,等等……当然,这只是一种示范,真正的背景资料远远不止这些。这方面的辩题还有很多,比如"门当户对是不是过时的婚姻观""知难行易还是知易行难""女士优先是否有助于性别平等",这些都具有很深的历史底蕴,需要深入的挖掘。

毕竟辩题更多的是现实之辩,其历史背景还需不需要挖掘呢?从辩论的角度,我们不应放过任何历史的蛛丝马迹。比如当下频率最高的辩题是关于人工智能、互联网方面的,比如,"人脸识别运用于公共管理利大于弊还是弊大于利""自媒体时代,让我们离真相越来越近还是越来越远""人工智能对人类的发展利大于弊还是弊大于利"等,这类辩题也有历史背景,即人类发明工具的历史。人类最先发明的工具是人手和脚的延长,这些发明只是物理性的,而近一百年来,随着电子技术的发展,人类开始了对智能的开发。从开始的用机器计算代替人类的计算,到现在机器推理、算法大数据等,随着时间的推移,人工智能将在很多领域施展身手……这其实就是对人工智能的历史进行挖掘,如此,才能使这类很具现实性和当下性的辩题具有历史的纵深感。

还有一类辩题,它主要是一些格言警句。一般来说,格言警句是人类的经验和智慧的结晶,经历了漫长的历史过程。但是,辩论的本质就是质疑,而不论它是什么,有些格言警句由于时代变迁,出现了一些可以质疑的空间。比如辩题"知难行易还是知易行难""钱是不是万恶之源""人性本善还是本恶""寒门难不难出贵子"等,这一类曾经是共识,但到了今天却受到了质疑。当然,这个质疑不是否定它的价值和意义,而是探究支持它的论证过程。因此,这类辩题的历史背景不是寻找事实,而是挖掘形成这个观点的来龙去脉。比如,"人性本善还是本恶",我们要了解这个观点是什么时候出现的,当时提出这个观点的依据是什么,有没有这方面的论证,这个观点后人有没有质疑或发展,等等。这样一来,这个辩题就摆脱了单纯的逻辑之辩的枯燥乏味,而是被赋予了深厚的历史底蕴。

(二)辩题的现实背景

当然,总的来说,任何辩题都是当下之辩,用句现成的话,叫作联系现实。离开了现实,辩题就失去了社会意义,没有社会意义的辩题仅仅用来插科打诨娱乐自己或大众。从分类来讲,辩题的现实背景可以根据辩题的内容进行分类,如此一来,有多少不同内容的辩题,就有多少不同的分类。比如,"法律的生命在于逻辑还是经验",一看就知道它的背景只能从现实的司法实践中去寻找；又如，“经济发展优先于环境保护还是环境保护优先于经济发展”，这个自然侧重于经济方面，我们就要从当下我国经济和环保这两个方面去解读；再如，“城市发展将更多体现人类文明的趋同性还是差异性”，这个辩题倾向于社会学领域，它的现实背景只能从当下中国城市发展的情况入手。

1. 问题型辩题的现实背景

问题型辩题的现实背景到底要收集哪些方面的资料。我们以辩题“经济发展优先于环境保护还是环境保护优先于经济发展”为例，一般来说，要收集的背景资料包括：(1)该辩题所涉及的现实状况。现在中国经济发展和环境保护的基本情况，东西南北有什么差别，哪些地方做得好，哪里做得不够，原因是什么。(2)该辩题所涉及的法律政策。中国经济发展和环境保护的法律、法规和政策，这些制度性安排产生什么效用。(3)该辩题所涉及的数据。如 GDP 增长率、中国高铁的通车里程、环境污染及其治理的数据等。(4)选择具有普遍性的典型事例。这个选择的依据不是立场，而是事例本身的价值，正面负面都需要。(5)横向比较。从辩论的角度，这种横向比较的对象主要有欧美主要发达国家，以及日本、韩国等，这种比较为本方辩题解读进行定位。

当然，列出五个方面的背景内容是针对这个辩题的，并非所有的辩题都必须是这五个方面的背景，这要根据辩题本身来确定，这叫具体辩题具体确立。

一般来说，这种类型的辩题所涉及的背景基本上都差不多，比如辩题“信息碎片化提升了还是降低了人们的认知水平”“城市发展将更多体现人类文明的趋同性还是差异性”“大学教育应更注重人文精神还是科学精神”。

2. 哲理型辩题的现实背景

所谓哲理型辩题，就是前面所说的格言警句式的辩题，其现实背景与上面也有所不同。比如“钱是不是万恶之源”，其背景应该有这些：一是金钱在当下人们生活中的作用；二是很多犯罪都与金钱有关；三是我国金融行业的发展情况；四是刑事犯罪与民事纠纷中与钱有关的事例或数据；五是国家或政府如何引导人们正确对待金钱。因为这个辩题看似抽象，其实很具体，它直指我们的现实生活。

诚然，现实社会丰富多彩，辩题的现实背景自然也是多种多样，我们在确定辩题的现实背景时，一定要紧密结合辩题的内容，既不过于宽泛，也不过于狭窄，这样才能充分起到本方论证前提的作用。

二、辩题背景资料的判别

现在查阅和收集背景资料一般通过网上进行，互联网上的信息达海量级别，但是这海量信息中有很多是泥沙混杂、真真假假、虚虚实实，如果不进行判定，一方面，无法知道资料作为前提的价值，这有可能遗珠；另一方面，也有可能以假充真，这在比赛中一旦被对手或评委发现，将陷入被动局面。由此，对资料的价值进行判定和鉴别，不可不慎重，这是确定辩题背景的必经程序。

（一）判定背景资料价值

在网上，跟背景有关的资料应该浩如烟海，如果一一收集，那这辈子就甭想干别的事了。因此，对背景资料的价值进行判定，这甚至比收集资料本身更重要。其实，查阅资料，“查”就是寻找，就是众里寻它千百度；而“阅”指的则是判定，在这个意义上，资料的价值是“阅”出来的，由此，所谓判定其实就是通过“阅”来实现。这需要辩手的阅读能力，这个阅读不是理解，而是能够读出资料的有用性。什么叫有用性，就是一则资料对于本方论证的作用，比如，本方辩题是“逆境更有利于成才”，关于这个方面的背景资料上下五千年纵横几万里，如何在这资料的烟海中判定出你觉得最有用的部分，需要做的是：

第一，对历史背景资料的价值进行判定。一般范围是古代中国和古希腊，典型人物如先秦诸子的言行，以及后世名人的名言及事迹；古希腊亦然，接着就是那些伟大的科学家思想家文学家的言论及事迹。此外，那些一般的人物及事迹由于其典型性不够则可以舍弃。这些人如雷贯耳，作为论证前提，可以强化论证过程。比如孟子比较赞成逆境有利于成才，他的名言：“天将降大任于斯人也……”但是，他的成才也有“孟母三迁”的背景。

第二，对现实背景资料的价值进行判定。可能有人形成这样的思维定式，既然历史资料的价值是以名人名言及事迹作为判定依据，那么现实背景资料也应该如此。其实不尽然，就成才而言，当下社会随着教育的普及，以及社会的日益多样化，成才的标准和路径也多种多样，顺境和逆境的状况也完全不同，比如古代的凿壁偷光、照萤映雪的情景早已不复存在。而且，典型人物作为判定价值标准也存疑，因为不具有普遍性，不具有普遍性就难以成为前提。因此，现实背景资料的判定，一方面要关注其典型性，另一方面更要注重其普遍性。

(二)鉴别背景资料真伪

经过细心判定,终于选出了有价值的背景资料,但是,这还不能用于辩论,还得对其真伪进行鉴别,不然,就有可能将一些虚假的资料作为背景,用来论证观点,如果被对方发现并且加以指出,这就成了硬伤,其结果可想而知;如果被评委察觉,这将大大降低对你方的评价。资料的价值大小只能说明阅读资料的能力,但如果被发现资料是假冒伪劣的,那很有可能被视为态度问题,态度本身就是一个价值问题。因此,对收集的背景资料进行鉴别,这是判别资料的最后一个环节。

1.通过资料出处鉴别真伪

所谓出处,即资料由谁发布。换言之,就是资料的发布者是谁。一般来说,如果是国家机构或媒体,资料的真实性比较可靠,因为他们代表国家形象,不会拿自己的声誉开玩笑。比如数据,国家统计局应该是顶级权威机构。当然,资料大多是经媒体发布,这个发布者的层级也是鉴定的依据,如《人民日报》(人民网)、《光明日报》(光明网)、《中国青年报》(中青网)、《法制日报》(法制网)等,还有期刊,如国家级核心期刊等。这些报刊可以保证资料的真实性。

是不是只有国家级媒体的资料才是真实可靠的?当然不是,各级政府部门及其媒体的资料同样具有真实性与可靠性。一般来说,资料相同的情况下,优先采用国家级,然后根据层次排序。资料不同的情况下,采信国家级媒体。

2.通过验证鉴定真伪

有些资料假冒国家级媒体的名义发布,如果不进行验证,则容易上当受骗。一般来说,这些假冒正规媒体的资料在内容上没有实质的错误,但是这种假冒本身就导致了论证前提的虚假。如何鉴定,那就是进入该媒体官网进行验证。一般来说,正规媒体都有官网,假冒者是不可能进入官网发布信息的。所以当“你”拿不准手边资料是否真实可靠时,那就在搜索栏中输入该资料的出处,点击鼠标,一切尽在眼前。比如,有一次查到我国耕地红线是18亿亩,输入百度果然是这样,但还需要进一步验证,即这个数据的最权威出处,结果在中国人大网上查到:这个数据出自中华人民共和国中央人民政府网站,2007年3月5日,时任国务院总理温家宝在第十届全国人民代表大会第五次会议上作的《政府工作报告》中提出，“一定要守住全国耕地不少于18亿亩这条红线”。这应该是最权威的出处了，如此大大强化了论证的前提。

但是，背景资料并不都来自国家媒体，甚至官方媒体，很多资料来自自媒体，这个时候就需要多方验证。因为自媒体往往为了追求点击量，有时候也会只求吸引眼球，而不注重求证。如果要将这些资料作为背景，就必须经过验证，可以用互证的方式，多搜索几个网页，看看是不是相同，这些网页必须是经过注册的。比如，2019年曾有一篇网文《一个出身寒门的状元之死》，讲述了作者一位寒门出身的同学，高考成了本市理科状元，大学期间辛劳打工，为妹妹攒钱读书，最终因胃癌去世。这个资料作为辩题“寒门难出贵子”再好不过了。但是，经过验证发现，原来是编造的故事。

第二节　辩题类型

分类在辩论中具有至关重要的作用，可以这样说，思路清晰在很大程度上体现为分类的清晰。辩题需要分类，这个分类主要不是为了把辩题分门别类“码放”整齐，而是实实在在为了辩题的解读。事实上，在辩论界，关于辩论有不同的分类，比如将辩题分为事实型、价值型和政策型。事实型辩题，辩论事物与事物之间的某种因果关系的真假，科学研究中的学术讨论、法庭上控辩双方的辩论等所涉及的往往就是事实性辩题。价值型辩题，辩论某个信仰、价值或事实是正当的，或是与辩题定义及评判标准相符合的，事关伦理或道德的社会性问题的辩题一般多属于价值性辩题。政策辩题:辩论是否应通过一个新的政策或行动方案，一种以某项政策或行动计划是否必要、是否可行等为关注重心的辩题。政策性辩题往往出现于立法、决策以及各种谈判活动之中。

首先，从分类来说，有交叉之嫌，我们知道，一次分类只能有一个标准，而这三个分类用了两个标准。其次，从性质来看，也存在交叉，事实型辩题中有价值，价值型辩题中有事实，政策型辩题中既有事实也有价值。最后，辩论是逻辑之辩，事实、价值、政策都必须建立在逻辑之上。比如辩题“自媒体时代，我们离真相越来越近还是越来越远”，这应该是事实型，因为辩题讲的是一种即将到来的事实，但是，这里面也有价值。其实，任何辩题如果没有价值，这个辩题就失去了意义。同样，任何辩题，如果没有事实，这个辩题就成了空中楼阁。还有一个政策型，这种分类标准显然与事实型价值型不一样，如果同时分类，这就违反一次分类只能用一个标准的规则。政策型辩题离开了事实和价值，还能辩什么呢，任何政策都是以事实为依据，以价值为导向。

事实上，将辩题这样分类是基于学术讨论、法庭辩论、政策制定以及社会伦理问题的争论，而辩论是一种制式的竞技比赛，其分类应该根据正反方所持辩题的逻辑关系来分类，那么，根据这个理由，我们将辩题分为五类，其中前三类在辩题中占绝大多数。矛盾型、对立型和比较型。

一、矛盾型辩题

所谓矛盾，就是双方所持的辩题不能够同时都是正确或错误的，即不能同真也不能同假。具体形式是：A 与非 A，即“是”与“非”，双方一方肯定另一方否定。比如辩题“钱是万恶之源还是钱不是万恶之源”，这里，正方持肯定立场，反方对正方持否定立场。这类辩题似乎攻守分明，正方力求证明本方立场，而反方则努力否定正方立场。在辩论实践也常常是这样，但这样一来，反方似乎就显得有些单薄，因为只有立场，而没有自己的观点，这样很危险，假如正方这样质疑：“反方辩友，请问你方的观点是什么？”反方总不能说，“我方不需要有观点，我方只要否定你方的立场就行了，因为这是辩题规定的。”这样回应似乎正确，但是，一场辩论，一方提出自己的观点，而另一方只是否定对方，而没有自己的观点，这如何能形成观点的交锋。按照规定，反方没有必要提出观点，但从辩论的需要来看，反方应该提出自己的观点，以使整场辩论比赛丰满。回到刚才的辩题上，如果正方问：“你方认为钱不是万之源，那么请问，钱是什么，什么是万恶之源？”如果反方还是一味坚持不提出观点，正方就会这样追问下去：“辩论是观点的交锋，对方仅仅是否定我方观点，自己却提不出观点，那我们如何交锋？”

如果反方还是坚持到底，那在气势上就让正方理直气壮起来，这在反方显然不愿意。为此，就应该提出本方观点，比如提出“钱只是一般商品等价物”或者“欲望是万恶之源”，这样，有了自己的观点，就有了防守的底线，给自己留出了缓冲空间，辩起来就顺畅多了。

总的来说，矛盾型辩题比较容易分清，只要一方辩题中有表示否定意义的词，基本上就是矛盾型辩题。比如：

“题海战术有利于学习成绩的提高还是题海战术不利于学习成绩的

提高”

“微信红包让过年更有年味还是微信纸包让过年更没有年味”

“大学英语四级考试已经失去存在价值还是大学英语四级考试仍然还有存在价值”

“明星有义务成为大众的楷模还是明星无义务成为大众的楷模”

当然,也有个别的辩题有些似是而非,比如,“企业最好的决定不是关于战略而是关于人事还是不是关于人事而是关于战略”,这个辩题每一方都有“是”和“不是”,这就有些复杂,其实,如果了解后面的辩题类型,就可以迎刃而解了。

二、对立型辩题

所谓对立,就是双方所持的辩题不能够同时都是正确的,但可以同时是错误的,即不能同真但可以同假。这跟矛盾型不一样,矛盾型是 A 与非 A,而对立型则是 A 与 B,两者不是一方对另一方进行否定,而是双方都肯定本方立场。比如,“人性本善还是人性本恶”,正方肯定人性本善,反方肯定人性本恶。这样一来,很容易陷入各说各话,双方没有交集。对立型往往是概念的对立,比如这个辩题中的“善”与“恶”,二者之外还有第三种情况,即非善非恶,或者亦善亦恶。所以,如果双方各自只管证明本方观点,这辩论就只有“论”而没有“辩”了。而辩论的重点不在“论”而在“辩”,因此,为了使双方有交集,就应该否定对方,即非 A(B) + B(A),还原到这个辩题,那就是,正方:人性不是本恶而是本善;反方:人性不是本善而是本恶。如此一来,双方有攻有守,有论更有辩。

比较有代表性的对立型辩题如:

“大数据时代,我们活得更轻松还是我们活得更沉重”

“科技是人类的最终解还是文化是人类的最终解”

“信息碎片化提升了人们的认知水平还是降低了人们的认知水平”

“流行文化促进人文精神的推广还是阻碍人文精神的推广”

“自媒体时代,我们离真相越来越近还是我们离真相越来越远”

“法律的生命在于逻辑还是在于经验”

这些对立型辩题体现了这个类型的特点,那就是说,双方辩题中有两个概念是对立关系。“轻松”与“沉重”,“科技”与“文化”,“提升”与“降低”,

“促进”与“阻碍”,“近”与“远”,“逻辑”与“经验”,这两两相对的概念还可以有第三种状态或概念存在,所以,在辩论中一定要否定对方才能形成辩论必需的交集。

三、比较型辩题

所谓比较,就把有某些联系的两种或两种以上的事物加以对照,确定它们之间的异同及其相互关系。比较型辩题,就是双方的辩题构成不是肯定与否定,而是你中有我我中有你,双方的界线并不是那么分明,因此,相对前面两种辩题类型而言,比较型辩题可能是最多样最复杂。这其实也因应了社会的发展,社会中产生的问题并非总是那么非黑即白势不两立,也不是楚河汉界阵线分明,比如城市发展问题中,有经济的因素也有文化的因素,不可能将这两种割裂开来,形成对立,所要争论的可能哪个更重要或者以哪个为主,等等。再者,从决策的角度,往往是次优选择,即两利相较取其重,两害相较取其轻。比如“舆论之于司法利大于弊还是弊大于利”,“舆论之于司法”有利也有弊,两方都要承认这一点,这是双方辩论的平台,双方争论的焦点在于到底是利大于弊还是弊大于利。

比较型辩题的种类很多,归纳起来,有如下这些:

(一)主次之比

这类辩题在于两个方面都需要进行或者实施,但二者不能等量齐观,必须以一个为主一个为辅,方能最大化地达成目标完成任务。

比如这个辩题“治理中小学校园暴力,应该以教育为主还是以惩戒为主”,双方辩论的平台是“治理中小学校园暴力,既要教育也要惩戒”,双方争论的焦点是哪一个为主哪一个为辅。

这方面的辩论还有:

“代沟的主要责任在父母还是主要责任在子女”
“历史文化以保护为主还是以开发为主”
“环境问题的解决主要依靠法律手段还是主要依靠科技手段”

(二)侧重之比

这一类辩题构成比较的两个方面都重要,现在要比较的是哪一个更重要,或者,哪一个为重。比如辩题“西部大开发,引知更重要还是引资更重要”，这告诉我们，西部大开发，引知和引资都很重要，双方争论的焦点是，引知和引资哪一个比另一个更重要。同样还有一种是“为重”，比如辩题“大学以学习知识为重还是以锻炼能力为重”，按这个逻辑，“为重”的另一面应该是“为轻”，这样似乎不符合常理，就该辩题所反映的事实来说，学习知识和锻炼能力不可能分出重与轻，况且，如果另一方是“为轻”的话，这个辩题就“转型”了，转成了对立型。因此，根据常理和事实，另一方只能是“不为重”，但必不可少。唯其如此，才能使辩论正常进行。

这类辩题主要有如下这些：

“人的自我实现过程更重要还是结果更重要”

“经济扶贫重于知识扶贫还是知识扶贫重于经济扶贫”

“实现中国梦应更着重发扬优秀传统文化还是应更着重借鉴优秀外来文化”

（三）程度之比

这种比较往往有一个词来表明“更”，我们知道，“更”作为虚词有两重意义，一是表示程度，二是表示语气。作为表示程度的“更”在辩题里是这样的，比如辩题“接受现实更需要勇气还是改变现实更需要勇气”，首先双方得承认，接受现实和改变现实都需要勇气，双方争论的焦点是哪一个比另一个“更”需要勇气。换言之，就是需要的程度更深、更高、更强。

这方面的辩题主要有：

“自由更有利于大学生发挥潜能还是压力更有利于大学生发挥潜能”

“当今年轻人更应该从传统文化中寻找精神家园还是更应该从现代文化中寻找精神家园”

“拿得起比放得下更难还是放得下比拿得起更难”

“人际交往中坦率更有利于解决矛盾还是隐忍更有利于解决矛盾”

（四）“关键”之比

这类比较型辩题的关键词就是“关键”，即两者构成的关系中，哪一个处于关键地位，那么另一个则处于不可或缺但不是关键地位。比如辩题“机遇还是能力是成功的关键”，这里，成功必须具备两个要素：机遇和能力。但是，要争论的焦点是：哪一个在成功中起着关键作用，另一个起着非关键作用。

这类辩题有代表性的主要有：

“中国足球走向世界的关键在教练还是在体制”

“国企振兴的关键在体制改革还是在技术创新”

（五）“大与不大”之比

这类辩题的关键词是“比……（更）大”，即两个都不小，哪一个比另一个大或者更大。比如辩题“通俗文学和文学名著哪个影响大”，某一个大并不意味着另一个小，只能是“不大”，在这个辩题里，通俗文学和文学名著都有影响，要比较的只是哪个影响比另一个大。比如，辩题“道义比利益还是利益比道义对人际关系的影响更大”，这里双方得承认：道义和利益对人际关系的影响都大，只是哪一个比另一个更大。

这类辩题主要有：

“保障食品安全，政府的责任更大还是企业的责任更大”

（六）排序之比

这类辩题的关键词是“先”，表明二者的排序，双方的平台是：二者都在进行，争论的焦点是：哪一个为先。但有一个问题，是不是一个“为先”或“优先”，另一个就要“为后”或者“靠后”。从逻辑上，这没有什么不妥，但从情理上，似乎有些欠缺，因此，在辩论实践中，往往不做“为后”“靠后”的表述。比如辩题“实现中国梦，先富民还是先强国”，如果按照逻辑，双方的观点应该是：“‘实现中国梦，先富民后强国’还是‘实现中国梦，先强国后富民’”。这样听起来有些不合情理，而且也很容易漏出破绽：那要“先”到什么时候才“后”，或者，“后”与“先”之间需要有多大的时间间隔。于是，这个辩题似乎可以这样表述：“‘实现中国梦，富民在先，强国跟进’还是‘实现中国梦，强国在先，富民跟进’”。如此一来，既合情理，也堵住了逻辑上的漏洞。

这方面的辩题主要有：

“经济发展优先于环境保护还是环境保护优先于经济发展”

“情在理先还是理在情先”

（七）利弊之比

这个类型在比较型辩题中最为常见，其关键词是“利大于弊还是弊大于利”，这种比较在现实生活中经常被运用。生活在某种意义上就是无数次无数种的选择，而这些选择极少是最优，只有利没有弊；而更多的是次优，有利也有弊，于是我们就要进行利弊大小的比较，如果利大于弊就选择，反之则不选。这类辩题正是因应了这种社会常态。因此，在辩论中经常被用作辩题，这也算是紧密联系实际。

比如辩题“高校食堂引入社会企业竞争是利大于弊还是弊大于利”，双方的平台就是：高校食堂引入社会企业竞争有利有弊，争论的焦点在于：是利大于弊还是弊大于利。需要注意的是，这类辩题很容易在辩论过程中辩成了对立型，即有利无弊还是有弊无利，这一点我们在后面的立论部分要详细说明。

比较要有供比较的对象，也要有比较的共同基础。

四、“交叉”型辩题

这一类辩题并非如前面三类那样关系单一，这类辩题糅合了两种或两种以上的辩题类型，而辩论中只能根据某一类型进行，否则容易自乱阵脚。比如前面说的“企业最好的决定不是关于战略而是关于人事还是企业最好的决定不是关于人事而是关于战略”，这个辩题双方都有“是”和“不是”，是不是矛盾型和对立型的交叉，其实它只是对立型辩题，“不是……而是”不是判断，只是一个表示并列关系的结构。我们用对立型来还原：企业最好的决定是关于人事还是企业最好的决定是关于战略。那么，双方的立论中都必须否定对方，即非 A(B) + B(A)。还有一种辩题“诚信主要靠自律还是诚信主要不靠自律”，辩题里有“主要”也有“不”，如果按照矛盾型辩题，那么双方都偏离了辩题要求，它应该是“主次”比较的辩题，而反方的“不”是有限定的，只是“主要不靠自律”，但次要还是“靠自律”，所以，反方否定不是“自律”，而是“主要靠自律”。

这类辩题还有：

“爱江山更爱美人还是爱美人更爱江山”

“现代社会的选才标准应该以学历为主还是不应该以学历为主”

“遏止恐怖主义应该以武力为主要手段还是不应该以武力为主要手段”

“我国城乡统筹推进的关键在户籍制度改革还是我国城乡统筹推进的关键不在户籍制度改革”

五、预测型辩题

这一类辩题的关键词是“必然还是未必”“可能还是不可能”“也许还是

不会”“一定还是不一定”,等等。需要说明的是,这一类型的辩题不在我们辩题分类之列,是因为它们作为辩题基本上不用了。这类辩题不能适应辩论的要求,尽管生活中普遍存在这种推测或预测,但辩论是必然性之辩,而这种或然性显然难以进行。比如辩题“效率必然牺牲平等还是效率不必然牺牲平等”,正方是必然性,而反方就麻烦了,这个“不必然”是不是“或然”,即“不一定”,那就是“也许”,起码承认了“效率牺牲平等的可能性”,只是不是必然而已。这对于反方而言实在太难了,这使观点朦胧,思路模糊,逻辑紊乱。因此,这类辩题已经很少出现在辩论实践中。

这类辩题主要有:

“仁者无敌还是仁者未必无敌”

“男女平等是可能实现的还是不可能实现的”

“真正的爱情一定是天长地久的还是不一定是天长地久的”

“网络技术的发展必然给人类带来幸福还是未必给人类带来幸福”

第三节 概念界定

确定了辩题的类型,算是抓住辩论的纲,接下来要做的是对构成辩题的概念进行界定。这包括:划分该辩题的语词,并对每一个语词进行概念的界定,从中找出关键词,进行详细深入的分析。

一、概念的划分与界定

(一)概念的划分

概念的划分说起来比较简单,不就是一个一个的词吗,其实不然,词有实词和虚词,实词自然要划分,那虚词要不要划分。在有的辩题里,虚词可能不需要划分,而在有的辩题里,虚词甚至比实词更重要。

由于现代汉语词语一般是双音节,即由两个汉字组成,成语一般由四个汉字组成,所以这种划分就比较简单。但是,从辩论的角度,就不会那么简单了。比如辩题“统考制度有利于(不利于)创新人才的选拔”,如果以单词划分,大约可以有这些词语:统考、制度、统考制度、有利(不利)、创新、人才、创新人才、选拔。为什么要把词组分开又合并呢,这是因为,词组通常由两个单词构成，形成一定的内在关系，比如，偏正结构、主谓结构、并列结构、动宾结构、中补结构，等等，这些结构表明单词内在的逻辑或语法联系。比如“统考制度”就是一个偏正结构，中心词是“制度”，“统考”是限定“制度”的，同样，“创新人才”也是偏正结构，“创新”是限定“人才”的。先将词语划分到不能划分的地步，即单词，为对词语进行界定提供便利。这里有一个词“有(不)利于”，严格地说，这不是单词，但又不能拆分，不能把“有(不)利于”拆分为“有(不)”“利”“于”或者“有(不)利”“于”，这也有利于后面对概念的界定。

有些辩题里的虚词形成一种结构，比如辩题“革新技术比革新思想更重要还是革新思想比革新技术更重要”，这个辩题里，“比……更”是一个强调程度的结构，在划分中只有逻辑意义，没有实在意义。

这一类辩题中有“越来越”，比如辩题“当代人越来越需要(不需要)故乡”，这个“越来越”是用来比较人随着时间的推移而对故乡的情感变化。

因此，我们主张，在划分概念的时候应该是一个都不能少，宁愿这个划分没有意义，也不愿漏掉划分，因为这势必在比赛中导致“溃于蚁穴”的局面。有一次比赛，某队以为辩题中“好马也吃回头草”中的“也”微不足道，没有进行划分，结果在比赛中被对方在“也”中找出了破绽，结果处于被动，最终失利。

(二)概念界定与定义

划分了语词，还得对每一个概念进行意义上的理解，这叫作界定。有人问，是不是从书上，比如辞海中寻找概念的定义呢。这要看具体情况，一般而言，不主张用辞典中的定义或解释作为概论的界定，这是出于辩论的需要。辩论不是真理之辩，而是道理之辩，而道理不是出于客观的立场，而是出于本方的需要。道理具有功利性。另外，道理之辩又是通过逻辑之辩来表达的。而逻辑之辩又是建立在概念的基础上的。概念如果缺乏弹性，则势必使辩论的空间变得狭小。所以，在这个意义上，对概念的重新界定就显得尤其重要。

定义是对概念内涵进行严谨的科学的揭示，并且由此划分出外延。而解释是从语言学的角度对概念的内容进行阐述，其严谨性不如定义。比如“人生”，定义应该是“个体的物质生命过程，通常指人的一生”，而解释则是“人的生命历程”。

一般来说，概念要了解其内涵与外延，就应该进行定义，但是，在辩论中，我们还是比较主张不用定义而用界定。所谓定义，是对于一种事物的本质特征或一个概念的内涵和外延的确切而简要的说明；或是透过列出一个事件或者一个物件的基本属性来描述或规范一个词或一个概念的意义。而所谓界定,即划定界限,确定所属范围。这是二者内涵的不一样,相对来说,定义严谨,界定宽泛。定义一般在学术研究中使用,而界定则更多用于现实生活,尤其是在口语传播中,而辩论不是学术研究,当属于口语传播,面向的是普罗大众,不是专家学者,这样,不用定义的理由就充足了。一是受众不是专家学者,是一般大众;二是辩论的问题并不学术;三是受众是用耳朵听,不是用眼睛看。根据传播学理论,只有通俗的语言才能够为大众低成本地接受,因此,对于辩题中概念应该用界定而不宜用定义。

比如辩题"生命诚可贵爱情价更高还是爱情诚可贵生命价更高",正方对"爱情"的定义:"两性之间建立在心理、生理、伦理之上的相对稳定而持久的情感,它是与平等、奉献、自由等构成了人类的精神价值体系。"而"生命"则是:"人自然的生理状态,是人类精神价值体系的承载平台。"如果用有声语言表达,大众能在第一时间听进去的不多,因为语言太学术,而反方的界定就很简洁明了:"假如生命是一条长河,爱情不过是长河里的一朵浪花。"短短两句大白话,用了一个极其通俗的比喻,话未落音,观众立马明白。原因就在于,"爱情"和"生命"这两个概念并不生僻,人人都知道,在这场辩论赛中,双方要做的不是对这两个概念进行定义,而是用通俗语言让观众明白二者的关系。

当然,我们也不一概排斥定义,但必须有一个要求,那就是定义必须通俗易懂,尽量非学术化。

(三)概念界定的依据

定义比较固定,没有弹性,因为学术研究对于概念定义尤其注重,要求定义必须能够充分揭示内涵。而界定则不然,它往往跟语法相关,概念借助于词语表达,一个概念可由一个词语表达,也可由多个词语表达。同理,一个词语可表达一个概念,亦可表达多个概念。一个词语的含义是多方面的,有原始义、本义、比喻义、引申义等,因此,在不同的语境中,它表达的概念往往是不一样的。比如,"愚公移山"中的"山",既可以从本义理解,是一座物理意义上的山;也可以比喻义理解,是一个很大的困境或难题。由于这是个寓言,故从比喻义上理解更合理一些,它表达的是困难、险阻、邪恶势力之类的含义。明确了词语所代表的含义之后,接着就要对它的内涵和外延进行界定,这个界定也只能由"愚公移山"的比喻义而不能用定义来明确。

概念界定不能随心所欲，也有一定之规，主要在于：一是尽量倾向于至少不违背本方立场；二是不违背该语词的基本意义；三是界定应尽量显示中立，淡化价值属性。比如：统考，顾名思义，就是统一考试，但这势必是循环定义。再深入研究，统一考试是统考的一种形式，而其核心应该是：在一定规则下的统一考试，包括书面的和非书面的。其实这还不是我们所需要的界定，还应该根据本方的立场来进行。比如说正方，应该在对“统考”的界定中增加其正面的价值；而反方则应该增加其负面的价值。这样一来，双方对统考的界定在价值上可能不一样。比如正方，就可能界定为“在公平规则下的统一考试”，而反方，则为“在既定规则下对人的智能进行统一考试”。正方暗示规则的公平性，而反方则暗示规则的僵化性，众所周知，“智能”其实是难以考试的。

正因为如此，概念界定是“辩”家必争之地，双方都会将概念朝着有利于本方的方向进行，这样一来，辩论势必成为概念之辩。比如辩题“传媒文化塑造人格还是淡化人格”，正方和反方对“人格”的界定就大相径庭。正方是“人格在心理学上亦称为个性，它是指性格、气质、能力特征的总和”，反方则是“人格是人稳定而独特的心理特征，具有独立性、自主性和完整性”。一看就知道，正方从心理学定义，反方从社会学界定。至于谁的界定可行，这要根据辩题来判断。从这个辩题来看，人格应该是社会学意义上的，因此，反方的界定比较符合题意。

二、概念界定的基本方法

（一）明晰内容

由于概念界定跟学术定义不一样，因此界定在内容方面很容易出现模糊不清，甚至不准确。比如辩题“家庭观念对现代社会的发展利大于弊还是弊大于利”。正方将“家庭观念”定义为：对传统的家庭观念批判的、继承的，以家庭成员的地位平等、互敬互爱、互相扶养和有养老育幼等义务为显著特点的作用于现代社会的意识形态。于是，反方在自由辩论中追问：“你们所提的家庭观念都是一些好的特点，那坏的家庭观念就不是家庭观念了吗？”正方：“那是封建文化的糟粕。”反方追问是：“现代家庭观念就没有糟粕了吗？”其实，正方已经不是界定，而是对这个概念进行价值评判，这违反界定的规则：必须符合词语的基本意义。反方的追问很到位，可惜没有穷追，如果这样质疑，可能效果会更好一些：“坏人是不是人？”“是不是只有好人才算是人？”

事实上,即使具有价值含义的概念,其界定也不能有价值属性,而是保持中性,如果具有价值属性,那就不是界定,而是价值评价。正方关于“家庭”的界定,将自己置于两难境地:如果“家庭观念”,那么,不好的家庭观念是不是家庭观念,如果是,这个家庭观念里怎么就没有“地位平等、互敬互爱、互相抚养和养老育幼”,事实上,这些内容不是“家庭观念”标配,而是法律所赋予的义务或责任。

还有一种情况,概念的内容同概念本身一样,这很容易导致同语反复,比如辩题“逆境有利于成才还是顺境有利于成才”,反方对于顺境的界定就很费脑筋,从解释的角度,顺境就是顺利之环境,但这似乎并没有揭示出“顺境”这个概念的内容。最后就这样界定,所谓顺境,就是“相对于逆境而言,即与成才方向相一致的环境条件”,这个表述有些学术性,但还能听懂。

是不是必须对每个概念进行有利本方立场的界定?这要看具体情况,也就是辩题的需要。有的辩题的某个或几个概念对双方来说都是中性的,那就没有必要勉强作有利于本方的界定,以免给评委以强词夺理的印象。比如:国企振兴的关键在体制创新(技术创新)。“国企”“关键”“体制创新”“技术创新”这些概念双方应该是同一界定。是不是这个辩题就没有界定的必要呢?当然有,“振兴”就大有文章可做。从语言学看,“振兴”包括“振”与“兴”,两个词素之间属于后补关系,“振”是“兴”的前提,“兴”是“振”的结果。体制创新只能解决“振”,而“兴”则需要技术创新。当今世界哪个兴旺的企业关键不是技术创新,当然,这是从反方的立场而言。

(二)确定外延

对概念界定除了要明晰内容外,还必须确定概念的外延,即该概念的“左邻右舍”,只有确定这些“左邻右舍”,才能确定自己的位置。所谓“左邻右舍”就是跟这个概念相近或相关的概念或词语,比如,跟“逆境”相近的有“困境”“绝境”“险境”等,而反义词只“顺境”,然后就要对概念涉及的现象进行划分和定性:哪些属于逆境,哪些属于困境或绝境、险境,哪些属于顺境。这样做,就可以给逆境精确定位,以免在辩论中因为混淆而被对方抓住破绽。由此,可以看出来,确定外延包括两个方面:一是寻找该词语的近义词和反义词;二是给寻找出来的每个近义词和反义词划出范围。

比如辩题“恪守寂寞是学者的美德(悲哀)”。从正方的角度,关于“寂寞”,想必大家都有过相关的体验,而定义太学术容易产生听觉障碍,用界定内容的方法也不足以使之倾向于正方，于是就从外延方面下手，也就是"寂寞"有哪些表现，最后终于查到了"寂寞"的四个外延：存在性寂寞，社会性寂寞，情绪性寂寞，创造性寂寞。显然最后那个寂寞比较倾向于正方的立场，因为学者都在从事创造性劳动，所谓学者的寂寞应该是在创造性劳动中所感受的寂寞。

还有一些辩题用的是比喻性的词语，在明确外延的时候也要把它还原到正题上来。比如"好马不(也)吃回头草"，这里的"马"显然是比喻，所谓"好马"就是有志气有能力的人，"好马"的外延就需要列举出来，比如骏马、战马、千里马、驽马、平常之马等，然后标明这些类型的"马"各是什么状况、各有什么特点。当然，这里所说的"马"是人，不过为表述方便，用"马"代称。

(三)概念界定注意事项

1. 要考虑概念的语境

汉语词语界定的一大特点就是要充分考虑到该词语所处的语言环境，同样的词语，因语言环境不一样，其意义就会有所不同。比如"经济扶贫重于知识扶贫还是知识扶贫重于经济扶贫"，这里的"知识"和"经济"显然不是广义上的，而是跟扶贫有关，我们在界定这两个概念的时候切忌不要照搬"百度百科"，而是要根据辩题给出的背景有的放矢，使之与辩题匹配。

在概念界定上，我们往往习惯于"百度百科"，不太注重语境，这样一来，概念被界定得大而无当，甚至完全跟辩题无关。比如辩题"微信红包让过年更没有(有)年味"。查阅百度，"年味"是："年俗的味道，约定俗成。过年是传统，年味也该从传统中寻找，找回浓浓的年味重在传统文化传承。中国的年俗文化源远流长，全国各地衍生出纷繁多样的过年习俗，南北迥异，各具特色。新春贺岁围绕祭祝祈年为中心，以除旧布新、迎禧接福、拜神祭祖、祈求丰年等活动形式展开，内容丰富多彩，热闹喜庆，年味浓郁，凝聚着中华文明的传统文化精华。"这一长串关于"年味"的定义和解读如果照搬到辩论中，只能导致辩论枯燥乏味。而本辩题给出的语境应该是，当下过年的习俗和味道，这需要我们查阅大量当下过年的情况，然后在这个基础对"年味"进行界定。

2. 要考虑词语的使用习惯

有些词语虽然语义准确，但不太符合我们的使用习惯。也就是说，使用起来总觉得别扭,有的甚至有违公序良俗。比如辩题"年轻人看待世界应该(不应该)抱有成见",这个"成见"从词性上,应该是负面的,带有一定的贬义,《现代汉语词典》将其解释为:"成见,对人或事物所抱有的固定不变的看法(多指不好的)。"[1]这显然不是一个中性的解释,正方如果按词典上的定义,则容易陷入价值冲突的泥淖;如果按照自己的立场定义,则违反了定义规则。正方真的是两难。就因为辩题的关键词不利于正方,从而导致正方辩论空间被出题者窄化,由此扩大了反方的辩论空间。正方为了扩大空间,只得将"成见"去负面化,如此一来,就违背了我们对"成见"的使用习惯。类似的辩题还有:"娱乐节目充斥荧幕是文化的进步还是文化的退步",既然都"充斥"了,怎么可能是进步呢?

有一个辩题"君子之风更有利于人的发展还是厚黑之学更有利于人的发展"。反方的辩题中,"厚黑之学"应该是一个负面概念,来自一本民国年间的书《厚黑学》,作者在书中阐述脸皮要厚而无形、心要黑而无色,这样才能成为英雄豪杰。他以刘邦、项羽、曹操、刘备、孙权、司马懿等人物实例为主线,探讨论证厚薄与黑白如何影响成败得失。厚黑之学竟然有利于人的发展,这无论如何都不能成立。反方面对这个概念显然处于两难:如果以负面来界定这个概念,势必跟后面的"更有利于人的发展"矛盾;如果以正面来界定这个概念,则势必违反公序良俗。有鉴于此,我们在界定概念里,一定要注意概念的价值取向。

还有一个辩题:"当今中国,996 精神可不可取",所谓"996",指的是早上 9 点上班、晚上 9 点下班,中午和傍晚休息 1 小时(或不到),总计工作 10 小时以上,并且一周工作 6 天的工作制度。而现行《中华人民共和国劳动法》明确规定,劳动者每日的工作时间不能超过 8 小时,平均每周的工作时间不能超过 44 小时。显然,996 工作制度肯定是违法的,而正方则必须将这个违法"996"辩成"可取"。

当然,也有把带有贬义的词语成功中性化的,比如辩题"门当户对是不是过时的婚姻观",本来,"门当户对"在今天已经被赋予贬义色彩,而反方却给出了新的界定:"所谓门当户对是一种比喻,比喻缔结婚姻的双方在各自的家庭、经历、文化修养、社会地位以及性格、爱好等方面的大体相当或趋于一

---

[1] 中国社会科学院语言研究所词典编辑室编:《现代汉语词典》(第 5 版),商务印书馆 2005 年版,第 172 页。

致。”正方将“门当户对”界定为一种比喻，其潜藏意义在于：既然是比喻，就可以这样比也可以那样比，跳出了“门”“户”之见，将辩题的不利因素化解了。更为重要的是，观众和评委也不觉得这有违公序良俗。

3. 允许转换角度巧释语义

由于辩论是用有声语言进行口头传播，所以，辩题的概念与学术研究的概念就有些不同。学术研究的概念要求严谨规范，不得随意改变。而辩题的概念则不尽然，由于概念的界定要根据语境进行，不能那么刻板。有些词语仅靠词典上的解释是很不够的，还须考虑到它的习惯用法，从语言学的角度去进行界定。比如辩题“不以成败论英雄还是英雄当以成败论”。关键概念“论”如何界定，若界定为“谈论”，则双方很难辩，那只是一般的聊天；若界定为“评价”，是倒是容易辩，但似乎离“论”有些疏离，若“评论”，可能最为贴切。因为，一方面，“论”是单音节词，“评论”可以作为其义项之一；另一方面，将“论”界定为“评论”，双方都有了均衡的辩论空间。

辩题概念的界定和学术概念的定义区别在于，学术概念的定义是唯一的，而辩题概念的界定不是唯一的。巧妙解释语义是指对概念作意想不到的、机智灵活的界定，目的当然在于扩展本方辩论空间，同时能有效地限制对方空间。辩论本身就是零和博弈，当然，前提是不违反定义或界定的一般原则。

比如辩题“国企振兴的关键在体制改革还是技术创新”，当时的背景全国上下都在强调国企体制改革，这对正方很不利，找不到背景，就没办法奠定前提。后来正方从概念入手，巧释语义，对“振兴”进行“创新”：振是振作，即搞活；兴是兴旺，即发达。国企改革的目的绝不仅仅是振作搞活，而是兴旺发达。一个企业要兴旺发达，关键肯定不是搞活，而是兴旺，什么能够兴旺，技术创新是关键。其实，从语法的角度，“振兴”是一个补充结构，中心词是“振”，“兴”是对“振”的结果进行补充说明。但是，这并没硬性规定必须且只能从语法上理解。如果从逻辑上，“振”和“兴”分别是两个状态，二者具有条件与结果的关系，“振”是“兴”的必要条件，“兴”是“振”的非必然结果。如此一来，这个关键概念的界定就真的被“搞活”了。

4. 概念界定可用修辞

既然是界定，就可以不用定义式的语言进行。在辩论实践中，有些概念难以或者没有必要用定义式的语言进行界定，用其他方式比如修辞手法效果可能还更好一些。比如我们前面列举的辩题“生命诚可贵爱情价更高还是爱情诚可贵生命价更高”,反方就用比喻将“生命”与“爱情”作了一番很有情调的解释:“假如生命是一条长河,爱情就是长河里的一朵浪花”,不但明白,而且享受。

很多辩题里的概念难以作出比较完整的界定,则可考虑以描述方式代之。所谓描述,即不揭示概念的本质含义,只是从现象上对概念进行描摹,甚至同义反复。比如辩题“逆境和顺境哪个有利于成才”,反方对“顺境”的界定就用了同义反复:“顺境就是与成才方向相一致的外部条件”,如果正方追问:“什么是与成才方向相一致的外部条件”,这就需要赛前做准备,如果这样回答:“那就顺境”,这就犯了同语反复的错误。

比如辩题“温饱是不是谈道德的必要条件”。“温饱”这个概念,若将其界定为一种状态,并规定:“在这种状态下,社会的大部分人都无衣食之困”。这种界定最大的麻烦在于不能量化,即如何界定“大部分”:多少为大部分?60%?70%?在这种情况下,既要说出一些东西,也要隐藏一些东西。正方将温饱界定为:“温饱,就是饱食暖衣。”这种回答实际上为同义反复,没有提供任何新的东西,但它给人的感觉是:他们已经清楚地阐释了这个概念,而对方又抓不住把柄。在后面的辩论中,正方对其做出新的补充和说明,于是显得比较灵活自如。

三、寻找关键概念

一个辩题由多个语词构成,但语词之间并非平等并列,总有一个词处于关键地位。对辩题的概念进行了界定之后,还需寻找辩题中的关键概念。这个所谓“关键”不一定是核心概念,而是辩题的命门,起着“一夫当关”的作用。那么什么是关键概念呢,或者依据什么来判断关键概念呢?一般来说,大约可以从以下几个方面进行判断。

(一)最重要的概念

所谓重要性,即关系到本方论证的成立,换言之,如果不对该概念进行界定,势必弱化本方的论证,导致本方守不住。由于辩论是零和博弈,本方守不住的弱项就是对方进攻的强项。

比如辩题“年轻人穷游利大于弊还是弊大于利”,这个辩题里,双方都可能确定“穷游”是关键概念。百度一下,首先这个概念比较新,2004 年 2 月,穷游网在德国汉堡市的中国留学生宿舍诞生。百度上"穷游"的解释为:一种时尚的旅游方式。在自由旅行的同时,最大限度地省钱,花最少的钱寻求最大的精神收获。不是为穷而穷,而是一种不同以往的行走方式。和"有钱""没钱"无关,只是想要用最经济的方式去"穷"尽天下美景。这个解释比较正面,对正方比较有利,正方还得在这个基础上再深入分析,因为正方的立场是"利大于弊",所以不能把这个概念界定得十分正面。这个概念对反方来说就显得尤其重要,可以说是生死攸关。反方要做的是弱化甚至淡化这个解释的正面意义,但也不能完全负面化,因为反方是"弊大于利"。在某种意义上,双方辩的重点之一就是概念界定之辩,谁的概念界定做的好,谁就可能拥有主动权。

如果不能准确把握好关键概念,往往会导致辩论的失利。有一次比赛,辩题是"考试制度是不是衡量个人才智的最佳途径"。正方本来应该把握住"最佳"这一关键概念,通过在考试制度同其他人才评价制度的比较中把"最佳"界定为:适应范围最普遍、操作起来最方便、评价效果最客观,不必否认考试制度的弊端,也不绝对排斥考试以外的其他方式。但是,他们却大讲考试制度如何好,别的方法如何不好。事实上是在论证考试制度是"衡量人才"的"唯一"途径,甚至当反方列举考试制度的明显弊端时,他们还置之不理,一味刻意粉饰,结果由于没有准确把握"最佳"这一关键概念而导致比赛失利。

(二)比较模糊的概念

这类概念往往因为模糊而容易被我们所忽视,或者大而化之,正因为如此,它很有可能是关键概念。构成辩题的概念是语词,汉语的语词往往含蓄委婉,这用在文学作品中比如唐诗宋词中往往大放异彩。而在辩论中,这样的语词作为辩题的概念,往往具有多义性,这势必要辩论者煞费苦心地去揣摩去阐释。更为紧要的是,这些模糊的概念很有可能决定论证方向。

比如辩题"当代人越来越需要(不需要)故乡",这个"故乡"就比较模糊,是地理意义上的,还是心理意义上的;是社会学意义上的,还是人类学意义上的;或者几者兼而有之。这个双方都要下一番功夫。从正方的立场,这个"故乡"可能更多的是心理学和人类学意义上的,这样有利于本方论证;而反方则更多倾向于地理学社会学意义,同样也有利于本方论证。如此一来,双方对同一概念有不同的界定,很容易各说各话,那么,双方对概念的界定就会成为辩论的一个焦点。

有一类辩题跟古代格言有关，由于古代汉语一字一概念，因此特别容易多义，比如“道”，既可以是“规律”“规则”，也可以是“技术”“方法”，还可以是“道路”“渠道”，等等，比如辩题“知难行易还是知易行难”，这里有两个概念“知”和“行”，这个“知”是认知、学习，还是探索、研究，同样，“行”是实行、执行，还是践行、行动。这些含义这两个概念都具有，我们前面说过，要根据具体语境确定，但是，双方由于立场不一样，语境也各有不同。正方肯定要加大“知”的难度和“行”的不难，很可能将“知”界定为“认知方面的探索”，而“行”不过是对“知”的外显行为；而反方则可能弱化“知”，将其界定为一般的了解、看法，而将“行”界定为探索，甚至是冒险，这样，很容易形成鸡同鸭讲的局面。为此，双方要尽量对概念有一个比较相近的界定，这样才会使辩论正常进行。

（三）无法界定的概念

这类概念多为常用词语，其意义似乎不是很实在，有的甚至是虚词，这不太容易引起我们的关注，但是，它很可能起着举足轻重的作用，所以，在确定关键概念时，要特别留心。比如，辩题中经常有这三个能愿动词：“应该”“可以”“能够”，这三个词的内容并不实在，但它们在辩题中的作用却不可小觑。比如辩题“建设新农村，应该优先发展经济建设还是应该优先发展文化建设”，这个辩题中的概念有：新农村、建设、建设新农村、优先、发展、文化、经济、建设、优先发展、文化建设、经济建设、应该，从这个排序看，似乎“应该”不应该是关键词，实际上它很关键，“应该”决定了这场辩论是应然性的，是一种价值推导，如果不掌握这个关键词，就容易滑向“能够”“可以”，如此一来，则辩题逻辑关系改变，就会“文不对题”。

当然，能愿动词还有能、会、可、要、应、肯、敢、愿、愿意，当然，并非凡是辩题中的能愿动词都必须是关键词，这也要根据对辩题的解读和要求来判定。

此外，还有一些词语也没有什么实在意义，却也能起到关键词的作用。比如辩题“归化运动员有利于（不利于）中国体育的发展”，这个辩题的关键就是“有利于（不利于）”。这个词语关键在于：反方很容易将“有利于”置换为“能够”或者“可以”，如此一来，正方的辩题就成了“归化运动员能够（可以）使中国优育得到发展（发展中国体育）”，事实上，归化运动员数量极少，中国体育不可能依靠几位归化运动员来发展。同样,正方也很容易将“不利于”置换为“不能够”“不可以”,从而把反方的辩题改变为“归化运动员不能够(不可以)促进中国体育的发展”。如果双方赛前没有将这个列为关键词,很有可能陷入对方挖的坑里难以自拔。所以,在这个意义上,虚词不虚。

第七章 立论路径

审读了辩题之后，就要对本方辩题所持的观点进行论证了，这就是所说的立论。所谓立论，是指对辩题给出本方观点进行证明的逻辑过程。"'理性'不只是思考和明理，而且还指'用理由来证明合理'。"[1]从这个意义上，立论也是一个"理性"的过程，这个"理性"就是辩论的出发点，所以，我们常说的"立论为本"就是这个道理。辩论首先要固本，把立论做扎实，这样才可以无后顾之忧地去攻击对方。辩论就是一个证明与反驳的过程，而立论就是证明与反驳的前提和基础。在辩论实践中，立论首先是双方在辩论思路与立场上的较量。对于一个既定的辩题，通过辩题背景资料的查阅、辩题类型的确立和审读，经过教练和队员的讨论和争论，逐渐形成一个最具有针对性的思路，从而建构本方的论证体系，这在很大程度上规定后续的辩论，比如质询、攻辩、自由辩论，甚至总结陈词。因此，在这个意义上，我们称立论是辩论之本，是说整个辩论过程都是在立论的基础上进行的。立论是本方攻守的阵地，只有阵地牢固，才能进可攻退可守。从辩论实践看，在辩论准备阶段，大量的工作也是围绕立论进行的。本章将从三个方面分析立论：一是立论的路径，主要介绍立论的语法、逻辑和学理三个路径；二是立论的要求，主要介绍立论的基本要求；三是立论的文本，主要讨论的是文本结构与写作。

第一节 从辩题确立立论路径

一、从辩题背景确立立论路径

为什么要根据辩题的背景资料立论？因为任何辩题都来自社会，社会是

[1] 徐贲：《明亮的对话》，中信出版社2014年版，第36页。

辩题产生的背景,而背景就是立论的大前提。要构筑本方的论证体系,首先要从立论开始,立论的大前提只能从辩题的来源去寻找,正所谓“以事实为依据”,而辩题背景正是给出了“事实依据”。上一章我们谈了审读辩题必先了解背景,那就是收集与本辩题有关的背景资料,其重要性之一就在于为立论准备材料。

我们根据辩题内容的类型,通常分为问题类和哲理类。下面我们将从这两个方面进行分析。

(一)问题类辩题的立论路径

问题类辩题根据时间可以分为现实问题、历史问题和未来问题三类。

1. 现实辩题的立论路径

这类辩题占了辩论的大部分,因为这些问题是在现实中产生,最为现实中的人们所关注,影响着现实社会发展。比如辩题“网络舆论对司法公正的积极作用大于还是小于消极作用”,这个问题最具有当下性,首先是网络的普及,人们可以用手机随时了解到社会发生的大小事情,真可谓“一机在手,阅遍神州”;其次,网络舆论已经占据着今天社会舆论的大部分空间;最后,司法审判的公开不仅是法律规定,而且已经开始通过网络公开,这也意味着网络舆论的介入……这应该是双方都承认的客观事实。那么,双方应该怎样将背景资料作为本方立论的前提呢?显然,双方立场对立,对背景资料的解读肯定也是对立的。我们先来看看双方怎样解读。

首先,当下网络舆论介入司法审判的情况,双方对此的判断肯定有所偏重,正方比较注重其正面事实,同时也不回避负面事例,反方则比较注重其负面的事实,同时也不回避正面事例;其次,在典型事例的选择上,双方会最大限度地选择对本方有利的事例,关键在于这个事例虽然典型,但肯定不具有普遍性,那就想方设法证明其必然性;最后,正方还可能从事实层面进行比较,即过去由于舆论无法影响司法公正产生的弊端,而反方则可能将过去与现在剥离,因为过去没有网络,所以不具有可比性,等等。虽然双方解读不一样,但这并不妨碍双方均以背景资料作为立论的前提,为什么这样呢?因为所谓事实,往往是经过叙述的,不可能有完全独立于人之外的事实。那么,由于作为叙述者的人存在两大障碍:一是认知的局限,即人的认知永远不可能绝对正确;二是人的认知永远受其价值观的影响,即所谓偏见的影响。基于上述理由,双方对背景的解读见仁见智应该是正常的,也正因如此,后续的辩论中，双方都将对对方的立论进行攻击。

有一种立论方式，那就是忽视辩题所处的社会背景，只根据形式逻辑进行立论，比如辩题“城市化进程中，经济发展重于文化发展还是文化发展重于经济发展”，这个辩题是一个经典的问题类辩题，而且具有很强的当下性，可惜，双方均未从现实中寻找背景资料，而是从形式逻辑的概念定义入手构建立论。比如反方，觉得辩题对自己很不利，城市进程肯定是经济重要，城市化本身就是经济发展的体现与结果，而且根据唯物辩证法，经济基础决定上层建筑，文化属于上层建筑。由此，理论上也站不住脚，于是只有从逻辑上入手，把“文化”这个概念做大，即“经济”以外的都是“文化”，这样，文化的外延就比“经济”大得多，文化发展自然就比经济发展重要了。对“文化”的界定显然违反了规则，经济以外的都是文化，那政治、科学、地理等都是文化，那是不是只要是人类创造出来的都是文化？那经济是不是人类创造出来的？显然，这不符合逻辑。

其实，如果查一查该辩题的现实背景资料，就会发现，反方具有很大的优势。当下中国的城市化进程存在着“千城一面”的弊端，而且随着城市化，有些本土文化如方言正在淡化甚至消失，正因为我们只重视城市化的经济因素，忽视其文化含量，所以才导致今天城市化进程中出现这样的问题，那么，现在的城市化进程中文化发展尤其是本土文化发展当然要重在文化发展。如此一来，反方立论的前提就显现出来并且比较坚固。

2. 历史辩题的立论路径

相对来说，历史辩题并不很多，大约因为很多已有定论，再者大家的关注点更多在于现实社会。历史类辩题主要有两种，一是以古论古，二是以古论今。以古论古的辩题，立论就只能找那个时代的资料，比如辩题“科举制度是否有利于选拔优秀人才”，双方需要查阅科举制度兴起、发展、鼎盛、衰落的过程，为什么兴，为什么衰；如果有可能，最好能做一个统计，比如某一朝代有多少状元，他们的成就如何；那些没有经过科举选拔的优秀人才是如何成才的；等等。作为正方，可能要将科举制度在中国政治文化中的作用进行正面的解读，而反方则可能更多地从负面的角度进行解读，但要考虑适度，千万不能极端化，不然，在文化价值上就会陷入两难困境。

还有更具体的辩题，比如“赵括如果没有上任，长平之战赵国会不会输”“袁崇焕功大于过还是过大于功”“项羽应不应该自杀”“康乾盛世名副其实还是名不副实”。

历史辩题中更多的是以古论今,正所谓“以史为鉴,可以知兴替”。这类辩题的立论既需要历史背景资料,因为需要“为鉴”,也需要现实背景资料,需要“知兴替”,但重点在“史”。比如辩题“圆明园是否应该重建”,双方立论必须以圆明园建造和被毁的历史为基础,不然,立论就没有纵深,然后将当今提出重建背景作为立论的另一个基础。当然,正方重在圆明园的历史文化艺术价值,意在文化传承和弘扬,当然也涉及现实政治意义,这是价值制高点,不能放弃。反方则重在圆明园的历史悲剧,强调其现实政治意义,反方的价值制高点由辩题就决定了。这方面的辩题有“历史题材作品戏说历史的做法利大于弊还是弊大于利”。

3. 未来辩题立论路径

所谓未来辩题,是指对某一事物发展趋势的预测和期望,这一类辩题以互联网和人工智能方面的居多。这类关于未来的辩题立论的基础首先是现实,通过对现实的把握去预测未来。比如辩题“人工智能会超过人类智能还是不会超过人类智能”,现实情况是:人工智能现在还处于初级阶段,还不具备跟人类智能竞争的条件,但是随着人工智能的研究和应用,将来人工智能也许会也许不会超过人类智能。双方立论都必须了解人工智能的前世今生,双方的立论基础其实是一样的,那就是说,根据现在人工智能的发展情况推测未来会或者不会超过人类智能,正方要强调的是人工智能的不断升级,从简单的算法到学习能力的具备,再到自主决策能力的形成,而反方则要否定这一推论。这一类辩题有“AI 在辩论场上战胜人类应该感到可喜还是可悲”“AI 换脸技术的普及利大于弊还是弊大于利”“大数据技术发展到极致是喜还是悲”“大数据时代人更自由还是更不自由 ”等。

还有一类不属于技术的,比如辩题“城市发展将更多体现人类文明的趋同性还是差异性”,双方立论的基础在于当下城市发展情况,其中有什么规律,这个规律是否会因国情而有所区别,同时还要了解如今城市发展的趋同性和差异性,然后以这些为前提建立起立论的论证体系。

(二)哲理类辩题立论路径

这类辩题不是来自社会问题,而是来自人们耳熟能详的格言警句,这些格言警句既有古代的,也有现代的。这类辩题分为两种,一种是自从产生以来就存在争议,比如“人性本善还是人性本恶”“知难行易还是知易行难”;另一种是当下受到了质疑,比如"学以渐博而相通还是学以渐精而相通"一般来说,这些格言警句是人类智慧的结晶,它们很多已成为共识,成为公理,注意,不是真理。但是,随着时代的演进,有些成为共识公理的格言警句受到来自当下的质疑,当然,这种质疑并非说明这些格言警句过时了,而只是具有辩论的条件。比如辩题"行成于思还是思成于行""道不同不相为谋还是道不同亦相为谋"。

我们来看第一种,这种辩题其实就是哲学意义上的命题,自产生以来就争议不断,而且历时千百年,不可谓不悠久。那么用来辩论能辩出什么结果吗?当然不能,前面就已经说过,这种作为训练思维的竞技辩论永远都别指望辩出个水落石出,否则,这世界上就不会有什么争议了。这些争议了几千年的命题只是用来训练我们的论辩思维,尤其是对曾经的公理共识的质疑与维护。比如辩题"人性本善还是人性本恶",其实就是先秦时期儒家和法家的观点,争议了几千年,现在成了辩题,双方肯定谁也别想说服谁。那么,这类辩题的立论就在于,双方都必须以这个观点的源头作为立论的基础,首先是儒法两家关于人性的学说,然后顺着时间朝代梳理,再找出有影响的儒法大家及其经典言论,最后到近现代以至当代。不然,如果仅仅从辩题类型和概念界定立论,这种立论很容易陷入循环论证,而且内容就只剩下干巴巴的形式逻辑的筋。

另一种就是对以前的格言警句进行质疑,从学理上,这其实很正常,公理虽然不存在学理上的证伪,却会被时代证伪,比如"三从四德""三纲五常""门当户对"等等,已经不适应时代而被抛弃。当然,这些不适应时代的格言警句也不具有可辩性。比如"道不同不相为谋",出自《论语·卫灵公》"道不同,不相为谋",到今天我们打交道的面比以前扩大了,还要不要恪守这个信条呢,于是就有了质疑"道不同亦相为谋"。这类辩题立论需要两个基础,一个是古代背景,另一个是现代背景。所谓古代背景,就需要找出孔子提出这个观点的背景,以及后世对于这个观点的继承和发扬;所谓现代背景,就是当今世界经济社会文化发展的现状及趋势。正、反双方的立论应该从这两个方面切入,当然,双方的解读肯定截然不同。

二、从辩题类型确立立论路径

前面我们详细介绍了辩题的分类,也提到辩题分类对立论的重要作用。

这里我们着重谈如何从辩题类型来进行立论。所谓从辩题类型进行立论，是指通过辩题构成的逻辑关系，形成立论的思路，从而构筑立论体系。从立论的角度，辩题的类型往往决定了立论的逻辑关系。这意味着，正、反双方从辩题所形成的逻辑关系中，比如前面所列举的矛盾、对立、比较三种关系，确立立论的路径。在这个意义上，辩论就是逻辑之辩，这个逻辑在立论中相当于人体的经络，它使立论思路逻辑化，也就有了论证的力度和思辨的力量。

（一）矛盾型辩题立论路径

对于这类辩题，正方往往只是证明本方观点，自觉或不自觉地将本方置于防守状态，这其实很危险，将导致本方整场比赛都处于被动状态，反方一直追问，正方一直回应。这如同一场足球赛，一方老是守在自己半场，另一方进攻就成了唯一能做的事，防守再好，百密总有一疏。辩论也是如此，正方如果这样守下去，总有被攻破的时候，而反方则无后顾之忧。因此，立论中，正方要有攻击意识，找出对方的漏洞，据此立论。比如辩题"网络热词有利于语言的发展还是不利于语言的发展"，这个辩题规定了反方处于攻势，否定正方的"网络热词有利于汉语的发展"，这样，正方就处于守势。但正方如果一直这样，就有可能在比赛中处于被动，从而丧失比赛的主动权。所以，正方必须化守势为攻势，这样才能使双方攻守平衡。根据辩论的一般规则，正反方都必须亮出自己的观点，而反方仅仅是否定正方观点，却没有提出本方的观点，即"网络热词不利于汉语的发展"，那什么有利于汉语的发展？或者网络热词是不是有害于汉语的发展？如此，正方才有了攻击的对象，立论也就有了针对性，而不仅仅是为了证明本方立场。

同样，反方的立论也应该符合辩论的一般要求，因为如果一味否定，很容易陷入为否定而否定的悖论之中。为此，反方应该主动提出本方的观点，比如上面这个辩题，反方的观点应该是"网络热词不利于汉语的发展，网络热词只是一种昙花一现的语言游戏"，或者"有利于汉语发展的应该是词语的约定俗成"，等等，这样，反方就避免了为否定而否定的尴尬。但是，提出观点只是作为底线，而不是论证的中心，因为辩题规定了立论的中心是否定对方，否则，就改变了辩题的逻辑属性了，把矛盾型变成了对立型。

（二）对立型辩题立论路径

这类辩题规定了双方处于对立状态，所谓对立，即双方的关键概念属于逻辑上的对立关系，比如辩题"大数据时代众口难调还是大数据时代众口易调”,这里的“难”和“易”本身就属于形式逻辑的对立关系,还有,“大数据时代,我们活得更轻松还是我们活得更紧张”。但是,更多的对立型辩题,如果仅仅从两个概念来看,似乎不具有形式逻辑的对立关系,比如辩题“中国国花应该是牡丹还是梅花”,“牡丹”和“梅花”这两个概念如果从语法上,应该是并列关系,而对立是根据它们所在辩题的关系决定的。在这个辩题里,“中国的国花是牡丹(梅花)而不是梅花(牡丹)”,从关系上看,这两种花之外还有其他的花,那么,正反方的立论就必须是肯定否定式或者否定肯定式,即“中国的国花是牡丹(梅花)而不是梅花(牡丹)”。在这里,“牡丹”和“梅花”的这种对立并不是两个概念逻辑属性的对立,而是辩题决定的对立。因为辩题是对立关系,在辩题中必然有两个概念应该是对立的,不论这两个概念在逻辑上是否对立。相似的辩题有“科技是人类的最终解还是文化是人类的最终解”,“科技”和“文化”;“法律的生命在于经验还是法律的生命在于逻辑”,“经验”和“逻辑”。

还有一些对立型辩题,对立的概念不是单词,而是词组,比如“当今青年,应该立足现实还是应该追逐梦想”,“立足现实”和“追逐梦想”,第一个词组属于中补结构,第二个属于动宾结构。

弄清这对立型辩题的三种类型,立论的逻辑就清晰了。不论哪一种类型,立论的逻辑都无一例外是:肯定否定式或否定肯定式。只有这样,才能形成双方的交集。如果只是肯定本方,就容易各说各话,辩论最重要的不是证明本方观点的成立,而是证明对方观点的不成立,要做到这一点,就必须否定对方,而要否定对方,就必须在立论中体现,因为“立论为辩论之本”。

(三)比较型辩题立论路径

如前所述,比较型辩论在三类辩论中样式最多,也最为复杂,这里不能一一列举,只能择其要阐述。

比较型辩题,顾名思义,就是正反方的立场是通过比较确定的,立论也必须进行比较。第一个问题,比较要不要标准,回答是不要标准,不是不需要,而是没办法设立标准。比如“青年人更应该承担责任还是更应该追求理想”,在辩论实践中,一辩立论陈词中往往会这样陈述:“我方判断哪个更的标准是谁更能使青年人茁壮成长”(当然还有其他类似的表述),听起来振振有词,但如果对方这样回应:“对方辩友,你的那个标准我方能不能用?”其实,这个标准双方都能使用,这一下悖论了:一个标准两个立场,而且对立?

这说明标准没有意义。事实上也是如此,标准本身应该是客观的、具有普遍意义的,如果一方真的有这种标准,说明这一方的辩题应该是真理或公理,对方基本上没有辩论空间,这个辩题就没有可辩性。但是现实中,为比较型辩题立论设立标准似乎成了一个思维定式,辩论赛中也常常遇到这样的情况,一方辩手问道:“对方辩友,你方的比较连标准都没有,又如何比较?”往往另一方语塞,不知如何应对。其实这很简单,一是回答:“你方的标准为什么我方也能用?”或者,“我们比的是事实,而不是标准”,等等。

第二个问题,立论中二者如何比较。比如辩题“大学教育更应该注重科学精神还是更应该注重人文精神”,立论中就必须将两个精神的内涵、外延、特点、效用等进行比较,在此基础上证明本方观点。而在辩论实践中常常会有这样的情况,将本方具体化,而将对方虚化,其表述是这样的:“诚然,我方也承认大学教育也应该注重人文精神(科学精神),但是更应该注重科学精神(人文精神)。”如果任何一方这样质疑:“请问对方辩友,你方也承认也应该注重人文精神(科学精神),那么请问,你方是如何注重人文精神(科学精神)的?”如果事先没有准备,很难回答这个问题,那就只有顾左右而言他,如果对方紧紧抓住不放,那将形成硬伤。

我们来看一个辩论赛案例,这是2018年12月的一场全国大学生辩论赛决赛,辩题是:“舆论之于司法利大于弊还是弊大于利。”反方在立论中刻意将舆论之于司法的利与弊全部列举出来,尤其是利:一定程度上起到普法的作用,然后列举其弊:一是情绪性,二是片面性,三是随意性。从听觉效果上,一比三,自然是弊大于利。比赛中,正方一辩果然按照常规立论:“诚然,我方不否认舆论之于司法也存在一些弊端,但是,总的来说还是利大于弊”。接下来,反方就质疑:“请问对方辩友,你方的观点是利大于弊,可是你方的立论中并没有说明弊具体有哪些,你能否明确告诉我?”正方语塞。反方趁机撕开漏洞:“对方既然不知道弊在哪里,那你们又怎么知道利大于弊呢?”这个成了正方的硬伤,并且一直“伤”到比赛结束。评委点评中,特意肯定了反方立论中将舆论之于司法的利列举出来,表明其具有实事求是之心。

三、从辩题概念间关系确立立论路径

前面我们介绍了立论的背景路径和题型路径,背景为立论提供了大前提,辩型为立论提供了逻辑线索,而构成辩题的概念则为立论提供了论证体系的构件。

一个辩题就是逻辑上的一个判断，构成判断的是一个一个的概念，概念是由语词体现，这些语词按照一定的程序进行排列，构成这个判断的逻辑关系。

辩题概念分为显性概念与隐性概念。所谓显性概念，就是展现在我们眼前的概念，比如“诚信重在自律还是诚信重在他律”，这里的显性概念有：诚信、重在、自律、他律；隐性概念有：相对个人（社会）。

（一）根据辩题显性概念间的关系确立立论路径

这类辩题占辩题的大多数，一般来说，辩题的时间空间基本上不言而喻，一般是当下中国。所以，辩题一般不会给出这两个概念，我们都能意会，比如“高铁霸座行为应不应该进一步加重处罚”，在这里，双方都应该知道，这在时间上是当下，空间上是中国，不会有哪一方理解为欧美或非洲，更不会确定为高铁出现之前。那么，我们就要从概念之间的关系来确定立论的体系。

我们这里所说的概念之间的关系与形式逻辑有所区别，形式逻辑的概念关系，表述为概念的种属关系，比如“人”，与之关系者有“男人”“女人”，“好人”“坏人”，“中国人”“外国人”，“南方人”“北方人”，等等。而我们这里所说的概念之间的关系，乃是构成辩题的各个概念之间的内在关系，它们共同形成一个判断或命题，每个概念的本义在与辩题中的概念互动中部分地改变自己的内容，由此与其他概念整合为判断或命题。如何明晰概念之间的关系，从辩论实践看，主要有这样三种：确定概念的内涵；对与该概念相似和相反之概念进行比较；分析词组。

1. 确定概念内涵

关于这个问题，第一章已经有所论述，此处主要介绍词典定义与立论界定的区别。比如辩题“男人更累还是女人更累”，“男人”与“女人”“累”这三个概念，显然与本义有所区别。在词典里，“男人”的定义是：男性成年人；而“女人”定义是：女性成年人；“累”有三个义项：一是疲劳，二是使劳累，三是操劳。[1] 而在辩论实践中，三个概念的界定就不是那么简单明了。对正方来说，他们必须在界定中暗示男人的劳动强度和身心疲惫度，而对于反方来说，他们也应该强调女人的劳动强度与身心疲惫度。换言之，就是物理劳累

---

〔1〕 中国社会科学院语言研究所词典编辑室编：《现代汉语词典》（第5版），商务印书馆2005年版，第979页、第1008页、第827页。

与心理劳累。但这还不够,两性的差异并没有体现出来。正方可能要考虑到两个因素:一是传统观念强调的男人事业预期与家庭责任给当代男人带来的压力;二是当下社会的激烈竞争的现实。由此,这就形成了内在的逻辑关系,即男人的累来自社会角色的扮演以及角色期待,而对"女人"的界定则淡化其社会角色所承担的责任和角色期待,为本方的立论提供小前提。同样,反方跟正方的思路也差不多:一是现代社会对于女性在职业和事业上的期待越来越趋于男性化;二是传统的女主内的家庭观念并没有因此而淡化,由此为本方立论设立小前提。还有,关于本辩题中的"男人"和"女人"应该定位于城市白领,不然,农村男女和城市青年男女就很难形成交集。关于"累"双方应该界定为"心理压力大,比如焦虑、抑郁等",这几个概念的界定,基本上立论框架应该搭建而成了。至于是什么样的立论框架,大家可以自己动手试一试。

2. 厘清概念之间的关系

当概念被界定完毕,就要开始对概念之间的关系进行分析了。这里要明确的是,概念间关系跟前面讲的辩题的关系不一样,辩题的关系是辩题的正反方形成的关系,而概念间的关系是一个辩题内部的关系,这种关系是通过对概念界定串联起来的。比如"青年人更应该培养自豪感还是青年人更应该培养危机感","青年人"是主体(主语),"培养"是行动(谓语),"自豪感"和"危机感"是对象(宾语),"更"表示连接(连词,不是表示程度的副词),"应该"表明是应然判断(能愿动词),表明是一种期待。第一,"应该"表明这个辩题不是实然判断,而是应然判断;第二,"青年人培养"是自我培养,而不是青年人之外的家庭学校社会;第三,"培养"的是一种心理状态"自豪感、危机感";第四,"更"表明的是程度。如此,这些概念间的关系有了一个展示,接下来就要将其连接起来。双方认为,青年应该培养自豪感和危机感,但更应该培养自豪感(危机感)。再联系到背景给出的大前提,正方的立论可能是:"当下社会强调'四个自信',我们国家现在正处于近代以来最强盛的时期,青年人是国家的未来,当然,我们要居安思危,也要培养危机感,但更应该培养自豪感。"反方的立论可能是:"我们国家虽然处于近代以来最强盛时期,但我们现阶段的主要矛盾是人民对美好生活向往和不平衡不充分的发展之间的矛盾,我们所面临的国际环境不是很好,国内在奔小康过程中还面临许多问题,虽然我们取得了举世瞩目的成绩,但我们始终应该居安思危,当然要培养自豪感,但更要培养危机感。"

（二）根据隐性概念与显性概念间的关系确立立论路径

1. 辩题里的隐性主体需要明确

如果仅仅将显性概念视为立论的要素，那么这个立论往往是不完整的，因为有些辩题并不把概念全部展示出来，这主要是因为汉语表达的需要。汉语表达比较注重精练简洁含蓄，给人以美的享受，但是，在辩论中，如果仅仅从美的角度来确立立论的内容，有可能铸成大错。比如“解决城市交通拥堵重在发展公共交通还是重在调整城市功能”，这个辩题有一个重要概念隐匿了，那就是主体“谁”，谁来解决这些问题，从内容来看，应该是政府。明确了政府主体，就可以了解政府在发展公共交通和调整城市功能方面拥有哪些资源，也就是首先确定政府“可以”做什么，政府只能做法律允许他做的事情；其次，政府“能够”做什么，政府做事要物力财力的限制；最后，政府“应该”做什么，这是政府的价值目标。经过这样的分析，双方可能都会在“能够”上来立论。因为如果政府没有这个能力，那么“重在”就没有实际意义。

2. 辩题里的隐性客体需要明确

比如“艺术商品化利大于弊还是艺术商品化弊大于利”，在这里缺少了一个对象，“艺术商品化”对“谁”“利大于弊还是弊大于利”，这个双方如果不明确，辩论很有可能根据自己的立场进行确定，正方可能说是“经营艺术的商家”，反方可能确定为“热爱艺术者”。对象不一样，这个辩论就有可能鸡同鸭讲。双方应该有一个共同的对象，这样才可能形成交集。我们假设这个对象是“大众”，那么，对方就必须根据“大众”这个对象去构筑本方的立论。

一般来说，隐性概念主要是名词性概念，在辩题中充当主体（主语）或客体（宾语），如果忽视它们，将导致立论中主体或客体的混乱，如果主体或客体都不清楚，这个立论就基本上丧失论证效用。这方面的辩题有：“实现中华崛起应该先强国还是应该先富民”（主体：谁来强国或富民）、“革新技术比革新思想更重要还是革新思想比革新技术更重要”（客体：对谁更重要）、“生活应该快一点还是生活应该慢一点”（客体：对于谁来说）。

当然，也有一些辩题的隐性概念属于其他情况，比如辩题“不以成败论英雄还是英雄当以成败论”，这里应加上“当今社会”，或者“自古以来”，表示时间，如果再细一点，加上“我国”或者“人类社会”。比如辩题“艺术的主要功能在于教化还是艺术的主要功能在于娱乐”，这里省略了客体（宾语），教化或娱乐“谁”，双方可能确定为“大众”。

辩题“成功重在过程还是成功重在结果”,这里应该添加中心词“奋斗”与后面的“过程(结果)”组成偏正结构。“乱世应用重典还是乱世不应用重典”,这里应该在前面添加两个概念,第二个是动作“治”(动词谓语),第一个是主体“谁”,还原出来就是“谁治乱世应用还是不应用重典”。

四、从预测对方审题确立立论路径

前面主要阐述了本方辩题的解读,但是,辩论是零和博弈,不仅要知己,更要知彼。对方也是如此,双方都在解读对方,这也是一种博弈。对方的排兵布阵是不可能了解的,所以,最有利于双方预测的就是辩题,这是双方唯一可以向对方公开展示的东西。

其实,预测对方立论的程序与本方立论一样,辩题背景、辩题类型、概念界定、辩题关系,这里根据辩论实践,从概念界定、辩题类型简要介绍如何预测对方立论。

(一)从预测对方概念界定确立立论

辩题中的概念并不一定双方的界定都一样,双方界定概念的原则是:有利于本方或者至少不是有害于本方,于是就会出现同一概念不同界定的情况,如此一来,双方根据各自的界定立论,就可能各说各话了。因此,需要未雨绸缪,事先做好预测,再设计对策,这样胸有成竹,比赛时才能有的放矢。

有一次比赛,辩题是“未来世博应以网络展示为主还是应以园区展示为主”,赛前反方预测对方很有可能没有把“网络展示为主”与“网络展示”加以具体区分,这是因为正方很容易将这个辩题理解为对立型,辩题中的“为主”看起来不怎么显眼,其实是关键词。它决定了这个辩题的类型以及立论的切入点,正方如果理解为对立型辩题,那么,“以网络展示为主”就不会去与“网络展示”进行区分,如此,他们立论的思路会根据这个判断“未来世博应该网络展示”来形成。如果这些预测能够成立,反方可以在立论中将这个漏洞指出来,一方面让评委知晓,另一方面为反方下一个环节的盘问树立靶子。正方的立论如下:

正方一辩:

谢谢主席、对方辩友,大家好。

纵观百年世博,时代展品在世界的瞩目下走进生活;关注今日世博,主题诠释在上海的舞台上改变生活;而未来世博又将以怎样的形式融入生活呢?

答案必然是网络展示。而今天我方认为,未来世博会应以网络展示为主,就是因为它更能承载世博会的根本宗旨和价值,更符合时代的发展方向和潮流。接下来,我方将从广度、深度和持久性三个方面带大家走进网络世博会。

第一,从广度上,世博会根本宗旨和价值的实现依赖于更多人感受到世博的精彩、更多的展品反映时代精神。可是园区展示时间和空间的局限性使得有限的园区容量和扩大受众范围、增加展品数量产生不可调和的矛盾。

第二,从深度上,通过立体的空间链接,将通过高清晰多维的展示,将通过精准到每一个细节的展示,通过连接,更全面、更深刻、更彻底、更直观地展示每个产品背后的历史故事和文化内涵。

第三,网络世博会将最大限度地降低每一个参观者的时间成本和经济成本,而且最大程度地减少园区建设带来的巨大社会成本。而本届上海世博会就是历史上第一届采用网络展示的世博会。这不仅仅反映了现代时代发展的方向,更将成为有里程碑意义的一次壮举。

我们相信,网络世博会能够真正让世博会走进千家万户。我们也相信,网络世博会将会是进行世博会低碳理念的最佳行动,谢谢。[1]

正方立论中关于"网络展示为主"语焉不详,一个是"未来世博必然以网络展示融入生活",这并没有对"为主"进行界定;接下来是"未来世博会应以网络展示为主,就是因为它更能承载世博会的根本宗旨和价值,更符合时代的发展方向和潮流"。这句话只是"以网络展示为主"的意义,也没有对"网络展示为主"进行界定,后面分三个方面阐述网络展示的作用,以及跟园区展示相比的优越性。这应该是正方的一个硬伤,反方要做的是,在立论陈述中,将这个硬伤指出来。

我们来看看反方的立论:

反方一辩:

谢谢主席,大家好。

网络展示确实有很多的优势,但是有优势带不代表它就是最主要的呢?今天通过网络展示出来的、您方所论证的世博会,究竟还是不是世博会?它还能不能像现在的世博会一样吸引我们呢?正如对方辩友所说的,网络有着非常多的优势,它的发展满足了人们对于快速、迅捷和低成本的追求。但是

---

[1] 刘想树主编:《论辩西政》,法律出版社 2012 年版,第 316 ~ 317 页。

历史的经验告诉我们，科技本身不具备伦理，所以我们要用人文的标准去检验它。我方判断的依据和对方辩友是一样的，就是能否体现和传承世博的理念和价值。我方认为以园区展示为主可以通过体验和交流来实现世博的价值；而以网络为主，势必导致世博理念的偏离和淡化。[1]

反方立论开门见山，指出正方立论中关于“网络展示为主”界定中的瑕疵：“网络展示确实有很多的优势，但是有优势带不代表它就是最主要的呢？”这句话其实是赛前的预测，看到正方果然这样，于是就将这个漏洞点出来，为下一个环节反方盘问提供攻击点。

（二）从对方辩题类型确立立论

严格地说，前面的例子总的来说还是在于概念的预测，虽然正方界定在很大程度上可能是由于辩题类型的判断有误，但落实在立论表述上，则主要是概念没有做必要的厘清。由于现在辩题类型的划分标准不一致，这也为本方立论提供了切入点。比如辩题“诚信重在自律还是诚信重在他律”，这个辩题在类型上属于比较型，即自律和他律都不可少，只是“重在”哪一个。当时正方预测反方很可能将这个辩题确定为对立型，即“诚信在于他律”，于是正方就在立论中强调该辩题是自律和他律的比较，而不是肯定一个否定另一个，这既不符合辩题要求，更不符合事实。果然，反方立论正如正方预测，这一下引起了评委的注意，也给后续正方的质疑提供了攻击点。

在三大类辩题中，预测的大多是比较型辩题，因为比较型跟对立型很容易混淆，如果不牢牢把握住，很容易导致误判。

还有一种情况是，一方在明处，另一方在暗处，在明处的一方容易被在暗处的一方预测，而明处一方却难以预测暗处一方，因为暗处有无限种可能的立论路径。比如“诚信主要靠自律还是诚信主要不靠自律”，反方甚至都不用预测，正方的立论完全可以从辩题中知晓，“诚信主要靠自律”决定了正方的立论八九不离十，正方处在明处。而正方预测反方立论就很难，反方肯定不会提出“诚信主要靠他律”的观点，因为这样立论完全在正方的视野之中，那么，反方会提出什么样的观点呢？正方真的是百思不得其解。比赛中，正方的立论中规中矩，而反方则完全出乎正方预料。下面是反方一辩的立论陈词：

---

〔1〕 刘想树主编：《论辩西政》，法律出版社 2012 年版，第 316～317 页。

反方一辩：

……我们需要深入地分析一下产生诚信问题的根本原因。对方辩友认为诚信是道德方面的问题，认为这是诚信问题的“本”。只能说相对于他律的“标”，这是“本”。如果追本溯源的话，真正的“本”是人性，是人类趋利避害的本性。人们之所以做出不诚信的行为，根本上是为了实现一定的利益目标。我们看，无论是偷税漏税，制假贩假，还是学术造假，贪污腐败，无一不是受着利益的诱惑与驱动。所以我们说，诚信问题产生的主观原因是：人类趋利避害的本性。

诚信问题产生的客观原因是什么呢？是信息不对称。如果一个人不诚信不能够被别人察觉，杜绝失信就难之又难。反之，如果人们在相互的交往中，能够很方便快捷地了解到彼此的相关情况，则不诚信行为就很难得逞。明确了产生诚信问题的主客观原因，我们才能够去选择一个更加理性而可行的解决之道。

我方认为，诚信既不能主要靠自律，也不能主要靠他律，而应该主要靠机制。……机制和自律与他律有着本质的区别。我们说无论自律还是他律，都重在“律”，是对人们的一种约束行为，只不过前者是靠道德的力量，后者是靠法制的力量。而机制则是变约束为引导，能够更加圆满地解决产生诚信问题的主客观原因。我们所说的诚信机制，实际上是一种围绕诚信而进行的社会资源的分配方式，说得简单点，就是通过有效手段，增大守信者收益，减少守信者成本，同时增大失信者成本，减少失信者的收益。给守信者以鼓励，给失信者以惩戒。说得更加通俗一些：就是让不诚信的人吃亏，让诚信的人获益。[1]

反方立论的思路很清晰，先是列举了诚信问题产生的主观原因“趋利避害”和客观原因“信息不对称”，从而得出“诚信既不靠自律，也不靠他律”，因为这些都是重在“律”，是约束；而机制则是引导，那么诚信机制就可以通过利益得失引导人们守信。这个立论确实是建立在对正方预测的基础之上，因为正方只能坚持“诚信主要靠自律”，而且这一点被反方锁定，而反方的立论正方却难以预测，“主要不靠自律”，那么，“自律”以外的一切都可以选择。如此，正方只能预测反方选择的是“非自律”，即“诚信主要不靠自律，而主要靠非自律”。“非自律”是什么呢？肯定不是他律，也可能是教育、宣传、舆

〔1〕 刘想树主编：《论辩西政》，法律出版社2012年版，第96～97页。

论，等等，但不足以采信。结果没想到，反方突然提出这样的立论，那么，正方如何应对，我们在后面的章节里将要谈到。

第二节　从辩题学理确立立论路径

辩论除了“辩”，还应该“论”，尤其在立论中，立论就是建立起自己的论证，而自己的论证，除了事实与逻辑，还需要理论指导。所谓理论，在辩论界，一般比较习惯于将理论称为学理，所谓学理，即科学上或学术上的原理或法则。辩论所依据的学理可能更多是学术上的原理和法则。这里要注意的是，学理不等于学术观点，只是学术上公认的原理和法则，比如，人是一切社会关系的总和、法律至高无上、需要层次理论、经济基础决定上层建筑、存在决定意识、科技是第一生产力，等等，这些都是学术上公认和遵守的原理和法则。学术观点是不能作为立论的依据的，学术观点只是一家之言，没有成为学术的原理和法则。比如关于经济学，至少有10个学派，有凯恩斯主义、有货币学派、有供给学派，而凯恩斯主义又可以分为美国凯恩斯主义、英国凯恩斯主义和新凯恩斯主义。比如法学，就有三大流派：自然法学派、分析实证主义法学派、社会法学派，各个学派的观点都不尽相同，甚至完全不同。具体来说，关于死刑，有的学术研究结论是：死刑应该废除，而有的学者研究的结果是：死刑不应该废除。哪一家的观点都难以作为辩论的学理依据。因此，我们所说的立论的学理依据一般来说，应该公理、常理，它们已经成为社会共识，在立论中可以起到前提的作用。

由此，我们辩论立论的路径基本上展示出来：一是背景立论，奠定大前提；二是辩题立论，构建逻辑框架；三是学理立论，提供理论基础。为了证明这最后一点，我们也来一番论证：辩题是问题，问题来自社会，任何社会问题都有其理论依据，因此辩题应该有理论依据。

在辩论实践中，会有这样的情况：要么堆砌理论，以显得“饱学”；要么全是事实与逻辑，以表明实证。这两种都不可取，堆砌理论显得空洞，不接地气；全部事实逻辑，显得就事论事，没有层次。这里，还必须强调，革命导师的言论、经典著作的理论、中央政策文献等具有意识形态含量，一般不主张用于立论包括辩论，原因很简单，如果双方都引用，就会出现悖论甚至两难困境。

任何辩题的立论，都应该具有学理性，问题在于我们怎样从学理的角度解读辩题。为了阐述方便，我们将从辩题的类型进行分析，依据辩题的内容将辩题分为问题类和哲理类，这样，方便我们分门别类地进行阐述。

一、问题类辩题的立论路径

问题类辩题相对来说，比较注重事实与逻辑，比如辩题“高校课堂点名制度利大于弊还是弊大于利”，双方都可以从背景资料和辩题解读中奠定自己的大前提和逻辑框架，但是，这个辩题的理论依据在哪里，这很重要，哪一方能够找出来，其立论就有厚度了。从正方来看，既然是制度，其形成总应该有理论依据，尤其是法理方面的依据，因为，学校制定的任何制度都不能违反法律，这可是一条铁律。如果找不出学理依据，那立论至少在学理层面难以站住脚，如此，就容易被反方攻破。反方也必须在其立论中找到学理依据，高等教育尤其是在教学方面的学理，同样还可以找寻关于课堂点名制度的不合学理处，等等。由此，反方的立论同样也增加了厚度。这样一来，会不会造成正反方两个学理在“打架”，其实这并没有什么，辩论本身就是“打架”，双方在学理层面“打架”至少可以深化对学理的认知。

下面我们试举一例，看看学理在问题类辩题立论中的应用。

辩题“轿车热促进了城市发展还是阻碍了城市发展”，这是反方一辩的立论陈词：

反方一辩：

今天我们发现对方辩友在立论干了一件事情，他们不仅论证了轿车热，还干了一件事情，什么事情？煽风点火。他们告诉我们说，美国的轿车热已经达到了人均一辆，而北京只有8个人一辆，那么按照对方辩友的说法是不是今天北京的汽车保有量要增加8倍呢？轿车热其实不仅仅是一个数量的简单增加，它是近几年来中国所出现的一个以数量增加为表现形式同时涉及产业交通，资源环保生态等等各项问题的一个综合性的问题。

那么由这一点出发我们可以推导出第一个论点：轿车热的确能够促进GDP（国内生产总值）的增长，但是增长的成本却转移给了社会，我们来看一下他的生产出现了哪些成本。第一个成本，交通的成本，第二个成本，资源耗竭，轿车热占用了大量的资源，而18亿亩耕地的红线，也在我们城市扩建的面前显得岌岌可危。这就推出了我们的第二个论点：轿车热所带来的交通资源生态成本，社会难以消化，难以消化成本就变成了问题。我们再来看由于在污染和噪声面前人人平等，非买车人也得为这些成本买单，资源的耗竭损害了代际公平，从而也造成了对人类有序发展的一个不利影响。这样就推导出了第三个论点：消化不了的成本转化成了问题，不利于人的健康公平的发展，经济社会人的均衡遭到打破。而轿车热带来的这样一些成本城市又难以消化。所以我们认为，轿车热阻碍了城市的发展。[1]

这个立论中，运用了经济学成本产生和成本支付的理论，举出轿车热产生两大成本：一是交通成本；二是资源成本。这两大成本社会难以消化，导致资源耗竭，损害了代际公平，经济—社会—人的均衡被打破。由此可以证明，轿车热阻碍了城市的发展。这样的立论给人耳目一新的感觉，而且有书卷气，这正是大学生辩论赛的特点所在。更为重要的是，这样的立论完全出乎正方预料，这增加了正方攻击的难度，因为他们要反驳反方的立论，则需要否定其立论的学理依据——经济学的成本理论，如果赛前不刻意准备，临场是难以应对的。

下面我们选取一些辩题，试着从中寻找相应的学理："建设新农村，应该优先进行经济建设还是应该优先进行文化建设"，首先要找一找有没有新农村建设方面的理论，再具体一点，农村经济建设和文化建设的理论。其次，这两个方面的建设应该涉及经济学和文化学，看看能不能从这里汲取一些理论资源。辩题"人性化管理更能促进企业发展还是制度化管理更能促进企业发展"，这肯定要涉及管理学理论，如果把面扩展一下，可能涉及日本和美国的管理学理论，这两个国家的管理学跟他们的文化紧密相关。当然，更需要了解中国当下已经成为共识的管理学理论，因为本国的理论总与本国的实践有着紧密联系。"虚拟红包的出现利大于弊还是弊大于利"，这个辩题涉及两大理论：一是互联网技术和理论，尤其是虚拟技术方面的理论；二是传统文化的理论，传统文化与时代变迁的关系，传统文化的核心价值与外在形式。

二、哲理类辩题的立论路径

顾名思义，哲理类辩题本身就充满了学理，难道还需要理论吗？这似乎有些悖论。哲理类辩题确实是某个哲理性问题，但是，如果仅仅用辩题本身

---

[1] 刘想树主编：《论辩西政》，法律出版社2012年版，第255～256页。

的理论作为立论路径,势必有些循环论证。比如辩题“行成于思还是思成于行”,“行成于思”源自韩愈《进学解》:“业精于勤,毁于嬉;行成于思,毁于随”,意思是做事情成功是因为多思考,正所谓“三思而后行。”但是,随着时间的推移,这些曾经被视为公理的言论需要接受现实的挑战。正方捍卫传统观点“行成于思”,反方提出一个与之对立的观点“思成于行”,挑战传统。正方如果仅仅停留于用传统中国哲学作为立论路径,势必同义反复,所以,必须用新理论为这个传统观点赋予新的内涵,这才有可能出乎对方预料。那么,就要运用心理学尤其是认知心理学、行为科学、社会学等理论。而反方如果仅仅满足于从逻辑上挑战,就会陷入两难:“你方辩论如此厉害是不是来自你们的反复思考?”所以,反方一方面对与“行成于思”相关的中国古代哲学作出批判性解读;另一方面,跟正方一样,用现代一些相关学科理论对本方观点确立立论路径。

中国大学生辩论史上有一场比较著名的比赛,辩题是“美是客观存在还是美是主观感受”,这是经典的哲理型辩题,我们来看看双方的立论:

正方一辩陈词:

美是一个事物或行为的特质,它有着三个特性,也就是说,第一,形象性;第二,感染性;第三,功利性。……

除此之外,美的三个特性也是独立于人的主观意念之外。人的主观感受不能够改变这三个特性的规律,在欣赏的过程中,主体与客体之间所产生的关系只能是感受与被感受的过程,是客观存在的美引起了人的美感,而不是人的美感创造了客观事物的美。美不以欣赏者的个人主观意念而改变。金字塔的美始终存在于金字塔本身,就算没有人去欣赏金字塔,但是金字塔的美却也是千古地流传下来呀。它的美,啊。如果取消了,如果说美并没有一个客观的标准,那么就是说,我们以个人的主观喜好来作为标准的话,那么千百个人就有千百个不同的标准,请问,这又和没有标准有什么分别呢?当然,一个事物的美和丑对于不同的人来说,可能有不同的美感,但这种种不同的美感起源是在于个人不同的背景、不同的审美观念,以及个人不同的修养而决定的。

当然,我们可以欣赏美,去发现美,(时间警示)并且可以用美的规律去创造它,但是却不能够轻言地要取消美,或否定美的存在。如果说美是主观感受的话,那我就不明白了,人类一直追求的真、善、美等伟大的目标,不完全没有意义了吗？因为它们因人而异，随时改变哪！法国美学家狄克罗斯就告诉我们，不管有没有人，卢浮宫的美不会因此而荡然无存！谢谢！（时间到）（掌声）

反方一辩陈词：

谢谢主席！各位好！对方同学为什么忘记了罗丹曾经说过，在艺术家的眼里，这个世界没有什么东西是不美的。而且主观的东西就代表了任何人就可以随意地改变它吗？主观难道不具有普遍性，我们就不能倡导和培养吗？其实对方同学今天始终强调的是，美需要有一种客观的物质基础，这一点与我们根本就不矛盾，有哪一种主观感受可以脱离客观的物质基础而存在呢？

……其实哲学家休谟早就解释过了，他说：美从来就不是物质的客观属性，根本没有客观的标准。这一点与中国传统文化也暗暗呼应。从孔子的“智者乐水，仁者乐山”到柳宗元的“夫美不自美，因人而彰”都在说明着这个道理。如果对方同学还不相信的话，那我可以告诉诸位：实验心理学的学者们早就用科学研究的方法证明了，任何线条啊、颜色啊，本身并不具备美的标准，而人类为什么会对这些线条颜色的组合产生感情，觉得它美呢？那是因为我们对它倾注了很多的情感与想象，加上各自不同的文化背景，才构成了我们这个斑斓的美的世界。所以，我们才能够见到国旗、国花，觉得它们是最美的；所以我们过三峡时，看到的不是山，而是等待（时间警示）夫婿归来的女子；所以我们见到黄河就能够感受到母亲般的情怀。……〔1〕

比较一下双方的立论，正方以哲学作为立论路径：美有三个特性，其独立于人的主观意念。从主体与客体的关系来阐明感受与被感受的过程，证明是客观存在的美引起人的美感，而不是人的美感创造了客观的美，这样的哲学语言，如果不是很专业的哲学或美学专家，是很难用耳朵听明白的，更别说在场的广大观众了。最后正方引用了法国美学家的观点。这里存在两个疑问：一是为什么不先引用？以此作为立论的理论路径，而不是在哲学层面用抽象的语言逻辑地阐述。二是这位法国美学家的名气不是很大，他的观点的理论力度也因此受到影响。

我们来看反方，他们不知是有意还是无意，回避完全以哲学作为立论路

〔1〕 1999 年国际大专辩论会决赛。

径,他们仅仅引用大哲学家休谟的观点:美的非客观性。以休谟在哲学史上的地位,这个观点的证明力度很大。但反方并没有沿着引用哲学家言论这条路径走下去,而是引用了法国著名雕塑家罗丹、中国圣人孔子、唐代著名文学家柳宗元的言论,从几个角度使立论的理论呈现多样性。最后正方还用了实验心理学的观点,使立论的理论从哲学、美学到心理学,拓宽了立论的理论路径,加强了论证的力度和强度。

第三节 立论的要求

前面我们从辩题和学理的角度谈了立论的路径,只是提供了设计图纸,最终立论要成型,还得经过比赛的检验,这种检验有一个刚性前提,就是时间限制在 3 ~4 分钟,这段时间大约能用有声语言表达出 800 到 1200 字。因此,立论不论什么样的路径,都必须在这个时间内展示。一个辩题,所涉及的社会和思想之广泛、之复杂,有的问题,甚至鸿篇巨著也未必能说得清楚明白,而要用这短短的千把字就要把论证体系展示出来,这对我们的结构能力、谋篇布局能力、文字和语言表达能力,都是一大考验。不过,也正是由于这样的训练,才使我们学会言简意赅,习惯有条理的思维和表达。

立论的内容要求有三个方面:一是立论的逻辑要求;二是立论的结构要求;三是立论的文本要求。

一、立论的逻辑要求

首先要确定的是立论重在"论",而不是"辩"。论就要有逻辑,而逻辑本章前面部分已经多次谈到,但是,这只是思路,而要把它们安装在立论中,首先就是把逻辑这根线理出来。

讲到逻辑就要讲前提,论证的逻辑形式通常是三段论,即大前提、小前提、结论。在立论中,大前提是整个论证的基础。

1. 立论的事实前提

前面讲到立论路径,辩题都有背景,而事实背景可作为立论的大前提。有些辩题本身就来自现实社会生活,以背景事实为前提,可以为后续的论证奠定坚实的基础,如果舍弃这些,就会基础不牢地动山摇。比如辩题"宁要大城市一张床的观念更为可取还是宁要小城镇一间房的观念更为可取”，这个辩题明摆着需要事实来作为立论的大前提，我们来看看正反双方是怎样立论的：

正方一辩：

……今天我们判断两种观念谁更可取，关键就是判断哪一种观念更能实现个人价值，带动城市发展，更能彰显我们的奋斗拼搏精神，我方坚持认为，宁要大城市一张床更为可取，理由如下：

第一，从软硬件的设施上来看，大城市更能减少个人奋斗的阻力，推动成功，实现个人价值。无论是交通出行，还是医疗建设、教育设施，还是娱乐与休闲信息交流。大城市无不以完善的基础设施和公共服务体系丰裕了个人奋斗过程中的物质储备，同时，更以其开放包容的气度给予了思想态度的萌生与成长的温床。让丰富的城市资源物尽其用，让灵动的创新灵感各尽其能。

第二，从观念本身所蕴含的精神上来看，宁要大城市一张床更能彰显拼搏精神，倡导进取风尚。实现更大的社会价值，大城市固然有着较大的竞争压力，但选择大城市一张床体现的正是对美好生活的向往和迎难而上勇于迎接挑战的信念与进取精神。同时，城市的竞争氛围又提供了品格能力培养的空间，成为顺应时代发展潮流的推动力。更能使我们激励进取，奋斗创新，实现更大的社会价值。

第三，从共同繁荣的发展趋势上来看，宁要大城市一张床的观念更能发挥大城市的辐射带动作用。加速城市化进程，世博与城市同行，美好将不断延伸，诠释人类城市生活的美好，畅想城市多元文化的强音。

因此，综上所述，我方坚持认为宁要大城一张床的理念更为可取。谢谢各位。〔1〕

正方的立论用一个标准作为立论前提：“哪一种观念更能实现个人价值，带动城市发展，更能彰显我们的奋斗拼搏精神”，其实，这个标准也可以为反方所用，在市场经济条件下，要实现个人价值，都需要奋斗拼搏。如此，正方将这个标准作为立论前提是不能成立的。随后的三个分论点，只是从“硬件设施、蕴含的精神、发展趋势”阐述了本方观点的意义和作用，并没有充分证

〔1〕 刘想树主编：《论辩西政》，法律出版社2012年版，第237～239页。

明这个观点为什么成立。

下面我们来看看反方的立论：

反方一辩：

……对方辩友的两点立论，第一点告诉我们说，大城市可以带给我们物质条件，第二点是奋斗的精神。让我们仔细想想，这两点是不是有一点矛盾呢？对方辩友今天要激励我们奋斗的精神，却要去选择优越的物质条件。对方辩友，您方的奋斗精神究竟是靠什么来激励的呢？

其实回到今天的辩题，我们存在三个前提，我想对方辩友也应该认同。前提一，大城市的人才面临结构性饱和和结构性可能失业的并存。简言之，就是有人找不到活干，有活找不到人干，而小城镇则面临着严重的人才匮乏。前提二，面临这个选择的人可能是刚刚起步的青年，也可能是打拼多年的中低层次人才，其竞争力并不高。前提三，今天的两个选择都是自由选择，所以说当我们面临这个选择的时候必然会面临一定的困境，而今天怎样去打破城市的困境和个人的困境正是我们今天发展的要义，所以我方认为，宁要小城镇一间房的观念更可取，理由有二：其一，宁要小城镇一间房的观念有利于打破人的困境。其二，宁要小城镇一间房有利于打破城市的困境。人才的合理流动可以给大城市减压，解决人才的结构性饱和人口问题，从而解决了由此产生的种种次生问题，所以今天面临困境的时候请对方辩友在日后的环节告诉我您方选择大城市面临的困境究竟是什么，具体怎么解决。谢谢各位！[1]

反方的立论提出了三个前提，其中两个是事实前提：第一个是大城市人才面临结构性饱和和结构性可能失业并存；第二个是这个辩题所指的对象是刚刚起步的青年，竞争能力不高；第三个前提是由前面两个事实导致的，即选择的困境。提出这三个大前提，后面的分论点就有了依托。

以事实为前提的辩题很多，判断的依据是辩题所指的事实或现象。比如“学者明星化是否有利于学术传播”“城市交通问题主要是设施问题还是管理问题”“解决市民不遵守公共秩序问题应重在加强管理还是加强教育”“西部大开发引资和引知哪个更重要”“大学教育应更注重人文精神还是科学精神”，等等。

---

〔1〕 刘想树主编：《论辩西政》，法律出版社 2012 年版，第 237 ~ 239 页。

2. 立论的学理前提

前面我们讲过从辩题的学理确立立论的路径,意思是通过对辩题的学理解读找出立论的思路,而这里说的学理不是思路,而是论证的前提,即以某种学说或理论作为立论的前提,比如辩题“实体法比程序法更重要还是程序法比实体法更重要”,这一看就知道是个理论性的命题,立论只有以政治学、法理学等相关学科作为立论的前提,如果仅仅以事实为前提,则很难比较出哪个更重要。当然,事实也不能忽视,但那是出现在论据之中,而不是充当前提。从语言上看,立论的理论前提有时候是一个理论观点,有时候只是一个词组,比如辩题“恪守寂寞是学者的美德还是悲哀”,正方的立论如下:

正方一辩:

今天我们探讨的主体是学者,学者是在学术上有一定造诣的人。恪守是坚守,是对于一种状态的维护。寂寞是一种心理状态,同是一种心理状态有不同的行为体现,结合不同的主体,寂寞也有不同的内涵。按照心理学的观点,学者的寂寞就是创造性的寂寞。综上,我们得出恪守学者的寂寞就是对于学者在履行其职责时坚守自己的观点,不受世俗浊流干扰、独立思考状态的一种维护。最后让我们看一下美德,美德就是美好的品质。今天我们评判学者美德的标准就是看该品质是否有利于学者实现个人价值和社会价值。在明确了几个概念之后,让我们论证为什么说恪守寂寞是学者的美德。

第一,学术造诣的提升需要恪守寂寞,学者以探索真理追求新知为己任,“然路漫漫其修远兮”,学者要想在其学术道路上有创新且出成果,就必须恪守寂寞……

第二,学术人格的养成源于恪守寂寞。学者作为一类特殊的社会群体,要想完成其社会职责,唯有依靠在恪守寂寞时养成的学术人格……

第三,学术良心的维护离不开恪守寂寞。学术良心是学者的生命,一个有良心的学者在任何时候都应以学术为根,以社会为本,不会为达到某种目的而违背学术良心……〔1〕

正方立论的前提就是“学者的寂寞是创造性寂寞”,因为根据心理学,寂寞可以分为四种:存在性寂寞、情绪性寂寞、社会性寂寞、创造性寂寞。立论以此为前提,据此从学者的学术造诣、学术人格和学术良心进行分别

---

〔1〕 张德明主编:《激扬才智》,复旦大学出版社2003年版,第139~141页。

论证。

我们来看看反方的立论：

反方一辩：

……

我方认为，寂寞是一种心灵的感受。心理学告诉我们：人需要交流，需要理解，需要归属感，这是和生理需求一样的本能。当这种需要得不到满足时，人就会感到寂寞。学者更容易感受到寂寞。这寂寞首先源自超越同时代人的远见卓识，伟大的学者往往先知先觉，当众人皆醉我独醒时，才感到人生得一知己足矣！学者更深重的寂寞感还因为其强烈的社会责任感，当学者热情地希望用他的才华造福社会时，得到的却是冷遇和误解，您说这悲不悲哀啊！

今天我们讨论学者对寂寞应当持有什么样的态度。我方认为，所谓恪守，是指忠实地遵循，恪守的前提是有选择的可能，而恪守寂寞是指在可以选择的情况下选择并坚持了寂寞。拒绝理解，拒绝沟通，拒绝交流。我方认为，作为学者，坚持自由的思想，独立的精神，不为流俗所动，不曲学阿世，是崇高的品格。但对方辩友把在寂寞中把对真理的坚持和对寂寞本身的恪守混为一谈，是我们绝不能认同的。正如哈贝马斯的交往行为理论告诉我们，交往是通往真理的途径啊。为什么对方辩友这时候就不重视了呢？

我方认为，学者之所以会感到寂寞，正是因为不甘于寂寞。学者之所以因不被理解和缺乏交流感到痛苦，正是因为渴望交流和理解。正是不甘于寂寞而又不得不寂寞的状态形成的张力，铸就了学者的伟大品格。因此，“恪守寂寞”恰恰是学者的悲哀。学者需要同行的交流和世人的理解，也需要对方辩友所说的走进社会。这时候恪守寂寞意味着自我封闭；更重要的是学者应当承担起社会责任，恪守寂寞意味着放弃自己的使命，而这种使命感正是学者追求真理的精神支柱。[1]

反方立论的前提中提出了一个心理学原理：人需要交流，需要理解，需要归属感，这是和生理需求一样的本能。又提出了哈贝马斯的交往行为理论：交往是通往真理的途径。这个前提与立论中的观点：学者的寂寞是因为强烈的社会责任感，不甘于寂寞，恪守寂寞意味着自我封闭，不能形成三段论。换言之，一是论证不完整，二是有些自相矛盾。

---

〔1〕 张德明主编：《激扬才智》，复旦大学出版社2003年版，第141～142页。

立论的学理前提主要是那些比较具有学理性的辩题，比如，哲理性辩题，还有一些带有理论思辨性的辩题，比如"人的自我实现过程和结果哪个更重要""机遇和能力哪个是成功的关键""法律的生命在于逻辑还是经验""生活更需要激情还是理智""人的功利色彩增强是不是社会进步的体现"，等等。

二、立论的结构要求

立论最终是要成形的，前期准备了那么多东西，理论的、事实的、数据的、逻辑的等，如何把它们按照一定的排序组装起来，形成有机整体，这可是个难题。有些初学者可能有这样的情况，觉得眼前的资料都比较重要，千方百计地把它们聚拢，结果极度膨胀，这给立论文本的撰写设置了障碍，因为时间的限制，文字不能随心所欲。其实，立论并不是资料的精华本，而是论证的外化，具体来说，就是把相关资料消化后所产生的思想、思路。这如同吃饭，经过消化后就不再是饭的浓缩，而是经过化学反应后产生的营养，借用一句哲学语言，就是量变产生质变。

立论的结构要求，主要有五个部分：背景提示、概念界定、逻辑线索、理由和论证、底线。

1. 背景提示

背景提示，是要使评委和对方知晓本方立论的大前提，这也是立论思路的开端。比如辩题"诚信主要靠自律还是诚信主要不靠自律"，正方立论开宗明义提出背景：

正方一辩：

谢谢主席，评委，对方辩友，大家好！诚实信用历来是中华民族的传统美德，市场经济的发展对诚信的要求是越来越高。诚信水平的提升不仅关系到个人的道德素质，更关系到一个民族的道德水平。[1]

首先，给出历史背景：诚实信用历来是中华民族的传统美德；其次，给出现实背景：市场经济的发展对诚信的要求越来越高。于是，后面部分关于诚信的意义就属于水到渠成了。其实，提出历史背景，不仅支持了后续的论证，更为整个论证过程注入了价值含量。而现实背景则强调了诚信需要适应市

---

〔1〕 张德明主编：《激扬才智》，复旦大学出版社2003年版，第206页。

场经济，也就是说，传统的诚信必须与时俱进。

是不是所有的立论都必须以这种方式提出背景呢？提出背景的方式没有格式，不然就成了八股。有的可能就是几句话，有的可能就是一句话，甚至一个词或词组。比如前面提到的“创造性寂寞”，背景语句的长短视辩题和立论的需要而定。那是不是所有的立论都必须要提出背景呢？这也不是硬性规定，但是，有背景总比没有好，起码从感觉上给人厚实丰满的感觉。还有一个更重要的原因，就在于立论首因效应，而开宗明义提出背景更是首因效应中的首因效应。

2. 概念界定

概念界定在立论文本中排在第二部分，当然，这只是一个结构的排列，不代表文本也这样排。当我们提出了背景后，就要对辩题的概念进行界定了，当然不是所有的概念，只是我们认为重要的关键概念。比如“学以致用还是学以致知的态度更值得提倡”，重要的概念可能是：学以致用、学以致知；关键概念可能是：用、知；“态度”和“提倡”当属于一般概念，可以不做界定，大约双方都不会在这两个概念上有什么分歧。

有时候，概念界定不仅仅为本方立厘清概念内容，可能还会发挥其他作用，比如前面所列举的辩题“恪守寂寞是学者的美德还是悲哀”，正方从社会心理学的角度将学者的“寂寞”界定为“创造性寂寞”，这一方面为概念作了界定，另一方面也为立论提供了学理背景。

当然，有时候辩手也会将很重要很关键的概念当成一般概念而忽略，结果在赛场上却被对方抓住漏洞，穷追不舍，导致局势被动。比如“逆境还是顺境有利于成才”，反方想当然以为“成才”双方可能没有分歧，因而放弃了界定，结果赛场上正方对成才界定是：良好的心理素质，发现和解决问题的能力。

所以，界定概念不难，难的就是判断哪些是必须界定的概念，如果每个概念都界定，就显得累赘，而且浪费时间，这就要考验辩手们的判断能力了。

3. 逻辑线索

为什么要设立逻辑线索，“设立逻辑线索的目的在于：使对方、评委和观众能够比较方便地了解本方大致的论证思路，使其有个总体印象。从逻辑本身来看，只有在明晰概念以后才有可能提出逻辑线索，这符合人们的接受心理和思维定势”。[1] 立论的逻辑线索一般在背景和概念之后，即本方论证的逻辑关系是什么，这是整个立论的关键。这是后面的分论点（理由）的小前提，没有这个小前提，后面的论证就缺乏基础。比如辩题“解决市民不遵守公共秩序问题主要靠加强管理还是加强教育”，正方是这样阐述其逻辑线索的：我方认为判断的依据在于何者才能标本兼治解决好这个问题。然后将“管理”分为两个方面：“管”和“理”，管是治标，理是治本。这个逻辑线索很不错，可惜对“管理”的界定有疏漏，结果被反方抓住不放，一度使正方陷入被动。

立论的逻辑线索跟辩题类型有关，比如矛盾型辩题，正方立论的逻辑线索不能仅仅满足于证明本方观点，还应该质疑对方立场，如此才能形成交集。如果正方以为自己就是防守一方，那么整个比赛将陷入被动。比如辩题“寒门再难出贵子还是寒门不难出贵子”，正方立论的逻辑线索可以这样设定：“寒门”因为其“寒”，“贵子”因为其“贵”，这形成了一对矛盾：寒门与非寒门不可能平等地出贵子，相对来说，非寒门不难出贵子。如此，就在很大程度上给反方设下障碍，寒门不难出贵子，是不是跟非寒门一样地出贵子。辩题“统考制度是否有利于创新人才的选拔”，下面是正方的立论：

正方一辩：

基于对统考制度的理性分析，我方坚信统考制度有利于创新人才的选拔。开宗明义，所谓“统考制度”是指由专门机构统一规则及标准的考试机制，所谓“创新人才”则是指具有创造性能力的人才。在此，我方认为评价是否“有利于”的标准就在于能否推动和促进创新人才的选拔。以下我就从三个方面陈述我方观点……[2]

正方立论中提出来的逻辑线索是：评价是否“有利于”的标准就在于能否推动和促进创新人才的选拔。这个标准作为逻辑线索显然不合适。首先，有利于不等于推动和促进，只是一个条件而已，甚至都不是必要条件，因为有之不必然，无之也不必然。其次，如果能够推动和促进，那就不是有利于了，把“有利于”定位太高，会使自己陷入被动。后面的辩论中果然是这样。比较可行的做法是：有利于不等于能够或可以，它只是对选拔人才经过培养和

---

〔1〕 王安白：《辩论竞技》，现代教育出版社2009年版，第145页。

〔2〕 张德明主编：《千禧之播》，复旦大学出版社2000年版，第9页。

锻炼成为创新人才起到公平的作用,它体现了考试面前人人平等,为创新人才提供了公平的竞争空间。这样一来,就有效避免了对方将"有利于"偷换为"能够""可以"。因为是矛盾型辩题,还可以追问对方的观点,什么有利于创新人才的选拔,统考制度不利于创新人才的选拔,那还要不要废除统考制度,有什么制度代替,等等。

对立型辩题,根据其题型,逻辑线索应该是:否定对方肯定本方。比如"轿车热促进了还是阻碍了城市的发展",下面是正方的立论:

正方一辩:

……纵观各国历史我们发现很多国家当人均GDP发展到一定规模水平的时候,都会带来一个持续十几年的轿车热时段。美国在20世纪的20年代,日本人在1965年,都迎来了自己的轿车热,而现在的情况,美国的汽车保有量,达到了人均一辆,日本达到了平均每两人一辆。而中国是一个刚刚开始发育的孩子,汽车的保有量平均每40人一辆,北京这种大城市,也只有每8人一辆。这个青春期给城市带来了迅速而巨大的变化,虽然也带来了一些我们对于交通和环境的困扰,但最终给我们带来的却是城市各方面结构产业的升级与繁荣。我方认为轿车热促进了城市发展……[1]

按照辩题,正方应该是"没有阻碍而是促进了城市的发展",正方的立论中,没有依此提出逻辑线索,只是从数字上说明中国现在开始轿车热,虽然也带来交通和环境的困扰,但最终会给城市带来产业升级与繁荣。这一段只是说明轿车热促进城市发展的景象,但是,没有论证为什么轿车热没有阻碍而是促进了城市发展。

比较型辩题设立逻辑线索,需要将比较的两者情况列举出来,然后再进行比较,不然,对本方有利的就实,不利的就虚,这其实就埋下了隐患。如前所述,"舆论之于司法利大于弊还是舆论之于司法弊大于利",正方的逻辑线索就是将"利"具体化,将"弊"虚化,被反方抓住,成了硬伤。

4. 理由和论证

提出了逻辑线索,只是向评委和观众说明了本方论证的路径,如何证明这条路径的合理性,还得提出理由。换言之,就是将逻辑线索展开,使之条理化具体化。这部分是立论的主要部分,本方观点的成立与否就在这部分了,

---

[1] 刘想树主编:《论辩西政》,法律出版社2012年版,第254页。

而且首因效应也大多在这个部分产生。一般来说，在结构上，理由往往以序号排列，比如，第一、第二、第三，这样排列的作用在于，可以听起来有条理感，这对于立论很重要。

比如辩题“诚信主要靠自律还是诚信主要不靠自律”，正方提出了三条理由：

第一，从诚信的本质来看，自律的作用是本源性的。诚信的本质是一种道德，是内在诚信观念和外在诚信行为的统一。人外在的行为源自其内心的观念，正所谓内心纯则行为正，内心污则行为浊。正如蔡元培先生所说，“所谓良心者，不特告以善恶之别，且迫人避恶就善也。”作为自我约束的自律恰恰是历练良心的审判官，不论是情感领域还是交易范围的诚信行为，均是源自人内心的认可，而这认同体现的恰恰是自律的作用。

第二，从诚信的具体实现来看，自律所起的作用也是决定性的，首先自律是对非自律手段的肯定。不论是外在的制度性安排还是道德宣讲，都必须内化于心才能起到作用，而这个内化的过程恰恰是自律的作用。其次，自律的程度也制约着非自律实现程度。为什么呢？我们以他律为例，当执法者不守法如何他律？当一个国家和民族本身不自律的时候又如何实现他律？试问，当一个国家的民众本身的自律程度不够，道德水平低下时，他律的作用又如何良好的体现？

第三，从诚信的缺失原因来看，自律所起的作用也是关键性的。对目前不诚信事实的大量存在，我们不仅仅要发出道德感慨，更要追寻其症结所在。为什么在法制日益健全的今天，假冒伪劣、金融诈骗总是屡禁不止？为什么在规范制度相对完善的今天，黑哨黑嘴，剽窃抄袭的现象仍然层出不穷？究其原因，还在于制度的局限性无法改变人追求利益最大化的本性。尽管外在的制约性因素可以在一定程度上规范制约人们的行为，但是解铃还须系铃人，人的本性不是用来磨灭的，而是需要引导的，对利益的追求也必须在道德的指引下进行。由此我们可以看出，只有道德意识的提高，自我价值体系的建立，自我约束能力的增强，才能从真正意义上避免和抑制人与人之间因利益冲突而形成的不诚信观念和行为，而这也恰恰是自律作用的体现。[1]

这三条理由都用序号表示，读起来有节奏感。每一条理由的第一句就是

---

〔1〕 张德明主编：《激扬才智》，复旦大学出版社2003年版，第222页。

一个分论点,后面的部分就是证明这个分论点的,这样,三个分论点及其证明合起来证明辩题观点:诚信主要靠自律。这三条理由有一种结构的美,但是,从证明力度上看,这几条理由还不是很充分。如果自律真有这三个“性”:本源性、决定性、关键性,那么,诚信就不是主要靠自律,而是完全靠自律了。不过,每个分论点的证明还比较充分。从结构上看,这三条理由排列整齐,容易产生良好的首因效应。但是,也有人认为,结构往往由于过于整齐,在表达上容易给人演讲的感觉。

从逻辑证明的角度,理由一定要充足,不然就不成其为理由,理由的充足在于两个方面:一是它与观点的内在关系的紧密程度;二是它自己被证明的充足程度。比如辩题“逆境有利于成才还是顺境有利于成才”,正方的理由是:

第一,逆境有利于知识的巩固。

第二,逆境有利于培养发现现实问题和解决现实问题的能力。

第三,逆境有利于心理素质的提高。

而反方的理由则是:

第一,从环境对人的作用来看,人的成才环境不外乎有三种:家庭、学校、社会。……对于未成年人,家庭环境对其起着至关重要的作用……再来看看学校……良好的育人环境有利于成才。……改革开放20多年,正是我们战胜了艰难险阻,创造了一个有利于成才的顺境,才有了我们今天的人才辈出……

第二,从人才对环境的态度来看,我们知道,首先人在面对环境可以选择的时候,必然会根据自己的物质需求和精神需要,选择有利于自己成才的环境,在行为上体现为避逆趋顺。[1]

比较而言,正方的三个理由不但表述简洁,直截了当,不拖泥带水,而且内在逻辑较强,论证力度更大;而反方多是在事实上叙述,现象罗列,证明力度不强,而且结构上也不是很完整。

5. 底线

这是立论结构的最后一个环节。所谓底线,就是一方立论中肯定对方观点的部分合理性,或者对对方的部分观点并不否定,这样做并非完全出自礼

---

〔1〕 王安白:《辩论竞技》,现代教育出版社2009年版,第148页。

貌，而是在给对方一定空间的同时，也为自己预留一个回旋的余地。

关于比较型辩题立论的底线。这类辩题必须有底线，因为二者不是排斥关系，你中有我，我中有你，这个底线就是承认对方的那一部分，只不过不是“更”“为主”“为重”“为先”“利大”，等等。在肯定本方的同时还得部分肯定对方，比如辩题“过程更能体现年轻人奋斗的价值还是结果更能体现年轻人奋斗的价值”，正方的底线在于：结果也能体现年轻人奋斗的价值；反方的底线在于：过程也能体现年轻人奋斗的价值。当然，还必须细化，要讲明体现在哪些方面，如何体现，以防出现漏洞，被对方有针对性地质疑。

关于矛盾型辩题立论的底线。这类辩题看起来，一方纯粹守势，另一方纯粹攻势，如果真是这样，对正方就不公平，因为双方的辩论空间不均衡。辩论本来就是博弈，你只是守，如何跟反方博弈，因为反方没有观点。因此，正方的底线就是，要求反方提出观点，这样，正方就有了攻击的目标，同样，反方的底线就是自己的观点。比如辩题“灾难中的自私应该被谴责还是不应该被谴责”，从辩题来看，正方只是证明本方的立场：应该被谴责，而反方也只是否定正方的立场：不应该被谴责。如此一来，正方只是防守，没办法进攻，辩论空间就小。从反方来说，由于只需要否定，因此反方的辩论空间就比正方大得多。为此，正方就应该要求反方提出自己的观点作为底线：“对灾难中的自私是不是采取放任态度？”如果反方这样回应：“辩题规定我方只需要否定你方观点，所以我方没有必要提出观点”，正方：“辩论是双方观点的交锋，你方连自己的观点都没有，如何辩论？”这样，正方反而形成了攻势，反方则处于守势。因此，反方应该提出自己的观点，比如“自私并不损人，不应该被谴责，而应该进行教育”之类，并且加以论证，这样就有了依托，再全力以赴地进攻对方。但是，这样一来，这个矛盾型辩题就似乎“转型”成了对立型辩题，这个在辩论中双方都要注意，尤其是反方，提出的观点只是底线，不能作为立场。

关于对立型辩题立论的底线。这类辩题双方楚河汉界，阵线分明，如果仅仅按照辩题立场，只能是各说各话，因此，双方都需要设立底线：否定对方，但这只是形式上的要求，在辩论实践中，对方的观点部分在理，很难彻底否定。比如辩题“大数据时代，众口难调还是众口易调”，如果仅以辩题类型，正方就是“众口不易调”，反方则是“众口不难调”，这样看起来有些机械。可能还需要从背景方面进行深入的分析，比如正方就要想想，为什么会出现“众口易调”这样的观点，它有没有部分的合理性，因为现实生活中确实有一部分人持这样的看法，不能说他们的看法都不对。在这个意义上，辩论就不应该仅仅是辩题的展开，更应该联系实际，接地气。再举一例“美是客观存在还是主观感受”，根据辩题类型，反方只要提出“美不是客观的”就可以作为底线了，但是，反方提出了“其实对方同学今天始终强调的是，美需要有一种客观的物质基础，这一点与我们根本就不矛盾，有哪一种主观感受可以脱离客观的物质基础而存在呢？”这样，将正方的观点做一番不利于正方的理解，用来作为反方的底线，使反方获得更大的辩论空间。

三、立论的文本要求

辩论最终要通过有声语言表达出来，而有声语言是建立在文本基础上的，因此，在这个意义上，文本的质量就决定了表达的质量，表达的质量就决定了首因效应的高低。根据辩论赛的规则，立论的时间一般限制在 3 ~ 4 分钟，字数 800 ~ 1200 字，而要论证的观点有的很艰深，有的很宏大；有的几千年都没有争论出结果，关于这些问题的著作汗牛充栋，可要用千把字给予证明，难度不可谓不大。在辩论实践中，我们常常会发现这些情况：有的时间到立论却没有读完，导致内容大打折扣；有的把立论撰写成演讲稿，逻辑不知何处去，立论完全激情满怀；有的通篇书面语言，给人强烈的背稿感；有的语速过快，几乎超出了人们听觉极限，等等。这些问题必须引起重视，不然，前面我们做了那么多准备工作，好不容易熔铸成这千把字，结果最后一道工序搞砸了，最遗憾的是，这些本来是可以避免的。

1. 立论文本的格式要求

既然是文本，而且是立论文本，自然要讲究格式，当然，这个格式跟公文不一样，公文格式比较固定，重在介绍说明，使人一目了然，且不用有声语言表达；文本格式也跟演讲稿不同，演讲稿格式不固定，带有明显个性化，重在渲染情感，有的也有说理，却是为抒情服务。

立论文本的格式主要包括：

第一，礼仪用语。

开头的称呼：各位观众、各位评委、对方辩友，大家上午（下午、晚上）好。结尾时要说：谢谢大家。这些话对立论文本没有什么实际意义，但会对评委和观众心理上产生影响，从而直接影响到首因效应。当然，表达应该与表情匹配,有的称呼很甜,但面无表情,这给人印象是有口无心,不真实,反而会降低首因效应。

陈述中对对方的称呼,最好用“您”“您方”,这样表示尊敬。

第二,内容安排。

要把如此丰富的内容压缩为千把字,各个部分如何安排字数也是一个问题。总的来说,在正常情况下,立论文本分为两大块:一块是概念界定、逻辑关系,另一块是理由或者证明分论点。在字数的分配上应当偏重后面的理由部分,毕竟立论的“论”主要就在这里了。

我们来看看这个辩题“法律的价值取向应以维护社会秩序为重还是应以保障公民权利为重”,正方立论文本,字数1120字,规定时间:3分30秒。

正方一辩:

谢谢主席,问候在场各位。

近年来,随着我国强调“坚持依法治国首先要坚持依宪治国”,法律的价值取向也开始被人们广泛讨论。开宗明义,法律的价值取向包含维护社会秩序和保障人民权益两方面,社会秩序由社会规则所构建和维系,是指人们在长期社会交往过程中形成相对稳定的关系模式、结构和状态,包含公共秩序、经济秩序、道德秩序等;个人权利就是法律所赋予每个人的权利,包括生命权、财产权、受教育权等。判断法律价值取向应以何者为重,不仅看现实状况是什么,更要看其理想或价值内涵的偏重。基于此,我方认为法律的价值取向应以维护社会秩序为重,理由有三。(261字)

其一,从历史文化方面来看,以天下为先是中华民族的传统内涵……

其二,从学术理论方面来看,定分止争是法律的最重要功能……

其三,从现实情况方面来看,社会稳定是国家发展的最基本条件……

综上,我方坚持认为,法律的价值取向应以维护社会秩序为重。(859字)[1]

论证理由部分占整个篇幅将近77%,可见论证的分量。这个不能作为标准格式或者模板,否则会导致立论文本八股化,这是立论之大忌。

反方的立论内容可能与正方有些不同,由于正方先立论陈述,反方立论开头需要对正方立论的观点进行简要反驳。这样,使评委和观众看到反方立

---

〔1〕 2018年第3届全国学生“学宪法讲宪法”辩论赛,陕西省代表队与重庆市代表队。

论的临场性,不至于被看成是背立论稿。比如辩题"未来世博应以网络展示为主还是未来世博应以园区展示为主",反方立论的开头:

反方一辩:

谢谢主席,大家好。

网络展示确实有很多的优势,但是有优势代不代表它就是最主要的呢?今天通过网络展示出来的、您方所论证的世博会,究竟还是不是世博会?它还能不能像现在的世博会一样吸引我们呢?正如对方辩友所说的,网络有着非常多的优势,它的发展满足了人们对于快速、迅捷和低成本的追求……[1]

当然,如果没有发现对方的瑕疵,就用不着无的放矢,这样很容易弄巧成拙,指出对方立论中不存在的漏洞,这会降低你的首因效应。

2. 立论文本的语言要求

这里所说的语言,是指文本的语句和文字。辩论要求辩手语言个性化,但立论很难做到个性化,因为立论文本是事先撰写的,而且用的是书面语言,所谓个性化语言,往往是在没有稿子的情况下临场发挥。因此,立论文本语言要求主要在于:一是语句适中;二是形容词慎用;三是修辞巧用。

第一,语句适中。

从表达的角度,文本的句子不要过长,一个句子不超过20字,句子太长,读起来对肺要求比较高,这很容易影响到表达效果。比如辩题"城市低碳生活更多依靠科技进步还是观念转变",我们来看看正方立论陈词的一部分:"我们要想实现低碳生活,首先必须解决高碳问题。高碳问题它的主要来源,除了我们的日常生活外,更多的还在于工业排污,汽车废气以及垃圾填埋等。那么怎样降低高碳,维持低碳,使低碳更低,就成了我们今天辩论的主题。我方认为更多依靠科技。"[2]

这段文字有11句话,有6句字数在10个字,最长的一句话14字,最短的4个字,这样读起来就容易被评委和观众听清楚,因为每句话结束时都有一个逗号或句号表示停顿,这给受众接受留出缓冲时间。

当然,并不是每个句子都必须或者只能一样的长度,那如果真是这样,就变成刻板的经文,文本的句子应该长短结合,但不可以太长,也不可太短。长

---

[1] 刘想树主编:《论辩西政》,法律出版社2012年版,第317页。

[2] 刘想树主编:《论辩西政》,法律出版社2012年版,第275页。

者不可影响到呼吸,短者不可给人读词的感觉。

第二,形容词的慎用。

文本的语言还应该对形容词保持适当的警惕,不到万不得已不用或者少用,形容词主要用来描写或修饰名词或代词,表示人或事物的性质、状态、特征或属性。立论的主要功能不是描写或修饰,而是陈述和论证,其语言本身并不需要用形容词来打扮。恰好相反,立论讲究用最简洁的语言表达出最复杂的道理。再加上时间限制,立论文本的用语就需要尽量去掉不必要的修饰,直截了当,直奔主题。

当然,我们并不是完全否定形容词在立论中的运用,这要视辩题而定。比较严肃的辩题,比如涉及社会科技教育等方面的,可能形容词用得比较谨慎,而跟文化艺术相关的辩题,形容词适当使用可能锦上添花。

第三,修辞巧用。

修辞的功能在于修饰言论,也就是在使用语言的过程中,利用多种语言手段以收到尽可能好的表达效果的一种语言活动。修辞的运用是为了表达效果,即使受众对所表达的内容产生共鸣,而立论文本则不太强调语言的表达效果,而是注重语言的论证作用,记住,是作用而不是效果。论证再充分也不可能产生共鸣,不会使论证的过程产生美感。所以,在立论文本中,很少见到如演讲般的修辞,有的也只是在最需要的地方点缀一下,为的是活跃或者烘托气氛。比如辩题"城市低碳生活更多依靠科技进步还是观念转变",正方立论开篇就是:"谢谢主席,大家好! 历史的车轮滚滚向前,科技的进步也从未止步。"辩题"宁要大城市一张床可取还是宁要小城镇一间房可取"正方立论开头:"百年期盼上海之约,世博的脚步已清晰可见。在这场探讨人类城市生活的盛会中我们知道了,城市让我们的生活更美好。"都用一个比喻来开启立论,这样一开篇就用修辞来渲染气氛,这也无不可。

辩论中,最需要运用形容词和修辞是最后的总结陈词,这个我们在后面的章节中详细介绍。

3. 立论文本的表达要求

立论文本最终将以有声语言传播,立论的效果如何,将通过表达来展示,这应该是立论的"最后一道工序",所谓的首因效应,更多是通过说与听来产生的。

一般来说,立论陈词的一辩多为女生,主要是因为女生声音温婉、清脆,音质细腻，吐字清晰，比较容易为评委和观众接受。

第一，立论表达的“禁忌”。

一是切忌表露负面情绪。比如谴责、驳斥等口吻，跟你方的观点一样，对方并不就是恶，对方的观点只是抽签决定的，你要证明的是本方观点的成立，你也可以否定对方的观点不成立，但不要用体现负面情绪的语言阐述。比如“对方的观点完全不可理喻”“对方的论证如此草率”“对方的态度有点骄横”等，这些指责性的表达既不文明，也容易招致评委的反感。

二是忌慷慨激昂。不要对本方立场投注大量的情感，立论不是演讲，更不是朗诵，完全没有必要对本方的观点渲染情绪，观点不需要共鸣，论证也不是心路历程。比如“对方辩友，各位观众，我为我们的队伍感到骄傲，我将誓死捍卫我方的立场”“生命将在拼搏奋斗中闪耀着青春的光芒”，这类语言只能冲淡本方的论证。

三是忌讳“照本宣科”，这里的意思是指表达不能如同读课文，一个腔调一个节奏读下去，这很容易产生听觉疲劳。虽然立论不是朗诵不是演讲，但立论表达的目的就是想方设法使听众评委能听得进去。

第二，立论表达的“应该”。

一是应该抑扬顿挫，有节奏感。立论虽然是论证本方观点的过程，但是这种论不是“纸上谈兵”，而是通过声音传播到听众的听觉器官。那么，什么样的读音可以使听众不“累”地听进去你的论证呢？那就只能让你的表达抑扬顿挫，这样可以产生音乐感，使你的论证比较充分地为听众所接受。同样，语句表达应该有节奏感，有快有慢，快慢结合。比如，语句短的就比较快，长的就比较慢；分论点不能快，而后面的论述则可以视句子长短而定，等等。

二是音量应该适中。立论表达的音量可以根据自己平常说话的习惯而定，如果平常说话的声音比较小，这个时候就要大一些；如果平时嗓门大，也可能要稍微收敛一下。虽然有麦克风，但比赛一般都是在比较大的空间里进行，可以在赛前训练时试一试音，给自己的音量定位，一般比赛前主持人会要求辩手们试音。

三是语气要平和。立论表达应该是一种与对方探讨的语气，以示温文尔雅，有人说辩论就是要唇枪舌剑，这只是在后续的自由辩论环节中出现，但在立论中却不能这样。其实，语气的平和并不等于内容的平淡，事实上，最好的立论表达，就是用平和的语气说出强有力的论证。简言之，就是语气平和，内容强硬。

第八章　质疑与答疑

质疑和答疑是辩论中最重要的内容，它充分体现了辩论的特质。辩论赛专门设置了盘问、攻辩、自由人对话等环节，为的是使双方在这些环节上通过质疑答疑短兵相接。最早的辩论赛没有这些环节，立论陈述完毕，就是自由辩论，然后总结陈词，这种赛制“论”有余而“辩”不足。随着辩论赛水平的提高，原来的赛制已经不能适应辩论赛的需要和发展了，于是组织者纷纷修改或调整赛制，增加了质疑答疑临场对辩的环节，强化“辩”的力度，使辩论赛的对抗真实，现场感强。为了阐述方便，本章我们仅以某一赛制中的盘问、攻辩和自由人对话为例，介绍质疑和答疑的作用以及操作方式方法。

第一节　质　　疑

所谓质疑，有这样两种解释：一是提出疑问；二是利用证据，提出疑问。就辩论而言，比较倾向于后一种解释，就是一方利用自己掌握的证据向对方提出疑问，这个疑问并非提问者不知道，而是试探对方，目的在于让对方难以回答。在表达程序上，比如盘问环节，一方某任一辩手向立论陈述者质疑，立论陈述者只能正面回答，不得回避，不得反问。设计这样的环节，就是为了让辩手临场应对进攻。作为盘问方，自然要挖空心思寻找对方立论中没有发现的漏洞，但在对方没有陈述完立论之前，这种寻找也只能是预测。这里，我们着重介绍盘问的质疑，因为这样的质疑是根据对方立论进行，有据可依，当然，这样的质疑也可以延续至攻辩，甚至自由人对话环节，前提是对方没有很好回答甚至回避这个问题。

我们以盘问为例，根据对方立论设计质疑。

一、对概念质疑

如前所述,双方在概念的界定上很多情况下不会完全一致,甚至会截然对立,因此对质疑概念的界定应该是质疑的首要选择,其主要作用在于,为后续的辩论比如自由辩论扫清障碍,否则,双方会陷入各说各话鸡同鸭讲的境地。

(一)质疑概念的界定

比如辩题"西部欠发达主要是地域和资源问题还是主要是思想和观念问题",正方对概念界定的质疑设计是这样的:双方争议最大的可能是"资源",其次是"思想"和"观念"。据此,质疑设计就是:第一,关于"资源"的界定,如果对方仅仅界定为自然资源,则质疑的问题是:资源包不包括社会资源?人力资源是不是资源?人才算不算人力资源?如果对方将资源界定为自然资源和社会资源,那么,正方就会质疑:西部的社会资源跟东部相比是不是差距很大?第二,关于"思想"和"观念"的区别,思想和观念区别在哪里,思想为什么不等于观念,等等。这样做的目的是使对方露出破绽。从比赛现场的情况看,反方立论中并没有对"资源"进行界定,而在论证过程中,把"资源"解读为"自然资源",这是自我设限,将自己的空间缩小,如此一来,正方赛前预设质疑就派上了用场。事实上,西部的自然资源丰富,但人力资源却很匮乏,而反方可能没有查阅到这些背景资料,因此,导致比赛中因为"资源"这个概念的界定不当而陷入被动。

这方面有一个很经典的例子,前面已经提到过,有一次全国性大学生辩论赛决赛,辩题"诚信主要靠自律还是诚信主要不靠自律",反方立论另辟蹊径剑走偏锋,提出"诚信既主要不靠自律,也主要不靠他律,而主要靠机制"。说实话,这完全出乎正方的预料,赛前准备的东西基本上作废,如果不能及时应对,那么正方在比赛中将会很被动。幸运的是,正方队员的倾听能力很强,均不约而同地在纸条上写着两个字"机制"。这说明,后续的比赛中正方将质疑"机制"的界定,由此撕开反方的防线,扩大本方空间。在质疑中,发现反方对"机制"的界定仅仅停留在词语的解释上,并没有对"机制"的内涵和外延进行挖掘和拓展,于是正方的质疑从"机制"的界定开始,延展到"机制的外化是什么""机制为主那什么为辅",等等,这一段将在后面章节中详细叙述。

(二)确定"可疑"概念

当然,要以概念的界定质疑对方,首先要确定"可疑"的概念,并不是每个概念都“可疑”,都需要质疑,比如“在校大学生以学习知识为重还是以培养能力为重”,“在校大学生”应该不会作为质疑的概念。那么“知识”和“能力”也许“可疑”,双方都有可能对这两个概念的内涵作一定程度的改变,以不利于对方和有利于本方。确定了“可疑”的概念后,就要对概念进行“破坏”。比如正方,就要质疑对方关于“知识”和“能力”的界定,首先要对这两个概念进行逆向界定:“它不是什么”;其次再正向界定:“它是什么”,如此反复,才有可能对比赛中所进行的质疑作出比较合理的预测。

当然,“打铁先得本身硬”,要质疑对方的概念界定,自己得先在立论中把概念界定清楚,不然,如果贸然拿自己都没弄清楚的概念质疑对方,很可能“自损八百”。比如“环境保护以人为本还是以自然为本”,如果反方在立论中把“人”也归结到“自然”之中,在攻辩时质疑正方:“请问对方辩友,人是不是自然之子?”如果正方这样回应:“对方在这个辩题里把人归结到自然,那么本方的立场跟你方一样,也是以自然为本,那我们双方还有什么可辩的呢?”反方将如何回应?

二、对学理质疑

如前所述,立论都要涉及一些学理,这是为本方的论证提供理论依据。由于辩题不可能是真理,所以立论中的学理也不可能是真理。“我们所认定的真理,出于我们的价值观和经验判断。价值观问题之所以复杂,就因为它们往往没有一个简单标准的答案。”[1]因此就有了质疑的空间。对于问题型辩题来说,其学理性不是那么突出,可能在分论点论述中体现。比如“通俗文学比文学名著影响大还是文学名著比通俗文学影响大”,正方可能会以接受心理学或文学大众化的理论作为立论的依据,反方设计质疑时就必须有所应对,一方面要查阅相关的资料,接受心理学关于大众接受心理的表述,从社会学角度对人们喜欢通俗读物这个现象进行解读。如果了解这些,对方提出这样的理论,“你”直截了当进行质疑;当对方没有提出这些理论,“你”也可以这样提问:“对方辩友,你方的观点是不是以这些理论为依据?”如果对方否定,你可以追问:“那以什么为依据?”如果对方肯定,你于是追问:“那么请问,这些理论是如何支持你方的观点的?”这样的追问,如果对方赛前没有准

---

〔1〕[美]托马斯·郝理翰、凯文·马斯科:《论辩学教程:论说与辩争的思维与方法》,邓炘炘译,清华大学出版社2018年版,第12页。

备，很容易陷入困境。

（一）注意最基本的学理

但是，这要注意，如果提问的一方完全理论化，把质疑搞得像知识竞赛，势必给评委和观众留下要么迂腐、要么刁钻的印象。这种使用需要满足两个条件：一是该理论确实为对方所忽视；二是对方虽然也提到这个理论但似乎有些不准确。比如，某次比赛，辩题是“辩论赛，学理内容比语言技巧更重要还是语言技巧比学理内容更重要”，反方为此查阅了大量语言学方面的理论，包括语言本体论，什么哈贝马斯、海德格尔、索绪尔、高本汉、乔姆斯基等，差点登上语言学的“珠穆朗玛”。可是，语言的基本知识方面却没怎么在意，结果，反方立论陈词完毕，正方拿出一张人的大脑解剖图，向反方发问：“人的大脑分两个半脑，请问，哪个半脑是管语言的？”反方语塞，只好承认不知道。这个盘问正好证明对方观点：“学理内容比语言技巧更重要”。正方这个问题设计很高明，一举三得，一是让反方哑口无言，气势弱化；二是充分证明了正方的观点；三是强化了正方的气势。这个事例说明：千万不要放过与辩题有关的东西，有时候高精尖的理论未必能派上用场。比如，正方问反方关于乔姆斯基的转换生成语法，反方完全可以这样回答：“实在不好意思，我没有专门研究过他的著作。评委也不会觉得怎么样，难道跟辩题有关的理论一定要一网打尽然后再如数家珍吗？”但是，如果正方问反方一些跟语言有关的基本的理论常识，比如语言跟思维是什么关系，反方不知道，正方就会趁势扩大战果：“既然不知道语言跟思维的关系，那你怎么知道语言技巧比学理内容更重要呢？”

（二）基本理论判断

从这里我们可以看出，辩题立论的基本理论可以用于盘问，关键是判断哪些是基本的理论，这些基本理论哪些可以用于盘问，这些用于盘问的基本理论哪些可能是对方已经知道的和不知道的，等等。如果用得好，它的攻击效果会延伸到攻辩甚至自由辩论，当然，这就要看谁准备得更加充分了。

还有一个很经典的比赛事例，有一场决赛，辩题是“经济发展优先于环境保护还是环境保护优先于经济发展”，正方一辩立论提出三个带有理论色彩的分论点，每个分论点的论证看起来似乎没有漏洞；从结构上看，这个立论文本整齐干净，层次分明，逻辑比较清晰。然而，在反方看来，这三个分论点就是三个攻击点，以下是双方的对话：

反方:正方辩友您好,您刚才提到三个观点,我来跟你确认一下,看看有没有误解。第一个是说经济发展是人类生死存亡的问题,第二个是说如果没有人类的话,环境保护就没有意义,第三个是说要通过优化经济结构才能一起解决所有的问题。

正方:似乎你的理解有一点偏差。

反方:哪一点?

正方:我也很乐意来告诉大家,我们要告诉大家的是经济发展问题是人类需要的问题。

反方:就是生死存亡的问题嘛。

正方:关键在于第三点的理解,关键是人类的终极目标是什么问题。

反方:人类的终极目标是两者并重嘛。那您方认为透过经济发展可以达到这个目标对不对?

正方:其实人类发展的终极目标是人的发展,人类的成长。

反方:您方认为透过经济发展的方式可以达到人类发展的终极目标?

正方:我们说的是经济发展是人类发展的重要手段。

反方:您方认为经济发展是实现人类发展的手段?

正方:是我们实现人类发展的一个主导性手段……

反方:好,相信我们没有误解彼此的论点。请问对方辩友,经济发展是一个生死存亡的问题,那环境保护难道不是生死存亡的问题吗?

正方:是。

反方:好,对方辩友,如果经济发展和环境保护都是生死存亡的问题,那您方说,如果没有人类的话,环境保护就没有意义,那我方可不可以说,没有人类的话,经济发展就没有意义?

正方:是。我们认为,没有人类,两者都没有意义,那怎样来保护人类,只有人类不断发展,人类才能保存下来。

反方:对,我们今天要讨论的问题是,为了实现人类的发展,永续经营,我们要采用经济发展和环境保护的手段。

正方:我们人类发展是我们的主题,环境保护是什么呢?是现阶段彰显出来的一个问题,是我们人类发展活动中出现的一个障碍。

反方:对方辩友,您说环境保护是人类发展的障碍?[1]

反方的质疑从内容上可以分为两个层次:第一层,与正方落实观点,将正方立论中提出的三个分论点一一加以核实,这种质疑方式很少见,一般都是开门见山直截了当,而这里却是娓娓道来,不疾不徐,绵里藏针,让正方摸不着头脑。而且,反方通过这种方式,可以使评委和观众加深对正方立论中问题的印象,以便为接下来的质疑提供靶子。第二层,对正方的三个分论点逐条质疑,由于正方的这三个分论点虽然有理论色彩,但是没有进行证伪,于是就留下了漏洞。相信反方赛前恐怕没有预测到这些,这些可能都是临场发挥。如果真是这样,那么,反方这位辩手的倾听能力和归纳能力值得充分肯定。

三、对事例质疑

立论需要事例作为论据,这也是盘问中质疑方的攻击点。有时候,我们查阅资料功利性明显,就是为了证明观点,所以判断资料是以有用性为标准,而这有用性往往使我们满足于"知其然",而不去想是否有必要"知其所以然"。具体来说,就是不去验证这事例是否真实,是否具有普遍性,能否与观点建立起必然性关系,等等。如果另一方能想到这些,那么,就有可能在盘问中占上风。

比如"应该降低刑事责任年龄还是不应该降低刑事责任年龄",正方立论中举出一个事例:某某医科大学1987年对未成年人进行过一项问卷调查,发现他们的身体和心理都比以前的同龄人成熟了很多。刚好,反方在赛前准备中也发现这一事例,但经过验证,发现是假的。开始时,猜测对方不太可能使用这个事例,又想万一对方使用了呢,于是,还是准备了,甚至还据此设计了一个问题链。比赛中,正方立论中果然用了这个事例,接下来反方的盘问就按部就班了:

反方:请问对方一辩,据我们查阅的资料,某某大学成立于1994年,怎么可能会在1987年做调查?

正方:不好意思,他们成立前叫某某学院,这是我们把称呼弄错了,对不起。

---

[1] 2007年第6届海峡两岸大学生辩论赛决赛,电子科技大学与东吴大学。

反方:没关系,那么我再问,当时他们问卷调查的样本是什么,列出多少问题,调查了哪个地区和学校,具体数据是什么,能告诉我吗?

正方:对不起,这些数据我们下来再谈吧。

反方:那好吧,再请问,现在是2018年了,31年前的调查还能说明现在的未成年人吗?

这三个问题,一个接着一个,使对方无法回应。当然,这种情况也可能有偶然的因素,如果对方对这个调查再进一步分析,不仅仅满足于“是什么”,那么,他们也许就不会使用这个事例了。

在辩论赛中,这种将未验证的事例作为立论论据情况还不算少,却少有盘问的一方针对这些论据质疑。从比赛现场看,盘问一方往往没有针对性地倾听对方立论,有的甚至低头看自己的文本。他们盘问的问题不是来自对方立论中的漏洞,而是在赛前已准备好的问题,至于对方立论中说什么无关紧要。如此一来,盘问就失去了意义,因为盘问不是针对对方立论中的漏洞,而是与立论关联度不大甚至毫无关系的问题。在这个意义上,“争论的意义不在于说服,而在于倾听”。[1]

四、对逻辑质疑

任何立论都要讲逻辑,但是,任何立论都必然有逻辑上的问题,因为任何辩题都存在漏洞,关键在于能否发现对方立论中的逻辑问题。这也可以在赛前预设,因为双方的辩题都是明摆着的,如前所述,可以从辩题中找出对方逻辑上的问题,当然这只是一个方面,并非一找就灵,很多时候并非如赛前所料。所以,倾听的能力在这里就派上了用场,能够听出对方立论中的逻辑问题,并且立即转为问题。这种方法在盘问中的杀伤力很大,对方一旦被锁定,如果不是在赛前对辩题有相当深入的解读和分析,那就很难解开这道锁。

比如当年有一场决赛辩题:“世博会在未来应以网络展示为主还是应以园区展示为主”,这是一个主次比较型辩题,正方立论必须将“网络展示为主”与“网络展示”加以严格区分,不容混淆。可是,正方立论中没有将二者加以区分,这个逻辑上的问题被反方发现了,于是就有了这样一场盘问:

---

[1] 久肆:《“合理质疑”和“杠”之间该如何区分》,载知乎网2021年5月6日,https://www.zhihu.com/question/457805977。

反方四辩:……您方立论第一点告诉我们说网络世博会能够增大数量,第二点告诉我们深度上能够增加了解,第三点说个性化能够降低参考成本。这都是网络世博会的好,和以网络为主之间有什么关系呢?

正方一辩:对方辩友,我们今天判断为主的标准就是看谁能最大限度地实现世博会的根本宗旨和价值。……今天上海世博会已经做得很好了已经有七千万人,但是相对于十亿网民来说,但相对于全球六十亿人来说,是不是还有很多人没有能够感受到世博的精彩。那怎么办呢?就是要通过网络展示嘛……

反方四辩:对方辩友说得特别好。就是说网络展示能够扩大世博的效果。可是如果不以网络为主,能不能用网络的方式同样展现世博的效果呢?

正方一辩:对方辩友,我们今天说的网络不是您现在想象的网络。您现在看到的是 web2.0,而马上我们可能会有 web3.0、4.0、5.0……我们让大家看到的是一个多维立体的展示空间,一个逼真的真实感受,这才是我们未来网络要给大家达到的一种效果。

反方四辩:对方辩友,我知道未来网络发展得更好,网络这种方式也能体现世博会的价值。我方请问的是如果未来不以网络为主的话,网络展示是不是就没有这样的价值呢?

正方一辩:对方辩友,不是啊。这要看您定义的网络展示是现在的网络展示还是未来的网络展示。

反方四辩:对方辩友,未来的网络展示如果在未来不以网络为主的话,是不是就不能用网络展示这种方式来体现世博会的某些价值呢?

正方一辩:对方辩友,不是这样的。我们今天判断为主的标准就是要看谁能最大限度地去实践它的根本宗旨和价值。……由于园区的局限性,使得更多人没有能够真实地感受到世博会的存在。……我们未来就是要用网络展示,因为未来网络不仅仅是一个展示的平台,他更将成为一种生活方式,他将作用于每一个人。这才使世博会真正走入我们每一个人。

反方四辩:好嘛,对方辩友。您方区分不出来未来以网络为主和不以网络为主之间网络展示的作用是否有消减。那我换一个问题好了,您方在未来用网络展示这种方式来展示世博会的同时,怎么叫为主,怎么叫不为主?上海世博会今年也用了网络,但是上海世博会的官方定义是以园区为主网络为辅。您方能不能告诉我,未来您以网络为主究竟是怎么操作的呢?

正方一辩:对啊,对方辩友,我们今天告诉你了,为主是一个价值上的判断,我们当然要有一个从园区到网络的一个过渡,而我方今天四位辩手达成了一个共识,就是先将展示功能整体移动到网上。

反方四辩:对,对方辩友今天说得很好,我方也承认,网络展示和园区展示都有它的好处,今天单比较它们哪一个为好处,就是从他们的性质上判断,应该以哪个为主。可是对方辩友,我方问您的是今天如果我们不以网络展示为主,是不是就不能突发网络本身的一些作用呢?(时间到)[1]

反方四辩抓住正方立论中没有明确分清“网络展示为主”和“网络展示”的区分,始终咬着不放。第一层,要求正方回答:正方的三个分论点与“以网络展示为主”的关系,正方以“有10亿网民没办法进园区观看,就是要通过网络展示”,但是这并没有正面回答反方的“网络展示为主”;第二层,反方逆向提问:“如果不以网络为主,能否用网络展现世博的效果”,正方只能以“未来网络立体多维效果更加逼真”,这其实是在回避问题;第三层,反方并没有点到为止。而是结合正方说的网络展示能体现世博会的价值,又来一个逆向提问:“如果未来不以网络为主,网络展示是否不能体现这样的价值”,正方还是停留在“用网络展示世博的精彩”;第四层,反方四辩改变进攻方向,提出“网络展示为主”如何操作,如果前面几个层次反方四辩是在“是什么”“为什么”上盘问,那么这第四层的盘问就是“怎么样”。任何方法手段,如果没有操作性,则其合理性就难以论证。正方以“网络展示为主是一个价值上的判断”回应,显然,什么“为主”应该是手段方法,而不是价值,但正方这样说也是出于无奈。

第二节 答　疑

在质疑和答疑的互动中,最精彩的不是质疑而是答疑。因为攻辩所质疑的问题可以在赛前准备,而答疑虽然也可以赛前准备,但这种准备只能是保底,作为最后的选项。因为你不可能完全知道对方会提出什么问题,所以基本只能靠个人的临场反应。

---

〔1〕 刘想树主编:《论辩西政》,法律出版社2012年版,第319~321页。

一、赛前准备

赛前准备往往比较倾向于准备质疑问题,而对于答疑由于测不准而投入不够,而在比赛中,这可能会因为答疑准备不足出现漏洞被对方抓住从而陷入被动。比如前面我们所举的事例,反方立场是"语言技巧比学理内容更重要",于是查阅了大量有关于语言学的理论知识,但是在准备答疑时,却没有对"语言的生理机制"进行了解,结果这个成了正方质疑的问题:"大脑的哪一部分管语言",答疑方只能承认不知道。

辩论是零和博弈,本方的弱项就等于是对方的强项,知己知彼,本方的知己就是对方的知彼,知彼是为了质疑,知己是为了答疑。了解弱项,不能仅仅从本方了解本方,这样就会陷入悖论:弱点,应该是跟强点相比较显现的,如果没有比较,哪来弱项。因此了解本方弱点,就要跟对方比较,对方的强可能是本方的弱。这样的比较,才有针对性,才有可能提高预测准确率。

(一)从辩题比较推测本方弱项

正因为辩题先天具有片面性,所以,肯定存在弱项,有漏洞,套用一句话:辩题不是没有漏洞,只是缺乏发现漏洞的眼睛。怎么发现,最有效的是通过与对方立场比较。比如辩题"统考制度有利于创新人才的选拔还是不利于创新人才的选拔",作为正方,首先跟反方比较。反方辩题的优势在于:第一,"统考制度"的"统"和"创新人才"的"创"之间的关系,创新就不可能被统,而统就不可能创新。第二,通过统考制度能不能选拔创新人才。大量的事例证明,创新人才不是考出来的,是在实践中干出来的。第三,既然统考制度不能选拔创新人才,又何谈"有利于"。这应该是反方的三个强项,自然也是正方弱项。正方如果处理不好,很有可能在盘问、攻辩、自由人对话,甚至自由辩论中被反方不断追问,从而陷入被动。找出这三个弱项,就要想办法作出至少不有害于正方的解读。换言之,就是进行"无害化"处理,以回应对方的质疑。我们现在尝试一下:第一个,"统"和"创",反方意在使正方陷入两难困境,但是,这个辩题并不涉及"统""创"关系,不是"统"有利于"创",而是"统考制度"与"创新人才选拔"之间的关系。简言之,就是制度与选拔的关系。这一点一定防止被反方拉入陷阱。第二个,统考制度不能选拔创新人才,只是有利于选拔创新人才。这如同电脑,有利于成绩提高,却不能使成绩提高。这是对第一个问题"制度与选拔"关系的回应,即二者不是必然的因果关系，而只是一个既非充分亦非必要的条件关系“有利于”。第三个，“有利于”具体表现在哪些方面，这是一个事实层面的问题，这就要大量查阅资料，找出跟观点有必然联系的典型事例，还有权威媒体公布的相关数据，以及这方面的理论，等等，以备不时之需。

（二）从事例比较推测本方弱项

事例在质疑中具有很强的攻击力度，我们都知道“事实胜于雄辩”，因为一般意义上事实应该是真实可靠的，答疑不可能否定对方举出的事实，除非你有确凿证据证明这个事实是虚假的，否则难以应对。为此，就需要查阅对方最有可能采用的事例，可能由于立场问题，我们查阅有利于对方的资料时，往往带有排斥心理，总是以驳斥的心态去面对这些资料。“我们都喜欢接收和自己意见相近的信息，排斥和自己意见相左的信息，不论它们是书面形式还是口语形式。从认知角度来说，这是出于人们习惯用他人信息来强化自己认知看法的心理。”[1]如果是这样，带着偏见去了解对方，就难以深入了解这个资料对于本方的杀伤力，赛场上就会尝到苦果。

前面我们在“质疑”这一节里，列举了一场比赛，辩题是“世博会在未来应以网络展示为主还是应以园区展示为主”，赛前反方查到这样一个事实：2015 年意大利米兰将举办世博会，这届世博会的主题创新，从过去历届以工业和科技变为农业，给每一个参展国提供一块土地，并且模拟该国的气候，由该国种植其最有代表性农作物，游客可以参与农作物的种植、管理、收割和制成食品，并且免费让游客品尝，这个事例简直就是反方的撒手锏：五年的以后米兰世博算不算未来，游客参与农作物从种植到制成食品的全过程网络上展示效果会怎么样？这个事例对正方不利，对于反方则至关重要。

资料显示：2015 年米兰世博的主题是“滋养地球，为生命加油”，主要展示食品行业的传统创新，所要探讨的问题包括：提高食品质量与安全；保证人类饮食的健康；杜绝疾病；食物供应链的创新；向大众教授营养知识，鼓励新的生活方式。展出时间从 2015 年 5 月 1 日至 10 月 31 日，共 184 天，计划有 140 个国家参展，展览场地面积 10 万平方米，参观者 2000 万人次。这里有两个数据可能会被正方采用：一个是展出时间，另一个是参观人数，网络可以 365 天每天 24 小时展示，人数不限，只要有网络都可以参观。这似乎是答疑

[1] ［美］托马斯·郝理翰、凯文·马斯科：《论辩学教程：论说与辩争的思维与方法》，邓炘炘译，清华大学出版社 2018 年版，第 167 页。

之道，但是，这可能在反方的预测之中，而且，数量能说明为主吗？即使能够证明为主，力度也不强。

再上网查一查，结果有了新的发现：这次米兰世博不但主题创新，而且展示方式也创新，发明了虚拟现实交互式展示技术，比如日本，在日本馆设计手法上采用大量的虚拟现实交互技术，将“沉浸式”“交互式”等设计理念融入其中，把传统展馆中体验者被动接受“信息”转换为现在的主动寻找“信息”，这种信息传递方式的转变赋予了展示设计新的活力。同时，日本馆采用虚拟场景、多媒体投影和图片展墙等多种形式相结合的方式来表现大量的日本美食、风景以及当地风土人情，让展示内容丰富多彩，游客可以全身心地投入其中。这一下可找到答案了：园区展示其实也有网络展示在其中，那么网络展示可以从园区外到园区内，使用的就是这种虚拟现实交互技术。由此，所谓园区展示和网络展示，不仅仅是展示的状态，更是展示的技术。这样一来，就有可能出乎反方预料，正方的辩论空间顿时拓展了不少。

（三）从逻辑比较推测本方弱项

双方的辩论逻辑是由辩题决定的，因此，比较双方的逻辑就会见出各自的强项弱项。双方的立场决定了双方的逻辑不一样，也同样决定了双方的逻辑都不可避免地存在弱项，这是先天的，比如“高铁霸座行为应不应该进一步加重处罚”，高铁霸座行为属于侵权行为，违反了《民法典》，同时，一定程度扰乱高铁乘坐秩序，违反了《治安管理处罚法》，这两部法律都有相应的处罚规定。双方的弱项在于，正方要避免悖论：既然对于高铁霸座行为已经有了相应的法律制裁条款，那就依法处罚，完全没有必要进一步加重，否则就是于法无据。而反方的弱项在于：高铁霸座行为是很恶劣的违法行为，而在执法中往往因为考虑到执法成本而畸轻，起不到威慑作用，于是高铁霸座时有发生。面对这种情况，如果不进一步加重处罚，如何阻止这种现象的不断发生。以上列举了正反双方在逻辑上的弱项，这个弱项是由辩题造成的。换言之，是由基因决定的。

还有一种，也是由辩题所决定的，但这种决定不是对等的，即一方完全处于弱势，而另一方则完全处于强势。比如“传媒文化塑造人格还是淡化人格”，反方明显在逻辑上非但弱项，简直就是“死”项——反方的大前提不成立。反方的大前提是“文化淡化人格”，小前提是“传媒文化是文化”，结论是“所以，传媒文化淡化人格”。如果正方质疑：“请问反方辩友，中华文化是如何淡化中国人的人格的?"反方将无言以对,又不甘就这样放弃比赛缴械投降,只好背水一战:首先,回避大前提,另立大前提"文化不能塑造人格,只能影响人格的塑造",然后直接跳到结论"传媒文化淡化人格的独立性、自主性和迷失自我"。这个逻辑确实千疮百孔,但实在找不出比这更像逻辑的逻辑了。比赛中,正方果然问到"文化能否塑造人格",反方硬着头皮答道:"文化不能塑造人格,只能影响人格的塑造,人格塑造是一个自我构建的过程。"结果正方竟然没有再追问,错失了获胜的良机。

相对前两个比较,逻辑更为重要,因为辩论在某种程度上是逻辑之辩,具体体现在整个辩论都是在逻辑的引领下步步推进,而事例只是证明的论据,因此,答疑的赛前准备,在逻辑这个方面,可能要作好整场比赛的准备。

二、答疑方式

前面我们说过,质疑和答疑的互动中,最能出彩的是答疑,但这并不等于只要能回答质疑都能出彩,这就需要技巧。在某种意义上,答疑比质疑本身更加重要,一方面,观众和评委往往对答疑比较重视;另一方面,答疑的难度也比质疑大得多。根据质疑是否为赛前所预料,答疑分为两个方面,一是有备而答,二是无备而答。

回应对方质疑的答案是赛前准备好的,这个前面已经阐述过,当然,这种预测的成功率往往因教练而异,所以不是很牢靠。但是,无论如何,答疑需要"有备",一方面是保底,手中有答案,心里有底气,可以起到积极的心理暗示作用。另一方面,万一对方质疑,这会在气势上占上风。有备而答很容易由于兴奋而忘乎所以,结果弄巧成拙。

首先,当对方质疑后,答疑不要脱口而出,要给人"蓄谋已久守株待兔"的感觉,这听起来有点滑稽。当对方质疑完毕,你可以先稍事停顿,作思索状,然后再一一道来,作出临场发挥的样子。因为这种有备而答肯定出乎对方预料,相当于送上门来让你笑纳,对方是吃了亏。在这种情况下,如果你脱口而出,很容易产生"此地无银三百两"的感觉,从而引起评委和观众情感向对方倾斜,同情弱者,这是人之常情,结果导致答疑方得势不得分。

其次,要注意答疑应该简明扼要,所谓"简明",一是话不多,二是听得懂,在规定时间内把该说的话说完,使对方、评委和观众都便捷地知道你要表达的意思;所谓"扼要",就是话语中抓住要点和中心,不枝不蔓。有的辩手总是希望能把自己的观点阐述清楚，结果时间到了还没有把要点说出来。答疑是有时间限制的，有的赛制规定回答只能20秒，这在赛前就要养成“据时发言”的习惯。

最后，语速根据辩手的语言习惯而定，不能强求一律，但是，必须能够让对方和评委观众听清楚。不然，表达成了噪声污染，效果适得其反。

其实，有些“备”未必是因为辩题而“备”，完全在平时的学习中就应该的“有备”，比如辩题“正其义当谋其利与正其义不当谋其利”：

正方二辩：子曰：不患贫而患不均，不患寡而患不安，这里的贫和寡，还有不安，指的是什么？

反方二辩：贫就是指贫穷。[1]

“贫”“寡”“不安”不是辩题的概念，但与辩题有着密切关系，可能赛前没有准备，但是，从辩手的学识来看，这几个概念只需要中学词语解释的能力就足够了。这并不重要，重要的是，双方都没有发现，这个对孔子的引用是错的。子根本就没有这样曰过，他曰的是：“丘也闻有国有家者，不患寡而患不均，不患贫而患不安。”这话出自《论语·季氏将伐颛臾》，这是高中语文课必修，作为上过高中的答疑方，正方的这个质疑应该属于“有备”，早在高中时期就“备”了，而此时正方的质疑简直就是送货上门。很遗憾，反方错过了展示国学知识的机会。

相对来说，无备而答是答疑的主要方式，因为赛前再怎么推敲准备，那也只是一种静态的预测，绝大多数情况下是不可能预测到的。尤其在攻辩和自由人对话这两个环节，就是为了让双方队员完全处于临场状态短兵相接，完全凭着自己对辩题的理解和自己的反应能力，应对也许没有想到过的问题，而且，这种应对是无缝衔接，思考的时间只是在对方质疑的时间里，你得一边倾听一边想出答案。这种“想”跟我们平常的“想”不是一回事，是在辩论思维的运行中“自动”生成。归纳起来，要学会无备而答，首先需要“有备”，即对本方立场有一定深度和广度的理解和研究，这是无备而答的基础，胸有成竹。但是，胸有成竹的“竹”不是成品，只是构成竹的一些元素或部件，所以，不可能将胸中之“竹”和盘端出，那只是为成为有声语言的“竹”

---

[1] 《精彩辩论赛：正其义当谋其利还是不谋其利》，载第一范文网2018年9月26日，https://www.diyifanwen.com/fanwen/bianlunsai/2346961.htm。

提供组件，这些元素或部件必须经过某种方式才能黏合成“竹”，这个方式就是辩论思维。

由于答疑是没有准备的，对方的质疑往往会攻其不备，面对这种情况，如何答疑，下面列举几种方法。

（一）关于概念的答疑

这种情况在攻辩中经常出现，而且所问概念既有辩题的概念，也有与辩题相关的概念，前者是本方赛前对这个概念没有界定或界定不清，后者可能根本就没有注意到这个概念，而质疑方正好用它来使答疑方因难以回答而陷入被动。这一般有两种情况：

1.“你”要回答的是“你”压根就不知道的概念

这主要表现在两个方面：一是辩题的概念没有界定；二是根本就不知道这个概念。比如：

反方三辩：请问对方辩友，你知不知道什么是人格的完整性？

正方三辩：对不起，对方辩友我确实不知道。

反方三辩：在心理学上，人格的完整性即是指主客观自我的统一，在请问了何为拟态环境？

正方三辩：确实不知道，敬请赐教。[1]

第一个问题正方赛前应该了解到，因为辩题是“传媒文化塑造还是淡化人格”，这里的“人格”是辩题中的关键。正方答疑还算坦诚，但是，从技术的角度，这个概念具有开放性，它是一个偏正结构，所以有阐述的空间，正方也许可以这样表述：“对于人格的完整性，我个人认为应该是……”这个答疑并不是给出答案，而是向评委表示，我不是不知道，我只是理解不一样，这比简单回答“我确实不知道”可能好一些。一般来说，在辩论中，不到万不得已，决不说“我不知道”。第二个问题比较专业，是指大众传播活动形成的信息环境，其实这个概念跟“传媒文化”有很大关系，正方赛前肯定没有查阅这方面的资料。正方的回答还比较儒雅“敬请赐教”，这比第一个回答给人的感觉要好得多。

有一种答疑也很有智慧：

---

[1] 刘想树主编：《论辩西政》，法律出版社 2012 年版，第 127 页。

正方：君自故乡来，应知故乡事。我国台湾地区有一位成功女性张秀华，对方辩友有没有听说过呢？

反方二辩：对方辩友，现在听你说了。

这种质疑属于"是什么"，不知道就不知道，没办法阐述，又不甘心"不知道"，用这种语言问答就不太刺耳。

2. 回答的是知之不多或者似是而非的概念

这类概念的回答很容易因为朦胧而入歧途。我们不可能囊括所有跟辩题相关的概念，于是问题来了，你方忽视可能就是对方重点关注的，于是形成了信息的不对称。这就需要在赛前对跟辩题相关的资料有比较深入的解读，就是把它当作知识来学习来领会，而不仅仅是作为寻找比赛用的材料。这样的话，通过学习和解读，将跟辩题有关的知识融会贯通，当遇到你没有准备的概念时，也会发挥想象力，八九不离十地回答。

比如，辩题"城市低碳生活更多依靠科技进步还是观念转变"，下面是盘问环节的对话：

正方四辩：好，谢谢主席，请教对方辩友这样一个问题，您方在立论里面把生活和经济切割开，请问对方辩友，经济是不是不影响生活呢？

反方一辩：对方同学，今天我方明确的定义了城市生活和城市经济它是有区别的。为什么，我们查过了，低碳城市包括低碳城市经济低碳城市生活以及我们规划者以低碳社会为目标建立一个整个的低碳城市。这个时候我们发现，生活方式和经济还是两码事。因为我们刚才也提到了城市以及我们城市当中的低碳生活他到底需要怎样的生活方式的转变，这主要靠观念的转变。

正方四辩：对方辩友，我刚才问你什么问题？

反方一辩：您问我是低碳经济和低碳城市的区别在于哪儿，我相信我应该明确回答了吧。

正方四辩：不好意思，对方辩友，我问的是经济会不会影响生活，对方辩友等一下回答我们稍微低碳一点让我们的内容更丰富好不好。

反方一辩：对方同学，您问我区别在哪儿，我也告诉您了，它有一定的联系，但是有一个本质的区别，就是生活方式的转变。[1]

这段对话很有意思，正方质疑的是：经济是不是影响生活，而反方答非所

[1] 刘想树主编：《论辩西政》，法律出版社2012年版，第278页。

问:城市生活和城市经济有区别,接着大段叙述,有赛前准备的痕迹。正方又把刚才的问题重复了一遍,反方才算是回答了。从这段对话,我们可以推测,反方可能有点紧张,一心在想自己准备的东西,正方的质疑没有听进去,或者准备不足。于是回答就显得偏离问题。

(二)关于事实和数据的答疑

事实和数据是质疑的标配和利器,因为事实和数据具有客观性,需要答疑方回答“是否”以及对事实或数据的作用意义进行回应。而且,对于答疑方,对这些事实或数据防不胜防,最有效的做法还是个老办法,使“笨”力博览资料,有选择地进行归纳和演绎。前面我们在质疑中介绍过,正方用某一大学1987年的调查问卷结果质疑反方,结果反方赛前对这个事实了然于心,这个事实不真实,结果答疑方充分利用这个机会,步步紧逼,取得场上的主动权。

但是,当对方的事实和数据是真实的,如何回答?比如,

反方四辩:……请问您2015年米兰世博会,它应该以什么为主呢?

正方四辩:对方辩友,米兰世博会当然要吸取上海世博会的经验,一定要保证有网上世博会,不然没有一个人会认为它是一个成功的世博会,您说是不是呢?

反方三辩:对方辩友我告诉你,米兰世博会的主题叫作农业,必须要亲自去耕种。对方辩友,你网络怎么体现?是不是上网偷菜呢?

正方三辩:对方辩友,网上世博会的体现方式有很多,今年的上海世博会已经可以让我们自己DIY场馆,难道将来不会有更多的功能在网上呈现吗?

反方二辩:对方辩友对米兰世博会不了解,其实米兰世博会它的主题是农业,让我们亲手耕种、亲自品尝做出来的那种食物,请问这种感受用网络怎么体现?

正方二辩:……在今天网络世博会还只是个新生事物、处于萌芽状态,而实体的世博会已经发展的尽善尽美。……可是对方辩友不要小看了萌芽的新生事物在未来可是会发展壮大的哟。

反方一辩:对方辩友不要逃避问题,您说我方不讨论未来,我们说2015年米兰世博会。米兰世博会以农业为主,请问您方网络如何让我去感受种、让我去感受尝、让我去感受触摸?

正方四辩:对方辩友刚才告诉我们亲手耕作才叫作真正的体验,那我就

奇怪了，我今天在家亲手耕种我也没到世博会去，难道这就不叫我的亲手耕种了？我真的很冤呐。[1]

反方举出的事例米兰世博会可能正方前所未闻，正方只能敷衍，因为正方没办法设防，这对于反方来说，简直是天助我矣，于是紧紧咬住不放。那么，正方真的就只能这样招架吗？其实不然，现在让我们模拟正方，试着回答反方的这个事例：

反方四辩：……请问您2015年米兰世博会，它应该以什么为主呢？

正方四辩：当然应该向以网络展示为主过渡，这是世博展览的趋势，世博既然是科技，当然要与时俱进。

反方三辩：米兰世博会的主题叫作农业，必须要亲自去耕种。对方辩友，你网络怎么体现？

正方三辩：这个当然通过园区展示给广大民众看，能够亲自参与耕种的毕竟是少数，我们可以通过交互式网络技术将整个耕种过程展示给广大网民观看，使他们有身临其境之感。

反方二辩：对方辩友对米兰世博会不了解，其实米兰世博会它的主题是农业，让我们亲手耕种、亲自品尝做出来的那种食物，请问这种感受用网络怎么体现？

正方二辩：所以，我们还需要园区展示嘛。

反方一辩：对方辩友不要逃避问题，您说我方不讨论未来，我们说2015年米兰世博会。米兰世博会以农业为主，请问您方网络如何让我去感受种、让我去感受尝、让我去感受触摸？

正方四辩：这个辩题是主次之辩，我们强调网络展示为主，是在园区展示的基础上，那种身临其境的感受当然要园区展示来实现，这种方式将永远存在，但它慢慢要让位于网络展示。

比较一下，这样的答疑，虽然力度不足，但相比一味回避敷衍，起码展示了招架之功。

当对方用数据来进行质疑时，而且数据又特意说明了出处，更为要命的是这个出处又极其权威。也就是说，这个数据应该是真实可靠的。而另一方则完全不知道这个数据，比如辩题“解决市民不遵守公共秩序问题主要靠加

---

[1] 刘想树主编：《论辩西政》，法律出版社2012年版，第327～328页。

强管理还是加强教育”,我们来看看正方是如何答疑的:

反方二辩:……根据中共中央党校研究室副主任周天勇教授的介绍,中国的官民比例是1∶18,而美国统计出来的数据是1∶94。对方辩友,您能不能给我们论证一下,我们的缺失制度到底在哪里?

正方三辩:对方辩友,我觉得您方的有一些比例不一定正确,就是我方二辩已经驳过您了,今天中国人口这么多,您不比比例来看这个人数是不是就说不清楚呢?对方辩友今天一直在说需要教育、需要管理,但是你们看解决问题,辩题里有解决,我问您上海世博有出现了不排队的情况,请问这个您方加强教育怎么解决,重点在于解决。[1]

正方面对反方提出的确凿的数据,无法直接回应。也就是说,不知道“缺失制度到底在哪里”,于是只好用一些不着边际的话来搪塞,最后提出质疑,让反方在下一轮答疑,由此为本方赢得思考这个问题的时间。

但是,如果正方赛前有充分的准备,以及足够的临场反应,应该不至于如此被动。我们试着模拟一下反方的应对:

正方:按对方的说法,就是官民比越小制度就越不缺失,而美国的官民比是中国的5倍多,是不是美国的制度比中国缺失5倍?如果真是这样,那为什么我国一直努力精简机构,提升官民比例?

这个模拟告诉我们,如果对方用了确凿的数据进行质疑,而本方赛前对此一无所知,那么,现场可能的选择,就是用逻辑来答疑,在数据与观点之间发现对方逻辑上的瑕疵,再用归谬进行反击。

(三)关于逻辑关系的答疑

逻辑贯穿于辩论的全过程,也是质疑和答疑的重要方式。从结构上,如果一方不能回应对方逻辑上的质疑,那么,本方的辩论体系就有可能产生“雪崩效应”。因此,如何回答对方逻辑质疑就显得尤为重要,在某种程度上关系着本方的生死存亡。

事实上,辩论双方的任何逻辑都是不严谨的,所以才给双方留下了攻击的空间。由于双方都不可能使自己的逻辑关系滴水不漏,同时也不知道本方的逻辑哪里会“漏水”,而对方却要挖空心思地寻找这个“漏水”之处。这种

---

〔1〕 刘想树主编:《论辩西政》,法律出版社2012年版,第303页。

博弈往往会激烈,当然不一定精彩,这得由双方的实力来证明。

1999 年国际大专辩论会决赛,辩题是“美是客观存在还是美是主观感受”,正方为马来西亚大学,反方为西安交通大学,这是攻辩环节的一段对话:

正方:我家的小猫看到我觉得我很亲切,因为当我跟它笑的时候它就会走过来,请问它是不是也感受到我的美的存在呢?再请问对方辩友,审美跟美之间的差别到底在哪儿啊?

反方:其实对方辩友是把狗想吃骨头的那种生理本能也当成了美,(笑声)那么假如这样的话,那我们知道奶牛当听到音乐的时候它的产奶量会提高,是不是要告诉我们,奶牛也懂得贝多芬的音乐美呢?(掌声)[1]

这段对话,正方出现两个失误:一是技术失误。辩论赛提问都是一次只提一个问题。一次提了两个问题,这样实际上浪费了一个。因为时间有限,对方只能回答其一个,这给对方选择空间,哪个比较容易回答就选哪一个。二是常识有误。动物不可能有审美功能,动物的这种行为只是基于本能的条件反射而已。如此一来,正方的质疑相当于给反方送去了攻击自己的弹药。面对送来的弹药,反方并没有直接打过去,比如,这样回答:对方辩友,你犯了一个常识错误,动物没有审美功能,它向你走来是基于动物的本能。这样说意思是表达清楚了,但没有给人语言的享受,反方也许对自己的语言表达能力有自信,他不正面答疑,而是用归谬的方法进行反诘。反方的逻辑是:用一个类比,“假如……那么……”这样做其实是将正方的质疑荒谬化,产生幽默感。当然,严格说起来,这种类比有失偏颇,但表达的效果却超过了表达的内容。

同样也是这场比赛,盘问环节正方二辩和反方三辩的对话可以说是辩论史质疑和答疑的经典:

正方二辩:请问对方三辩,我美不美?

反方三辩:对方二辩非常美,但这只代表我个人的观点,有没有人说对方二辩不美呢?如果有人胆敢说对方二辩不美的话,我们是不是要踏上千万只脚让他永世不能翻身呢?如果美的标准是客观的,那何必问我,你美不美?

---

〔1〕《1999 国辩:马来亚大学对西安交通大学:美是客观存在还是主观感受》,载优酷网 2012 年 10 月 15 日,https://v.youku.com/v_show/id_XNDYyMzI1MzA0。

你只要拿美的客观标准去衡量一下就行了,何必问大家你美不美呢?[1]

这个问答过程很精彩。正方二辩是女生,反方三辩是男生。正方二辩提问意在给反方制造两难困境:如果反方承认她美,那是因为客观上她美,反方只是对客观现实的肯定;如果反方不认为她美,那就显得对女性不礼貌,有失风度。应该说,这个设计很新奇,一是问得突然,相信反方赛前压根就没想到这一招;二是以自身设问,双方刚好性别符合这个问题。如果不是平时有所积累,相信在这种快节奏的语言交锋中,势必陷入尴尬境地。而反方的答疑更显出智慧和机敏,这里有两个逻辑:一是如果你的美是客观的,就没有必要让我来作出判断;二是你来问我,说明美不是客观存在的。

如果你是正方二辩,你知道了这个结果,那么,你能不能换一种说法,使反方三辩难以回应?

(四)关于学理知识的答疑

答疑往往要面对对方以理论知识的质疑,尤其是科技类和专业类辩题。相对来说,这个难度不小,虽然查阅资料时也涉猎了与辩题相关的一些理论知识,但仅仅是“知其然”,往往不会去“知其所以然”,一方面理论越往深处越艰深,很难读懂,这无疑增加了解读成本;另一方面想当然以为对方的质疑不过就在“知其然”,甚至只是“知其名”。在这种情况下,一旦遇上对方以比较艰深或专业的理论质疑时,往往会陷入尴尬。前面我们提到一个辩题:传统文化塑造还是淡化人格。正方在传播理论上没有作更深的挖掘,当反方提出质疑时,却难以应对:

反方二辩:好,那么我来告诉您一个理论,根据德国社会学家伊丽莎白·诺尔—诺伊曼提出的沉默螺旋理论,我们极其弱势的一方,往往会迫于强势而让己方沉默和附合,请问这是不是自主性的丧失?

正方二辩:对方辩友你所说的这种自主性丧失,可不是每个人都是这样,我们所谓的个体是每个人各有的个性,有些人他会丧失,有些人不会丧失,有些人丧失的程度会比较深,有些人丧失的程度会比较浅。这和个性是有关的,这正是所谓的塑造个性啊。[2]

---

〔1〕《1999 国辩:马来亚大学对西安交通大学:美是客观存在还是主观感受》,载优酷网 2012 年 10 月 15 日,https://v.youku.com/v_show/id_XNDYyMzI1MzA0。

〔2〕刘想树主编:《论辩西政》,法律出版社 2012 年版,第 125 ~ 126 页。

显然,正方不知道这个理论,因此回答就显得混乱。首先,正方承认有些人自主性会丧失,这等于部分肯定了反方的观点,当然也部分否定了本方的观点;其次,他似乎是说所有人都丧失了自主性,只是程度不一,这完全是自我否定;最后,他把自主性的丧失说成是塑造个性。

我们现在来试着帮正方回答,前提跟正方一样,不知道沉默螺旋理论。正方二辩:"这不是自主性的丧失,只是自主性暂时隐匿,因为每个人都有权保持沉默。"这样的答疑,比刚才可能要好一些。怎么会有这样的回答?第一,"迫于强势而让己方沉默和附合",既然是被迫,怎么可能会因此丧失自主性,不过是权宜之计;第二,自主性的丧失是一个长期的渐进过程,如果长期沉默和附合,可能会丧失自主性,而问题里没有指明这一点。当然,这种回答也是权宜之计,因为这是在不了解"沉默的螺旋理论"的前提下的一种应急措施。

还有一种情况,当对方提出比较艰深且很专业的理论时,作为答疑方,既不想承认不知道,也找不出什么权宜之计应对。危急关头,当挺身而出,理直气壮宣称"不知道",并且要理由充足地阐述为什么不知道。比如辩题"城市交通问题主要是设施问题还是城市交通问题主要是管理问题":

反方二辩:请对方辩友用交通学当中著名的波动理论给大家解释一下,在介位换位当中的 UW 为什么能从负值转为正值呢?

正方二辩:对方辩友,我们今天是在进行大专辩论赛,并不是进行知识竞赛。你一上来就问我一个纯知识性问题,我相信不仅我不是非常清楚,在座的评委、在座的观众也不是非常清楚。假如对方认为这个问题和我们的辩论非常有关系的话,请详细地解释一下,我们来展开一场有意义的辩论。(掌声)〔1〕

这个回答的精彩之处在于:第一,强调辩论赛的性质不是知识竞赛(应该在知识竞赛前加上"专业"一词,以强调其艰深);第二,把自己和评委、观众紧密联系在一起,暗示对方是在挑战评委和观众的智商;第三,变相指出这个问题与本场辩论赛关系不大;第四,反客为主,要求对方详细解释。其实,对方不可能详细解释,倒不是对方不懂,而是一旦解释起来就有可能出现漏洞,

〔1〕《城市交通问题主要是设施问题还是管理问题》,载无忧考网 2012 年 11 月 5 日,https://www.51test.net/show/2513279.html。

而此时正方正在为发现漏洞而全神贯注地倾听;第五,这种解释在评委和观众眼里可能有卖弄和炫耀之嫌,会形成不良印象。

而此时反方还在继续用专业理论进行质疑:“其实很简单,只是一个管理的问题。那么我再请对方辩友,请用奔驰理论给大家解释一下,畅通工程在城市交通中发挥了什么样的作用呢?”此时反方没有再如前面一样回应,而是用大连市和成都市增添设施证明本方观点。其实,根据场上形势,反方完全没有必要再举一个专业理论,这样做只能适得其反。这可能是赛前布置好的战术,当形势发生变化时,反方没有及时因应变化,还在“按既定方针办”。

第三节 质疑与答疑的一般技术

前面两节我们都是从内容上分析质疑和答疑,虽然,我们坚持“立论为本,内容为王”的理念,但不论是立论还是内容,都必须用一定技术加以展示,这里似乎又出现了一个悖论:辩论的技术因人而异,每个人有每个人的技术,但是,辩论也是逻辑之辩,总有超越个性的方式方法。一般说来,在辩论的质疑和答疑中,悖论、两难困境和归谬这三项技术是我们应该掌握的。

一、悖论

悖论译自英文 Paradox,指产生了矛盾的推理,通常是逻辑和常识之间的矛盾。这个矛盾可能是逻辑错了,也可能是常识错了。甚至有可能是我们习以为常的观念和原则错了,一系列逻辑推理,导致逻辑上的自相矛盾。在中文里,“悖”是相冲突,违背道理的意思,“论”是命题,用“悖论”特指明知是错,又说不出所以然,自相矛盾的命题很准确。

用学术语言来说,所谓悖论,通常是指这样一种命题,按普遍认可的逻辑推理方式,可推导出两个对立的结论,形式为:如果事件 A 发生,则推导出非 A,非 A 发生则推导出 A。这就是定义,我们用通俗的事例加以说明。比如,“我在说谎”,如果他在说谎,那么“我在说谎”本身就是一个谎,因此他说的是实话;但是如果这是实话,可是他明明又在说谎。

在辩论中,悖论是双方都会出现的漏洞,关键在于一方面要防止自己出现悖论,以及出现悖论被对方抓住以后怎么解脱;另一方面,也要注意发现对方的悖论,在瞬间组织语言对其进行质疑。比如辩题“逆境有利于成才还是顺境有利于成才”,正方有位辩手来自西部贫困山区,反方临场设计一个悖论:“对方辩友为什么要去大城市上学读书?是不是因为大城市的环境有利于成才?这个环境是顺境还是逆境?”这样对方就陷入了悖论:如果对方坚持“逆境有利于成才”,那他就不应该去大城市上学;如果对方去大城市上学,就不应该坚持“逆境有利于成才”。归纳起来就是,他的观点和他的行为形成了悖论。

(一)悖论的产生

悖论首先萌芽于辩题之中,这在讨论辩题的时候应该自己设立一个项目,就是注意是否会形成或产生悖论,以便防患于未然。有些辩题一看就知道蕴含着悖论,比如“辩论赛,学理内容比语言技巧更重要还是语言技巧比学理内容更重要”,这实际上将双方都置于悖论之中。对正方来说,越是将学理内容说的重要,越是证明了他们语言技巧高超。也就是说,用高超的语言技巧将深刻的学理内容充分表达出来。反方也一样,越是论证语言技巧很重要,越是说明这个论证的学理性很强。再比如“入世容易出世难还是出世容易入世难”,这个辩题很容易产生悖论。双方都可能遭遇产生悖论:你没有出过世,你怎么知道出(入)世难或者容易?因为这个辩题的个体差异比较大,很难用普遍性来加以肯定或否定。类似的辩题多半属于哲理性的,比如“知难行易还是知易行难”,双方的悖论在于:这个辩题对于正方(反方)是如何知难行易(知易行难)的?

当然,问题类辩题也有这种情况,比如“自媒体时代,我们离真相越来越近还是我们离真相越来越远”,正反方都要注意防止极化思维:是不是自媒体时代越加速,我们离真相就越来越近(远),那会不会近成零距离(远得看不见)。

当然,悖论更多产生于辩论过程中,尤其是立论和总结之外的各个环节,由于是临场发言,不可能赛前做周密的文本安排,所以往往口不择言,这就容易被对方“归纳”为悖论,就是将你的发言往悖论上靠。比如辩论关于“统考制度是否有利于创新人才选拔”:

正方三辩:如果没有统考制度,像对方辩友这样的优秀人才何时才能脱颖而出啊。恐怕也是选来选去“选白了少年头,空悲切”。

反方一辩:首先,我想指出的是,我与我的队友今天能在这里辩论并不是因为我们通过了统考啊,而是经过我们学校层层选拔制度选出来的。我们说

这种选拔制度是有利于创新人才的。如果说通过统考制度来辩论的话,那我们学校拉一个大卡车也拉不完哪!(掌声)

正方二辩:对方辩友,今天我们不是正好是全国名校辩论赛吗?对方辩友不是从名校当中走出来的吗?不是从统考制度下走出来的吗……〔1〕

正方试图将反方拉入悖论之中:“既然对方坚持统考制度不利于创新人才的选拔,那么,你们不就是因为统考制度才上的大学,而且脱颖而出代表学校参加比赛吗?”可惜表述得不简明扼要,反方马上指出我们不是统考制度选拔的,而是层层选拔出来的。正方可能没有意识到悖论,回应就显得局促:将对方参赛归结为统考制度下走出来的。我们试着来为正方设计:“对方辩友是不是在统考制度下上的大学?这个统考制度是不是不利于你们成为创新人才?如果不利,你们是否打算退学?”

(二)悖论的使用

辩论是零和博弈,双方都希望将对方置于被动,合理地使用悖论可以有效地使对方陷入被动,但是,关键还是在于发现悖论,在对方的发言中听出悖论来,这至关重要,而且听出悖论必须立马进行质疑,不然,时过境迁,效果大打折扣。另外,如果发现对方存在悖论,就要直截了当,不能拖泥带水,下面这段对话就很能说明问题,辩题“辩论赛,学理内容比语言技巧更重要还是语言技巧比学理内容更重要”:

正方二辩:说辩论赛是一种游戏,只是反映了我们要轻松面对辩论的一种态度,但是不能将语言技巧凌驾于辩论赛之上,辩论赛就是要驾驭语言而不是被语言所驾驭。如果本末倒置就会把辩论赛引入歧途,造成在赛场上笑话共套话一色,喧嚣与浮华齐飞啊!

反方二辩:好,对方辩友的语言技巧实在很高明,辩论赛的目的不是辩个是非黑白曲直,而是要展现语言的智慧,请问展现语言的智慧靠什么?〔2〕

正方最后的两句话“笑话共套话一色,喧嚣与浮华齐飞”,属于修辞中的“仿拟”,即为了实现一定的辞效,适应特定的语境,故意仿效既有的词语、句子或作品的格调,创造偶发性的语言成分或言语作品的一种修辞格式。〔3〕

---

〔1〕 张德明主编:《千禧之擂》,复旦大学出版社2000年版,第21页。

〔2〕 刘想树主编:《论辩西政》,法律出版社2012年版,第30页。

〔3〕 武占坤:《常用辞格通论》,河北教育出版社1990年版,第274页。

这种修辞格式在辩论中使用频率比较高,因为所仿拟的都是经典名句,比如唐诗宋词等,这样可以产生良好的观众效应。然而,这个拟仿却使正方产生了悖论,反方似乎也察觉到了,于是就有了“对方辩友的语言技巧实在很高明”,可惜仅仅一语带过,等于放对方一马。反方的回应紧紧扣住正方最后两句“仿拟”,进行追问,在追问中将其彻底悖论化,可能效果会好一些,也许会占上风。反方的追问可以这样:“对方辩友,你这两句高仿王勃的《滕王阁序》,你是仿他的学理内容,还是他的语言技巧?”如果正方回应是“学理内容”,反方质疑:“你的两句高仿跟王勃原作在学理内容上有哪些相似之处?”如果正方回应是“语言技巧”,反方:“这不正好说明语言技巧更重要。”

(三)经典悖论举例

所谓经典,是指这些悖论是原创的,是创新的,是典范的。

1. 说谎者悖论

这个悖论应该是我们能够见到的最早的悖论,它困扰人类几千年,挑战人类智慧几千年,几乎成了悖论的代名词。其句式为:“我在说谎”。因为,如果我所说是真(“我在说谎”),那我就不是在说谎;如果我所说是假(“我不在说谎”),那么我就是在说谎了。所以无论这句子是真或不真,情况都不可能成立。

这个悖论起源于公元前6世纪,克里特岛的一位哲学家、诗人埃庇米尼得斯(Epimenides)发誓:“所有克里特人都说谎。”这句话之所以“悖”得经典,是因为迄今也无法给出答案:假设此言为真,那么所有的就是每一个克里特人就全都说谎,身为克里特人的埃庇米尼得斯自然也在说谎,那么,他所说的这句话应为谎言;假设此言为假,也就是说有部分克利特人是不说谎的,则表示埃庇米尼得斯说谎,仍符合假设(埃庇米尼得斯属于克利特岛的人中说谎的部分)。

谎言悖论是一个语义悖论,其核心就是自我指涉,即在说自己时,否定了自己,它的断言总是与自身矛盾,无论你怎么解读,推及自己时就卡住了。这类语句符合语法,在生活中时有出现,人们常做了不合逻辑的解读。

自我指涉悖论存在于人们日常语言中,生活中随处可见,造成的矛盾在逻辑上无懈可击。两千多年来,人们试着解决这个问题,但迄今为止,没有找出妥善的解决方法,只好尽量规避它。

有人可能会提出这样的想法,谎言悖论就是说道自己才“悖”的,那么,把自己排除在外不就行了吗？这可没那么简单，从语法上看，自我指涉是很常见合法的语句，其表达效果无法替代。比如，“这文章是中文写的”，“我说的是真话”，这些也是自我指涉的语句，我们不可能把它排除在生活之外。

2. 普罗塔哥拉悖论

又称“半费之讼”。公元前400多年的古希腊哲学家普罗泰哥拉斯与学生欧提勒士签订了教学法律的协议：学生入学时先付一半学费，毕业后第一次出庭胜诉后再付清其余一半学费。毕业后，欧提勒士一直无所事事，不去从事律师业务。普罗塔哥拉等得不耐烦，于是向法庭提起诉讼。

普罗塔哥拉说：“如果我打赢官司，那么按法庭判决，被告应该付给我另一半学费；如果被告打赢了官司，那么按我们的合同，被告也应该付给我另一半学费。因而，不论这场官司是赢还是输，被告都应该付给我另一半学费。”

被告欧提勒士应道：“如果我打赢官司，那么按法庭判决，我不应该付给原告另一半学费；如果原告打赢了官司，那么按我们的合同，我也不应该付给原告另一半学费。因而，不论这场官司是赢还是输，我都不应该付给原告另一半学费。”

面对这个“半费之讼”，如果你是法官，你将怎么判决？

3. 鳄鱼悖论

有一天，一条鳄鱼从一位母亲的手中抢走了她的孩子。这位母亲苦苦地哀求鳄鱼：“我只有这么一个孩子，求求你把孩子还给我，你提出什么条件我都答应你。”鳄鱼听了非常得意，就对这位母亲说：“那好，我提一个问题，如果你答对了，我就不伤害你的孩子，并把孩子还给你；如果你答错了，我就要吃掉你的孩子。”

这位母亲琢磨了片刻，对鳄鱼说道：“鳄鱼先生，我想你是要吃掉我的孩子的。”鳄鱼冷笑道：“你答对了，我当然会吃掉你的孩子，哈，哈……可是，如果我把孩子还给了你，那我就没吃掉你的孩子，你就答错，那我就可以吃掉你的孩子了。”说着就要吃小孩。这时母亲急忙说：“慢着！你刚才不是说，我答对了，你就不吃孩子了吗。现在如果你吃掉了我的孩子，那我就答对了，你就必须把孩子还给我。”鳄鱼懵了，心想：“对呀，如果我吃了小孩，她就答对了。不行，看来这个小孩不能吃。我应该怎么办呢？”

鳄鱼碰到了难题：它既要吃掉小孩，同时又得把小孩还给他的母亲。不过，鳄鱼又想：“如果我把孩子还给她，那么，她就答错了。所以，我就应该吃掉小孩。”这样一想，鳄鱼坚持不把小孩交给他的母亲。然而，这位母亲仍然坚持说：“你必须把小孩还给我。因为，如果你吃了我的小孩，我就说对了，你就得把孩子还给我。”

4. 理发师悖论（罗素悖论）

在某个城市中有一位理发师，他的广告词是这样写的：“本人的理发技艺精湛，誉满全城。我将为本城所有不给自己刮脸的人刮脸，我也只给这些人刮脸。我对各位表示热诚欢迎！”来找他刮脸的人络绎不绝，自然都是那些不给自己刮脸的人。可是，有一天，这位理发师从镜子里看见自己的胡子长了，他本能地拿起了剃刀，这一下麻烦来了：他能不能给他自己刮脸呢？如果他不给自己刮脸，他就属于“不给自己刮脸的人”，他就应该给自己刮脸；如果他给自己刮脸，他又属于“给自己刮脸的人”，他就不应该给自己刮脸。

5. 其他悖论

我的缺点就是我没有缺点。

第一：我永远是对的；第二：如果我错了，请参见第一条。

如果你以为已经理解我的意思了，那么你已经误解了我的意思。

多数人认为真理掌握在少数人手里。

我们因为无知而读书，而我们读书让我们更加地觉得自己的无知。

某人因造谣称自己因造谣而被拘留15日而被拘留15日。

人们在历史中得到的唯一的教训是人类在历史中不会得到任何教训。

下面那句话是对的，

上面那句话是错的。

这个世界最不能理解的事情，就是这个世界是可以理解的。

一切皆有可能，不可能也是如此。

二、两难困境

两难困境这个概念包括两层意思：一是两难，不论你选择哪一种都不容易，因为都对自己不利；二是困境，陷在两难之中，不知如何办，无法摆脱。在辩论比赛中，双方首先要避免制造自相矛盾，因为如果被对方拖进两难困境麻烦就大了。另外，要倾听出对方发言中可能存在的自相矛盾，然后将矛盾突出，拉入两难困境。作为一种辩论方法或技巧，两难困境就是让对方骑虎难下，针对对方的某一个观点、事实、数据，进行推理，得出两种可能的选择，使对方不得不选而又不能选，因为选择哪一种都导致自己陷入被动。比如，孟子坚持“男女授受不亲”，有人故意设局：“男女授受不亲，礼与?”“礼也。”“嫂溺，则援之以手乎?”这是一个标准两难困境：如果你不救你嫂子，你良心何在？如果你救了你嫂子，你等于否定了自己的观点。当然，在辩论大师孟子眼里，这根本难不倒他。他是这样应对的：“嫂溺不援，是豺狼也。男女授受不亲，礼也；嫂溺，援之以手者，权也。”〔1〕一个“权”字，就摆脱了两难困境：这是权宜之计，不涉及价值取向。

两难困境与悖论有相似之处，比如二者都有“难”。悖论主要是自我指涉，使自己陷入一种不能自圆其说的境地，比如把孟子的这段故事设计为悖论，就是：“我根据男女授受不亲来救我的嫂子”；而两难困境则是，你面对两个使你陷入困境的选项，你必须选择其一。

（一）辩题中的两难困境

这一类的两难困境是隐性的，从作为判断的辩题表面是看不出来的，需要深入挖掘和反复斟酌。比如辩题“幸福是主观的还是客观的”，双方都可能陷入两难困境。正方的困境在于：“发达国家的人普遍幸福”这是一个事实判断还是价值判断？如果说是事实判断，那么，所谓事实，就是不以人的意志为转移，那就是客观的；如果是价值判断，价值判断有没有客观依据？反方的困境在于：幸福的终极目标是精神上的满足，这种满足因人而异，是以幸福感为表征，幸福感如何客观？如果客观，可以量化，那么客观的幸福应该以多少物质条件为表征。

这类问题双方在赛前准备阶段都应该想到，一方面为了防止本方遭遇对方设计的两难困境，另一方面，也是为了给对方设计两难困境，这就是辩论的零和博弈。一般情况是，我们往往注重于本方立论在逻辑上的自洽，按照自身的逻辑推理，自己可以证明自己至少不是矛盾的。但是，这种自洽仅仅是根据辩题概论之间的表层关系，而且，由于双方的立论前提都是信息不对称，因此，所谓逻辑自洽，不过是在没有受到对方攻击时的一种状态。一旦进入比赛程序，一些漏洞就必然会暴露出来，这其中伤害最大的就是两难困境。

1. 矛盾型辩题中的两难困境

比如“科学有禁区还是科学无禁区”，为了防止鸡同鸭讲，我们先统一概

〔1〕《孟子·离娄上》。

念在本辩题中的内涵:科学指的是自然科学和社会科学,不包括人文学科,禁区应该是伦理限制,不得违反人类伦理底线。正方的困境在于:科学探索的都是未知世界,既然未知,你怎么知道具体探索的禁区在哪儿?如果知道是禁区,那还是科学探索的应该不是未知世界,是一个设立了禁区的世界;反方的困境在于:人类有伦理禁区,科学家是人,他的心中应该有伦理禁区,如果他的研究不受他的伦理观念影响,那就说明他不具有伦理观念;如果受到影响,那么他所持的立场就自相矛盾。

2. 对立型辩题中的两难困境

比如"网络语言会冲击中国语言文化还是会丰富中国语言文化",正方如果没有对"网络语言"进行严格的界定,就有可能出现这样的困境:网络语言属不属于中国语言文化?如果属于,那它就是中国语言文化一部分,何来冲击?如是不属于,那用汉语表达不一定是中国语言文化?反方也如此:是不是凡是汉语表达都丰富了中国语言文化?如果是,那么脏话如何丰富中国语言文化,我们的精神文明就要扫除这些脏话;如果不是,那么你们的立场又如何解释。

3. 比较型辩题中的两难困境

相对来说,比较型辩题中的两难困境情况要多一些,因为比较本身,其实就隐含了两难选择。比如"提升文化软实力,创新比继承更重要还是继承比创新更重要",双方的共同点是:创新与继承都重要,双方的两难是:既然二者都重要,那为什么创新(继承)不比继承(创新)更重要。在短时间快节奏的辩论中很难展开质疑和答疑,所以,只有在开头立论中将二者进行必要的论证。而在后续的辩论环节中,一般都将辩题转换为对立型。这就如同拳击比赛,双方抱在一起没办法比赛,只有拉开距离,比较型辩题就是如此。

(二)辩论中的两难困境

这个两难是赛前准备的,比如根据辩题设计两难,但这种设计只是预测,多半对方也有防备,正如你方要防备对方制造两难困境一样。所以,两难情况更多是出现在临场辩论之中。

有一种两难是将对方拉入两难的情境之中,比如辩论"逆境和顺境哪个更有利于成才",反方就给正方制造了一个两难:既然正方认为逆境更有利于成才,那就得承认大城市不如山区更有利于成才,而正方均就读于环境十分有利大城市高校,只有两种解释:一种是正方到大城市读书是不想更有利于成才，另一种是大城市确实更有利于成才。承认第一种，不符合趋利避害的人之常理，承认第二种，又等于否定了自己的观点。这一下，正方陷入了两难困境。其实，这个陷阱正方完全可以避免，赛前就要对关键概念进行清晰的界定，这个辩题的关键概念是“逆境”，这个“逆境”一定要跟“成才”紧密联系起来界定，从“成才”角度界定“逆境”，这样，才有可能避免陷入两难困境。

还有一种情况是在质疑和答疑中，一方不经意向对方提供了制造两难困境的材料。比如“女大学生当全职太太是不是社会资源的浪费”，这是质询环节一段对辩：

反方二辩：……问你第三个问题，对方辩友请问你是学什么的啊？

正方四辩：我是学经济的。

反方二辩：对方辩友，刚好我也是学经济的，对方辩友，那我们两个学经济的，在这里辩跟教育有关的女大学生的辩题岂不是浪费了吗？

正方四辩：对方辩友你有个基本的前提没有搞清楚，文史哲各门知识是相通的，对方辩友他们之间具有互通性，并不存在所谓浪费不浪费。

反方二辩：对方辩友我们是照您方的逻辑，您方说学了不用是浪费，现在又说各门学问是相通的，这个矛盾请您方等一下再解释。[1]

反方试图用双方的专业来使正方陷入两难困境：我们都是学经济的，按正方的逻辑，应该辩论经济方面的问题，而正方却在和我们辩论教育问题，这是不是否定了正方的观点，而正方以“文史哲相通”为由应对。其实，这个两难并不难，首先，辩题涉及“社会资源”，显然跟经济有关；其次，双方辩论跟专业无关的问题跟女大学生做全职太太无法形成类比。

同样是这场辩论质询环节，这段对话就很有意思了：

反方二辩：……对方辩友，听你好像很了解我们台湾地区的文化，那有听说过台湾有名的歌星蔡依林？

正方四辩：听说过。

反方二辩：对方辩友，漂亮的蔡依林你知道她是学什么的吗？

正方四辩：不清楚。

反方二辩：对方辩友，她是学英文出生，她是英文系毕业的，对方辩友，那你会说她载歌载舞的时候，你会说她唱得真好还是说你浪费了？

---

〔1〕 刘想树主编：《论辩西政》，法律出版社2012年版，第146页。

正方四辩：对方辩友，我听过蔡依林的许多英文歌曲，她唱的确实非常地道。[1]

反方试图用蔡依林的英文专业背景和她从事演艺事业的矛盾，将正方陷入两难困境，结果正方以“蔡依林的英文歌曲唱得很地道”化解，这个很经典。如果反方利用这个有利机会再进一步回应，比如：“按对方的说法，只要所用非所学，就是社会资源浪费”，那么，我们双方都不是辩论专业的，我们在这儿辩论就是社会资源的浪费。而且，如果反方不回应或回应不准确，还可以将这个问题带入自由辩论，形成一个主要攻击点。

三、归谬

归谬是一种常用的辩论技巧，它不直接对对方的论点、论据及论证方式进行正面驳斥，而是按照对方的逻辑和思路推导出一个明显荒谬的结论，使其论点陷入尴尬的境地。如果再详细一点，所谓“归”，就是“归纳”，这是一种论证方法，是指从对个别现象的归纳而得出规律性的一般结论的方法（也就是从特殊到一般）；所谓“谬”，即“谬误”，归谬就是用归纳的论证方法，得出“某种结论是错误的”这个判断论证的过程和方法。如果举例，那先秦有名的“晏子使楚”应该最经典。

晏子使楚。楚人以晏子短，为小门于大门之侧而延晏子。晏子不入，曰：“使狗国者从狗门入。今臣使楚，不当从此门入。”傧者更道，从大门入。见楚王，王曰：“齐无人耶？使子为使。”晏子对曰：“齐之临淄三百闾，张袂成阴，挥汗成雨，比肩继踵而在，何为无人？”王曰：“然则何为使子？”晏子对曰：“齐命使，各有所主。其贤者使使贤主，不肖者使使不肖主。婴最不肖，故宜使楚矣。”

晏子将使楚。楚王闻之，谓左右曰：“晏婴，齐之习辞者也。今方来，吾欲辱之，何以也？”左右对曰：“为其来也，臣请缚一人，过王而行，王曰：‘何为者也？’对曰：‘齐人也。’王曰：‘何坐？’曰：‘坐盗。’”

晏子至，楚王赐晏子酒，酒酣，吏二缚一人诣王。王曰：“缚者曷为者也？”对曰：“齐人也，坐盗。”王视晏子曰：“齐人固善盗乎？”晏子避席对曰：“婴闻之，橘生淮南则为橘，生于淮北则为枳，叶徒相似，其实味不同。所以然

[1] 刘想树主编：《论辩西政》，法律出版社2012年版，第147页。

者何？水土异也。今民生长于齐不盗，入楚则盗，得无楚之水土使民善盗耶？”王笑曰：“圣人非所与熙也，寡人反取病焉。”[1]

第一则，晏子使用了两个归谬：一是出使狗国从狗洞入；二是不肖者出使不肖国。第二则更是精彩，楚王故意设计了一个两难困境：当着晏子的面，绑一人走过，告诉晏子，“这是你们齐国人，因为盗窃被捕”。楚王故意问晏子：“齐国人善于盗窃吗？”如果晏子否定，可眼前的事实无法否定；如果肯定，则有辱齐国形象。此时晏子使用归谬：“我承认这个齐国人来楚国因盗窃而入罪，那为什么这人在齐国不盗窃，到了楚国却盗窃，是不是楚国的水土使人善于盗窃。”

下面这则对话，辩题是“城市交通问题主要是设施问题还是管理问题”：

反方三辩：这正是当初城市建设的时候，缺乏管理，缺乏规划的原因，如果当初我们早就规划好了，一点一点放射开来，这种环状式交通早就形成了，何必到现在又是扒楼，又是填沟的。

正方三辩：那么按照对方辩友的观点，我们北京市的小胡同是不是也是规划问题了？

反方三辩：这正是当时历史原因造成的。正因为当时不够重视规划管理，正是不够重视交通规划，因而造成了当时北京这种棋盘错综方式的胡同，而这种胡同的解决，也只有通过最终管理来一点一点解决它。

正方三辩：按照对方的观点，那是元世祖忽必烈在建元大都时没有想到几百年之后还有汽车，他只想到了马车：所以把胡同修得很窄，这也是管理问题喽。请你正面回答我。（掌声）[2]

正方用了两个归谬：第一个归谬是针对正方说的北京当初城市建设的时候缺乏规划和管理，反方于是回应：那北京的小胡同是不是也是缺规划问题。正方肯定这是历史原因造成的，提出要通过管理解决。第二个归谬是元世祖建都时没有想到会有汽车，所以胡同很窄，这也是管理问题？显然反方忽视了辩题的当下性，双方辩论的应该是当下城市交通问题。反方则将其引入历史语境，然后用历史事实的合理性归谬正方的观点。其实，根据文物保护法，

---

[1]　（汉）刘向：《晏子使楚》。

[2]　《城市交通问题主要是设施问题还是管理问题》，载学习啦网 2021 年 3 月 5 日，https://www.xuexila.com/koucai/bianlun/bianlunsai/13803.html? from = androidqq。

北京上了点年月的小胡同都属于文物,不可能通过管理来解决。但正方浑然不觉,还在沿着既定的思路辩下去,反方就用元朝建都对其进行归谬,使得这个归谬力度更大。

上面的事例提供了归谬的语言结构,那就是:如果按照对方的说法(观点、逻辑),那么……这是归谬的一般语言格式,当然也有其他的一些结构,此处不赘。我们还要注意,归谬毕竟只是将对方的观点荒谬化,并没有指出或者分析其为什么不能成立,所以,如果要使攻击的效果最大化或最优化,在归谬之后应该接着进行正面分析。比如上面这个例子,先用小胡同和元朝建都进行归谬,那么正面阐述应该是:城市交通问题曾经有过深刻的教训,那就是20世纪50年代北京大拆古城墙,就是认为这些城墙妨碍了交通,结果铸成不可逆的大错。为什么?这些古建筑是北京传统文化的载体啊,载体不存,文化焉附。这也是北京为什么没有被联合国教科文组织列入世界文化遗产名录的重要原因。这样一段,不是为了质疑或答疑,而是把原因或理由说出来,让大家明白,从而强化本方的论证力度。

第九章　自由辩论

辩论赛如同一出戏剧，随着情节的跌宕起伏，进入高潮，也就是戏剧矛盾冲突的爆发，自由辩论就是这个爆发。双方队员在高速思维中，以个性化的语言，在进攻与防守中竞相展示个性，从而形成全队的风格。一场理想的自由辩论，给人的感觉如杜维明先生所说的"流动的整体意识"。[1] 所谓流动，是双方辩手在互动中的逻辑与语言的运动；所谓整体，是每一位辩手在个性化的思维博弈中展示出来的向心力。从概念上看，自由辩论之自由，应该是思维的奔放、个性的张扬。要达到这样的火候，需要长时间大运动量的修炼，需要进行高强度的训练和精心的准备。本章我们从技术的角度介绍自由辩论的准备和战术。

第一节　自由辩论的准备

自由辩论的自由，绝非放任，亦非自流，不是简单的"我口言我思"。俗话说："台上一分钟，台下十年功。"意在强调台下准备之精细，自由辩论也是一样。在比赛中双方共用时不过8分钟，每方4分钟，但双方就这短短的2×240秒钟，却需要超出其千倍的时间和精力来进行赛前准备。从技术层面看，赛前准备主要包括：与前面环节的衔接、提问设计、答问设计和队员分工安排四个方面。

一、与前面环节衔接

所谓前面环节，因为赛制各不相同，有的前面环节是攻辩，有的是自由人

---

〔1〕 王沪宁、俞吾金：《狮城舌战》，复旦大学出版社1993年版，第396页。

对话，有的是盘问，等等。为了叙述方便，我们这里统一称自由辩论的前面环节，简称前面环节。在辩论实践中，这个衔接确实很重要，所谓“流动的整体意识”，其含意之一就是指辩论纵向的整体流动感，即从开始到结尾，一气呵成，每个环节中心突出，又与下一个环节丝丝入扣。自由辩论并不是突然到来的高潮，而是由开篇立论的平起，到质疑答疑的推进，才有自由辩论的高潮。因此，研究如何与前面环节的衔接，关系到自由辩论的质量，不可不重视。

与攻辩的衔接，主要从以下几个方面进行：

（一）思路衔接

所谓思路衔接，是指在立论中确立的逻辑线索经过前面环节再贯彻到自由辩论。我们知道，立论并非一辩独立完成，而是教练与全体队员共同讨论的结果，辩论中的逻辑和思路是每个队员参与生成的，而不是贯彻教练意图背下来的。这样做，使队员在自由辩论中可以临场充分发挥。质疑答疑的环节，其实就是将立论的逻辑线索以问题方式向对方质疑，并且通过答疑来回应对方的质疑。一般来说，立论提出的逻辑线索或思路不可能在前面环节被对方完全冲破，如果是这样，自由辩论就失去了“源头活水”，比赛也就失去了悬念。因此，我们可以这样认定：“思路是个纲，纲举目张”，有了思路，辩论这个“目”才能得以进行。

比如辩题“辩论赛，学理内容比语言技巧更重要还是语言技巧比学理内容更重要”，反方的立论思路是：辩论赛是竞赛，即竞技比赛，辩论赛竞的是语言之技，即按照竞赛程序向观众呈现思想的盛宴。比赛具有观赏性，观赏的是学理内容的语言技巧化，由此产生审美情趣，因此，辩论赛（而不是辩论）语言技巧比学理内容更重要。

在攻辩中，反方沿着这个思路：辩论赛不是辩论，也不是一般的竞技比赛，而是用语言将学理内容进行表达的竞技比赛。辩论赛的竞技性：竞的是什么技，学理之技还是语言之技；辩论赛的观赏性：观赏的是学理的美，还是语言的美。随后的自由辩论同样也按照这个思路，紧扣辩论赛的特点、突出竞技的效能，应该说，这种思路是比较清晰的。

（二）问题衔接

思路上衔接以后，就要考虑到具体问题的衔接了。前面环节的问题，相当于火力侦察，以试探对方对这些问题的解析程度，如果被对方一一化解，那么就得准备另一套方案，一般来说，这种情况很少出现，因为这些问题都是根据辩论设计的。那么，哪些问题应该或者可能是对方难以圆满回答的，这要胸中有数，然后对这些问题进行重组，使之构成问题链或问题群，用于自由辩论。

比如辩题"舆论之于司法利大于弊还是弊大于利"，反方在立论中把质疑对方"舆论之于司法弊在何处"作为贯穿辩论过程的主打问题，为什么这样认定，这是基于辩论的经验判断，许多这类辩论比赛，往往是避虚就实，说到本方的"利(弊)大"就浓墨重彩，说到本方的"弊(利)小"就一笔带过，甚至都不举出具体的事例，甚至连表达都有一个固定的句式：诚然，××也存在一定的利(弊)，但我方坚持认为，××利(弊)大于弊(利)。这样就造成了漏洞，那就是：这个小小的"利(弊)"具体有哪些表现。在比赛中，正方立论果然如此这般，反方以这个问题质疑，正方难以作答，于是这个问题就被顺延到自由辩论，作为撒手锏。在自由辩论中，正方还是没有办法回应这个问题，因为他们赛前并没有准备。

(三)衔接选择

立论中的观点或逻辑线索与质疑答疑环节中的问题，在与自由辩论的衔接中，不可能也不应该只有一种衔接方式，因为在信息不对称的博弈中，什么事情都可能发生，因此，应该多准备几种方式衔接以应对情况有变。这些衔接的设计要根据对质疑答疑效果的预测进行，预测的结果不会只有一种。比如上面的例子，只提出一种衔接，是根据对方对本方问题的答疑而设计的。除此之外，还应该考虑我方对问题的答疑效果，这就要求我们充分发挥想象力和逻辑能力：对方可能在哪些方面进行质疑，质疑什么，如何质疑，这需要想象力。想象出来以后，还需要进行论证：对方的立场决定了对方逻辑线索是什么，这一条线索可能会产生哪些问题，这些问题将怎样贯彻到他们的自由辩论中去。

归纳起来，衔接的选择主要根据两个方面：一是根据本方逻辑线索与质疑的问题设计自由辩论衔接；二是根据对方逻辑线索与质疑问题设计自由辩论衔接。前者为明，因为是根据本方，一切都是明摆着的，关键问题在于推理过程。比如前面所说的例子，根据预测对方立论的漏洞设计问题。后者为暗，是一种预测或推测，推测的前提是对方的立场，而立场是明摆着的，关键在于推测。这个就比较难，这是因为本方的漏洞本方并不知晓，当对方在立论或者质疑中将问题提出来，本方如果应对不完满，则容易被对方一以贯之地穷追猛打。比如“解决市民不遵守公共秩序问题”，反方在盘问环节就对正方在立论中关于管理的界定进行质疑：

反方三辩：哦，原来对方辩友今天是把管理拆成两个词，一个管一个理，比如说“木头”这个词我们可不可以把它拆成一个木一个头呢？对方辩友您说的疏导作用，是不是恰恰通过用道理使人说服、用一种教育的手段内化为他的一种意识，最终达到的也是教育的效果呢？〔1〕

对于这个质疑，正方始终没有办法给出圆满的回应，因为这确实是立论中的界定，跟前面的事例一样，这也成了反方的撒手锏。

二、提问模块设计

完成与前面环节的衔接设计后，就要根据这个衔接进行自由辩论准备了。自由辩论其实并不自由，因为说什么、怎么说都需要在赛前进行充分的准备，必须时刻提防对方，同时发现对方漏洞。赛前的准备也存在两难困境：准备得不充分，辩论中就有可能被对方攻破城池；准备得太充分，辩论中就有可能自说自话，形成不了交集。但即使如此，也还是有备无患，关键是怎样准备。

目前辩论中自由辩论赛前设计的情况主要有两个方面：一个是精细设计；另一个是粗放设计。

所谓精细设计，是指有些辩论队的准备常常是精确到具体问题的语言形式。比如，这个问题用什么样的句式提问，是疑问句还是反问句；这个问题用什么句式回答，用陈述句还是反问句。由于不知道对方的情况，于是往往要准备几种表达方式，至于对方的回答，也要设计几种句式，据此再设计几种回答句式。这些都用来供队员在场上选择，所以我们往往看见辩论场上，辩手面前摆放着一大摞纸片，就是为的这个。想想看，在高速思维运动中，你哪有时间去根据对方的质疑或答疑、在事先准备好的纸片上选择最佳质疑或答疑句式？由于要贯彻教练的意图，不敢根据场上的情况擅自改动，于是只好不顾对方质疑或答疑的内容，径直按照本方赛前准备好的问题“自由”地辩论。这种做法，严重束缚了队员的自主性和创造性，使自由辩论演变为照本宣科的“读”题和“答”题比赛。

所谓粗放设计，是指有的辩论队的准备很写意，只要求队员根据自己的

〔1〕　刘想树主编：《论辩西政》，法律出版社2012年版，第301页。

理解临场发挥，以表现出辩论的自由度，但实际上，这种方式是很有害的。队员在场上各说各话，各自为战，没有一根逻辑主线将他们的思维串联起来，队员之间没有协调配合。一个问题，一辩问了一次，几个回合之后，三辩又问一次；甚至本队辩手甲的回答的问题与本队辩手乙的回答相互矛盾，这给对方以可乘之机。

基于以上原因，可以得出这个结论：自由辩论的赛前问题设计是必不可少的，关键是如何设计。在思路上，自由辩论的问题设计应该以立论思路为指导思想，以质疑的问题为设计基础，这样才具有可行性。

所谓提问模块，是把质疑环节中的几个大的问题作为母问题，在此基础上推导出子问题。由于质疑环节中的几个大问题相互之间具有逻辑联系，因此，各自推导出的子问题之间也必然具有逻辑联系，这样形成问题链和问题群，使得自由辩论更加具有层次性和立体感。

具体提问模块设计没有一定之规，一般有三种分类方法：一是以论据为基础，可分为理论和事实两大模块；二是以逻辑为依据，可分为概念、关系和论证三大模块；三是前二者的结合，可分为很多模块。请记住，不论哪一种分类，都不能缺少这一条，那就是底线，即自由辩论本方可以退守的最后界限。

（一）以论据为依据的模块设计

这种方法的优点在于使本方的问题结构简单，在自由辩论中起承转合比较清晰，容易获得评委和观众的同步理解。下面是一个自由辩论的准备，辩题是："逆境有利于成才还是顺境有利于成才"，反方自由辩论的提问模块，其依据就是自己的论据：

1. 事理类

（1）"能够"不等于"有利于"。能够是个人的主观努力，而非逆境的利。

（2）社会的发展在某种意义上，就是一个不断变逆境为顺境的过程，即化逆为顺。

（3）个人的成才过程也是一个不断战胜逆境创造顺境的过程。

（4）顺境有利于为成才营造广阔的成才空间，天高任鸟飞，海阔凭鱼跃。逆境则挤压成才空间，所以，克服逆境的另一面就是拓展成才空间。

2. 事例类

（1）数据：

东部和西部人均教育经费比较、东部和西部贫困地区教育经费比较。

东部与西部贫困地区儿童入学率比较。

西部贫困地区学龄儿童辍学率及其原因。

我国改革开放以来经济发展与教育发展情况。

(2)经典事例:

上海三位视觉障碍少年上大学。希望工程的“大眼睛”。

(3)经典人物:

经过逆境成才的著名人士:

著名残疾人:贝多芬、海伦·凯勒、霍金、张海迪、史铁生等。

著名人士:华罗庚、陈景润、乔布斯、香港大亨。

未经逆境成才的著名人士:

袁隆平、杨振宁、李政道、比尔·盖茨、马斯克等。

3. 底线

有的人在逆境中也可能成才,但不等于逆境有利于成才,只有战胜和克服逆境才有利于成才。

第一个模块是事理类,严格地说应该是逻辑论证。主要内容为:战胜逆境不等于逆境有利于成才;克服逆境才有利于成才。其实,这里面有一个反方难以应对的逻辑上的问题,即战胜逆境是否等于顺境,战胜逆境的过程是否是成才的过程。

第二个模块是事例类,因为本辩题倾向于事实之辩,反方把事例分为三类:第一类是数据,这很重要,它有概括作用;第二类为典型事例,由于比赛在上海,因此举上海的正面事例比较好,再一个是更有名的希望工程的形象代表苏惠娟;第三类为典型人物,在典型人物里又进行分类,分为经过逆境的和未经过逆境的,以及被逆境压垮的三类。这样分类,可以使反方在自由辩论中不至于重复引用同样性质的事例,使自由辩论更加简洁明快。

最后一个是底线,可别小看这个底线,它可是全队防守的最后界限,即承认逆境中有人也能够成才。这样做,还可以满足评委和观众的心理需求。在立论一章中我们说过,立论要考虑到评委和观众心理,自由辩论也是一样。观众一般心理上比较倾向于逆境成才,这是我们传统的成才观念,而且事实上也有很多人是在逆境中成才的,因此,千万不要仅仅为了立场而完全不顾事实,要尊重事实。设立这个底线,也使反方有了回旋的空间。在后来的比赛中,这个底线使反方成功地抵挡和化解了正方的攻击。

(二)以逻辑为依据的模块设计

这种设计的优点在于:比较能够深入,层层抽丝剥茧,若对方没有充足的准备,势必难以经受住这种冲击。反之,若对方这方面准备充足,则自由辩论要么就很精彩,要么就很枯燥,决定因素在语言。

比如辩题"恪守寂寞是学者美德还是学者的悲哀",下面是正方赛前设计的自由辩论模块:

模块一:紧扣悲哀谈恪守

1. 不恪守寂寞是不是学者的美德?

2. 恪守什么才是学者的美德?

3. 对方说恪守寂寞不是美德,是不是悲哀呢? 如果是,请具体指出,悲在何处? 哀在哪里?

4. 请对方举出一例说明学术研究成果是在不恪守寂寞中产生的。

模块二:紧扣独立谈恪守

1. 学者的学术人格应不应该独立? 如何独立?

2. 独立之精神、自由之思想是不是学者的美德?

3. 不恪守寂寞能否体现这种美德? 如何体现?

4. 学者的学术人格是不是独立人格?

5. 这种独立人格与其他独立人格的区别何在? 有区别为何称学术人格?

模块三:紧扣美德谈悲哀

1. 不是美德就一定悲哀吗?

2. 请对方举出一个很悲哀的恪守寂寞的学者?

3. 恪守寂寞是否学者时时刻刻都必须寂寞?

4. 学者的美德与其他人的美德有什么不同?

5. 学者的美德具体有哪些?

底线:学者是人,也有寂寞的时候,但这不是学者所恪守的寂寞,学者的寂寞是创造性寂寞。

这个辩题在很大程度上是概念之辩,双方主要的分歧在"寂寞"的定义上。其次是判断的依据,恪守寂寞是学者的美德或悲哀,这是以什么为标准,是以恪守寂寞本身还是其他。基于这样的考虑,在设计模块时,更多地倾向于逻辑。第一模块:紧扣悲哀谈恪守;第二模块:紧扣独立谈恪守;第三模块:紧扣美德谈悲哀;最后是底线:承认学者也会有普通人的寂寞,但不是学者要恪守的寂寞。三个模块,以概念之间的关系为切入点,把这个辩题的逻辑上的问题都概括了。后来的比赛结果表明,这个设计是成功的。

（三）以逻辑和事例为依据的模块设计

这样,既有逻辑的深度,也有事例的广度,纵横交错,编织出一张以逻辑为经、以事实为纬的网,这在自由辩论中会产生巨大的冲击力。但是,这种编织的重要前提是队员是否具有操作这张网的能力,如果尚不具备,很有可能网住了自己。因此,这种方法的运用务必使队员们对模块有比较深入的理解和体会。

举例,辩题"成功的影视作品拍续集好还是不拍续集好",下面是正方的自由辩论模块设计:

模块一:理论部分

1. 以艺术张力对应艺术的独创性,正因为独创才有艺术张力。

2. 以艺术的开放性对应艺术的完整性。完整并不是封闭,艺术作品是一个开放的系统。

3. 是不是续集因为它是"续"就先天决定了续集不好,正集就因为是"正"就可以拍。

模块二:价值部分

1. 成功作品的艺术价值由谁来评价。

2. 拍续集好和不拍续集好的判断标准是什么。

3. 续集是不是必须拍得与正集一样成功,拍续集才好。

模块三:逻辑部分

1. 反方:因为拍不好,所以不拍好。类比,艺术是创造,创造有风险,风险就预示着可能失败。一朝被蛇咬,从此怕续集。

2. 成功的作品拍续集好并不等于拍出来的一定好,关键在拍,编、导、演的水平如何,直接决定着续集的好与不好,但这并不能说明不拍好。

3. 影视作品成功的总是极少数,是不是不拍影视作品好。为什么对方并不要求影视作品一定要多数成功,却对续集这么苛刻。

4. 续集拍好还是不拍好的判断标准是观众,不拍怎么知道好与不好,只有拍了出来交给观众去评判才能知道。

模块四:事实部分

1. 一部成功的作品,观众看完了还不过瘾,还想继续看下去,怎么解决这个问题？

2. 续集错就错在“续”吗？可持续发展也是“续”啊。

3. 拍得好的续集与拍得不好的续集的比例是不是拍好与不拍好的唯一判断依据。

4. 重庆电视台所拍摄的《山城棒棒军》获得了极大的成功，是拍续集好还是不拍续集好？

正方将自由辩论分为理论、价值、逻辑和事实四个模块，应该说这四个模块概括了自由辩论的全部内容，这在后来的比赛中得到充分的验证。

三、答问设计

自由辩论最关键的还是答问，因为提问多是赛前准备，或者围绕赛前准备的问题，而这种准备又多是集体智慧的结晶，至于队员个人的风格如何体现，在提问中难以显现。而一个辩手的智慧和风采往往是在回答提问中显现出来的，因为你无法知道对方将问什么、以何种方式问等等，不会允许你有时间思考如何回应，必须以本能反应的方式给出回答。辩手回答的时效与质量，往往成为整个辩论中的亮点。另外，虽然答问需要临场反应，但也不是完全的即兴发挥，赛前的准备至关重要，这主要不是为了应对，而是增加内容储备。因此，自由辩论中的答问设计，其重要性绝不亚于提问设计。

（一）答问内容设计

答问内容是指需要用哪些知识去回应对方的提问。由于双方立场对立，因此，对方的提问即本方必须回应。一般来说，对方提问的内容主要有：

1. 本方的难点可能是对方提问的重点

每一个辩题，不可能完全有利于本方而不利于对方，一般来说，辩题对双方应该公平的，即双方都有难点，双方都力图攻克本方难点而将对方难点作为攻击点。根据这个辩论赛的一般规律，找出本方难点往往是自由辩论准备的重点工作。那么，如何寻找本方难点呢？

其实，从拿到辩题开始，双方在辩题解读、资料查阅、立论和攻辩准备时都会逐渐分析出难点来，这些难点包括概念界定、逻辑关系、论据和论证。总之，一切本方无法给出合理解释的都是难点。比如，辩题“逆境有利于成才还是顺境有利于成才”，反方的难点在于“顺境”的界定，以及“顺境”与“有利”的关系。“顺境”开始界定为“顺利的环境”，这明显是同语反复，如此则与

"有利于"形成了循环论证:因为是顺境,所以有利于;因为有利于,所以是顺境。最后才从语言入手,将顺境界定为"是相对于逆境而言,即作用力与成才的方向一致的环境条件"。这样就避免了"顺"与"利"由于词义的相似而导致逻辑的循环。在比赛中,当对方针对这个问题向反方提问时,反方就能应对自如,从而成功化解对方的攻击。

2. 双方的分歧点可能是对方提问的主要内容

除了本方难点外,双方还存在分歧点,这也可能是对方提问的内容,当然这种情况有交叉,即本方难点也可能是双方的分歧点。这里,为了叙述的方便,我们暂且将双方分歧点单列。这种分歧点不是辩题所规定的,而是在双方的解读中发现的。比如辩题"现代化会威胁到民族文化的生存还是不会威胁到民族文化的生存",仅从辩题看,双方的分歧在"会不会",但这只是一个必需的分歧,在自由辩论中,具体的分歧不是来自"会不会",而是来自双方对"现代化"和"民族文化"这两个概念的解读:正方强调现代化的负面功能,而反方则相反;正方强调民族文化的自生性,而反方则强调其开放性。在辩题的解读中,我们会寻找双方的许多分歧点来,找出这些分歧点,并且逐一进行排列,既可按照逻辑关系排列,前提、概念、论据、论证;也可按照难度排列,这样符合矛盾解决的方法,也可以合理分配注意力。

比如辩题"统考制度有利于创新人才的选拔还是不利于创新人才的选拔",正方预测双方可能的分歧点排列如下:

核心分歧:统考与创新之矛盾,即规范与打破规范之矛盾。

主要分歧:统考制度与人才选拔,人才选拔与创新人才选拔。

一般分歧:统考与统考制度,资格性考试与选拔性考试。

当然,如果在许多分歧点中找不出重点,也可以进行平面排列,即将分歧进行分类排列。

3. 本方疏忽之处可能是对方提问的主要内容

智者千虑,必有一失,在准备自由辩论时,不论你怎么认真仔细,都不可能把本方的任何漏洞都一一发现。这一点也成了悖论:赛前准备中发现自己的疏忽之处,如果能够发现自己的疏忽之处,也就不存在疏忽之处。因此,本方的疏忽之处往往是在比赛中被对方提问时才知道的,在这种情况下,如何补漏,才是自由辩论中本方要全力以赴的事情。

通常在这种情况下,有这样几种选择:一是老老实实承认;二是将对方观点“彼为己用”;三是组织力量化解对方观点。一般来说,对于常识性的问题应该老老实实承认,这方面来不得半点虚假,如果为了立场而拒绝承认,只能给对方增加攻击的力度。比如,在一次辩论赛的自由辩论中,反方问对方“李白是不是人才”,正方居然回答“李白是诗仙不是人才”,反方追问“诗仙是不是人才”,正方全然不顾事实,一味死死坚持本方观点,结果一副好牌打得稀烂。其实,对于本方的遗漏,如果不会动摇本方的基本立场,也可以将对方观点“彼为己用”。比如某次自由辩论,正方指出反方没有对“成才”进行界定,这确实是反方的漏洞,立论中没有对“成才”进行界定。此时,反方见机行事,说我方赞同对方关于“成才”的定义,并解释“由于正方在立论中先提出来了,而定义又与我方相同,因此我方就没有再提出来”。这种回应虽然勉强,但避免了正方在这个问题上扩大战果。当然,如果这种遗漏会动摇本方立场,就要想办法补漏,具体方法要视情况而定。比如上面关于“李白不是人才”的问题,正方可以老老实实地承认是口误,并且表示歉意,这样反方就无法再纠缠下去。虽然可能失分,但不至于失败。有些则是属于逻辑问题,比如辩题“逆境有利于成才还是顺境有利于成才”,正方却把辩题类型错误理解为比较型,即逆境和顺境哪个更有利于成才,反方指出了这一点,而正方却依然坚持,结果可想而知。

有时候,也可以列举另一个事例来应对提问,但这种应对只是暂时性的,对方可能还会提出这个问题,这时候就需要队友的协作了。比如:

正方:菲律宾的生态工业区到底是先行环保,还是先行经济呢?

反方:肯尼亚的生态旅游比菲律宾更有名。可是发展了那么多年,那里的狮子看见人都会摇尾巴了,狮子王变成了狮子狗,体现对方同学说的并行了吗?[1]

显然,反方并不知道菲律宾生态工业区的情况,于是用肯尼亚的生态旅游来应对,当然,这并无不可,但是,后来正方又提到这个问题,反方只有回避了。

(二)答问方式设计

答问方式主要指回答对方提问的方式,从态势上看,提问一方是攻,处于强势;而答问一方为守,处于弱势。但实际情况并非完全如此,处于守势的一方可以反守为攻,至少不是被动地守,当然,这需要在答问方式上进行设计。

---

[1] 2001年国际大专辩论会初赛。

一般来说，在设计时要注意这样几种情况：

1. 正面回答对方问题

在自由辩论中，设计答问方式比较强调以"我"为主，这本身并无不可，关键是如何以"我"为主。如果完全按照本方赛前设计的程序，则容易出现这样的局面：整个自由辩论都在有计划地抛出问题，而对于对方的提问则敷衍回避，这样，完全自说自话，难以形成双方的正面交锋，这可是自由辩论的大忌。为此，在设计中，应该坚持正面答问的原则，对对方的提问尽量给予回答，当然，这种回答是以自己的理解为限，理解较深刻，回答就准确，依次递减。一般来说，难度越大的问题回答往往相应地宏观抽象，虽然不能令人满意，但毕竟在正面回答。"你"不可能对对方的任何问题都能对答如流。而当遇到"你"不能回答的问题时，要想办法作出正面回答的姿态，这样做不是回避，而是给本方队友思考的时间，以便让他们补充回答。

2. 回答与提问一次进行

如果对方提问本方只是回答，一方只管问，另一方只管答，一方攻一方守，这显然不利于回答方。因此，在答问方式上，答问的内容由"答"与"问"构成：前半部分是回答对方的提问，后半部分是向对方提问。这样有问有答，才能使双方处于平等的交锋之中。比如辩题"青春贵在仰望星空还是脚踏实地"：

反方四辩：……人大2010年的就业报告告诉我们，眼高手低，不管他是什么工作，这是大学生就业难的主要问题，您方的仰望星空，给我们解决一下好不好？

正方四辩：对方辩友，研究数据告诉我们，今天的大学生缺少理想、缺少抱负，那请问对方辩友一个问题，今天您方说人生就应该脚踏实地，那如果方向选错了，脚踏实地一直走下去，是不是要走到死胡同呢？

反方三辩：对方辩友，我方从来没有否定你方仰望星空是不对的，只是在人生夯实基础这个阶段，我们更该脚踏实地。今天一个大学生一毕业就说我要三千，我要五千，我要当高管，因为我是大学生，对方辩友您说这是不是脚踏实地的错啊？

正方三辩：对方辩友，我们承认脚踏实地同样需要，对方辩友，您要朝一个方向走，要脚踏实地，那请问你方认为到底人的理想该什么时候树立呢？

反方二辩：对方辩友，我们认为理想当然是一个阶段，也要树立，但是我方已经反复告诉你青春这个阶段是打基础的阶段。对方辩友这个问题您一直没有解决，大学生一出来就眼高手低，您方的仰望星空如何正面解决这个问题呢？您方标准如何解决这个问题呢？

正方四辩：对方辩友，其实您方的论证大概是一个循环论证，为什么要脚踏实地，因为青春本身就是一个脚踏实地的阶段；为什么青春是脚踏实地的阶段，因为要脚踏实地。对方辩友，我方就问你一下，为什么青春是一个脚踏实地的阶段，而不是一个选定方向的阶段？〔1〕

双方的每一次发言的结尾都有问号，这有点像打排球，接住对方打来球，再推给对方。当然，双方的回答并不是很准确，这在自由辩论中常见，因为没有发现对方漏洞，就用这样的方式寻找或者制造对方的漏洞，以此将自由辩论向更深层次推进。

3. 回答问题不要做过多的阐述

自由辩论的禁忌之一就是化简为繁，过多的阐述一是浪费时间，二是弱化本方攻势，三是给对方留下更多的思考时间，四是话越多漏洞越多，总之，有害而无益。因此，化繁为简是答问设计的重要原则。也许有人会问，对方提出的问题那么复杂，不进行详细阐述怎么会搞清楚呢？其实，问题复杂不等于表述也要复杂，再复杂的问题也可以用简洁的语言回答，比如，人类社会算复杂了吧，如果问人类社会是什么，最简洁的回答是：人类在人与人互动中形成的各种关系的总和。这种简洁的回答需要有一定的概括能力，将对方复杂的问题概括为一两句话回答。比如辩题“高铁霸座应不应该进一步加重处罚”自由辩论的一段对话：

反方三辩：不对哦，您方的前提是要把这个规制效果达到最好，很简单，拘留的效果肯定没有死刑好，所以按照您的逻辑，高铁霸座是不是应该死刑？

正方二辩：是因为我们发现，限制坐飞机加上累进加罚，已经非常有效地遏制现在漏洞的情况下，我不需要判死刑，因为那个损害太大了，对不对？您方的攻击是一个愚蠢的立法者，可是我方不是吧？〔2〕

反方的这个问题并不复杂，正方回答只要“不应该”三个字就行了，然后再说明为什么：死刑确实是加重，但加重并不等于死刑，按对方的逻辑，我们

---

〔1〕 2010年西南政法大学第11届“天伦杯”辩论赛。

〔2〕 2019年第9届世界华语辩论锦标赛南京赛区决赛，中国政法大学与西南政法大学。

的辩题就成了应不应该判处死刑了。事实上,反方可能没有发现,正方的提问用了一个归谬,反方很正面地给予回应,现行的处罚已经加重,不需要死刑。这样的回应,给人的感觉是,用解释来说明自己,而没有直接反驳,显得攻势不足,从博弈的角度,这助长了反方的气势。

第二节　自由辩论的运作

自由辩论是时间最长、发言频率最高、参加人数最多、交锋最激烈的比赛环节,胜负成败往往在此一举,不论赛前如何准备,自由辩论双方的发言都是临场的随机的,双方一般都不会按照赛前的准备进行,因为双方赛前对对方的预测都不准确,因此,必须放下"剧本",见招拆招。但是,自由辩论看似"自由",其实还是有一定之规,如此才能使双方的 8 分钟唇枪舌剑显得激烈而有度,火爆而有序。

一、质疑与反驳

自由辩论说到底,其实就是一个相互不断反驳不断证明的过程。自由辩论通常由正方首先发问,向反方提出问题,反方反驳接着将问题抛给正方,如此往复。这个过程中的质疑与前面的不一样,这个质疑带有很强的随机性,而且质疑的对象当然有前面环节甚至包括立论中的漏洞,但主要的还是对方填补这些漏洞时出现的漏洞,以及在回应对方质疑产生的漏洞。质疑和反驳的空间很大,大到人类命运,小到鸡毛蒜皮,都可以成为质疑和反驳的对象。

(一)承接前面环节的问题

根据辩论赛的脉络,自由辩论就是要把前面环节中对方存在的问题向对方质疑,这正如戏剧,是以情节展示戏剧冲突,辩论也一样,通过有内在联系的质疑展示辩论博弈。在这个意义上,自由辩论就是双方将前面环节中的问题在这个空间里进行博弈,在前面的包括立论、质疑等环节中,双方都从中发现了对方的问题,需要在自由辩论中进行质疑。如何将前面环节中的问题用于质疑。这里有两种情况:一种是前面环节中的问题比较少,可以直接用于自由辩论;另一种是前面环节中的问题比较多,需要进行选择。

1. 直接将问题带入自由辩论

这种情况一般是前面环节问题集中突出，只有一两个，而且可能是对方的死结，那么，自由辩论就抓住对方这个死结，撕开漏洞，使对方疲于应对，而且很容易陷入两难困境。

比如前面我们多次举例的那场比赛，“诚信主要靠自律还是诚信主要不靠自律”。反方在立论中提出“诚信既主要不靠自律，也主要不靠他律，而主要靠机制”，这个观点确实完全出乎正方预料，正方于是利用反方宣读立论这短短的4分钟，全身心倾听，希望能听出救命稻草。果然，正方发现，反方立论中对“机制”的界定比较模糊，更没有提出“次要靠什么”，这样，反方就出现了两个漏洞，一个是概念界定，另一个是逻辑关系。这成了正方在自由辩论中攻击反方的问题，自由辩论一开始，正方就将这些问题向对方提出来。

正方一辩：……刚才对方辩友给我们提出一个机制的概念，可是始终没有告诉我们机制究竟是什么？你说通过有效手段可以使不诚信者受损使诚信者受益，请教对方辩友有效的手段究竟是什么？

反方三辩：我们说机制就是协调利益分配机制，我想请问，诚信机制可以使人们守信的收益大于失信的收益，人们是否还有失信的必要呢？

正方三辩：对方辩友你没有告诉我，到底通过什么样的手段，具体通过什么样的外化形式，使守信的人的受益，使不守信的人不得益啊？

反方二辩：通过利益的重新分配方式啊！我请教对方辩友如果我们诚信得到的是西瓜，而失信得到的是芝麻，做何取舍？请问对方辩友。

正方二辩：……我再告诉对方辩友，任何的机制都是外在的，而要人自觉得来遵守关键在于内心，请问对方辩友，外在的机制如何使人内心自觉诚信？

反方三辩：我们要说我们的机制也要内化于人心，我想请问了：明明我们守信获得的收益更大，人们为什么还要失信？人是趋利避害呢，还是趋害避利呢？

正方三辩：对方辩友你说得很好，任何机制都要内化为自己的内在才能自觉遵守。这不是自律又是什么呢？感谢对方辩友承认我方观点。〔1〕

看来，反方虽然提出了观点，但没有对关键概念进行比较深入全面的界定，以及由此形成的逻辑关系进行梳理，所以，当正方将这两个问题进行质疑

〔1〕 张德明主编：《激扬才智》，复旦大学出版社2003年版，第217～218页。

时，反方的应对显然是临场性的。对于正方来说，这场比赛的最大特点是，正方赛前准备的自由辩论的对策全部失效，在这种情况下，只能从倾听中发现对方的漏洞，不然，整个自由辩论将无问可提。还好，终于发现了，于是别无选择地用这两个问题主导了整场自由辩论。

当然，一方立论完全出乎对方预料的情况不多，但是，在立论中发现重大问题的情况应该不少，而把它充分用在自由辩论中还不是很多，究其原因，就在于赛前准备得太充分，这些准备的问题都编排成一个一个的“场”，所以，辩手就担心，如果临时改变，会不会打乱赛前的安排。为了保险起见，就按既定方针办，这样一来，大好的时机就这样放弃了。

2. 将经过选择的问题带入自由辩论

如果对方前面环节中的问题很多，当然不能全部用于自由辩论，因为还需要对临场发现对方问题进行质疑。那么，对于前面环节从辩题、立论到质疑，一路过来，应该记录了对方若干漏洞，如果这些漏洞都用于自由辩论，那对方也可以有选择地回答问题，选择地肯定是那些比较容易回答的，甚至这种回答还能出彩。所以，要对记录下来的问题进行选择，看哪些攻击性比较强，换言之，就是对方的哪些问题漏洞大，甚至有追问的价值。

比如辩题“青年人更应该培养自豪感还是青年人更应该培养危机感”，我们以正方为例，首先，正方的立论中有这样几个问题，一是概念界定：“自豪感是自己优于他人的价值特性认同，而危机感是一种很强的忧患意识。”二是关于自豪感的正面作用和意义：“我方认为，培养青年人自豪感更有利于实现民族复兴和个人幸福。”三是对危机感的作用加以贬低：“更多的强调危机感，不仅打击民族自信，还会削弱青年对国家民族的归属感。”接下来，质疑和答疑环节，正方有这样一些漏洞：

“培养自豪感的第一重意义在于，对前辈们奋斗的一份肯定；第二重是实事求是，中国在各个领域都取得了巨大成就；第三重意义在于这是一种薪火相传的观念”。

举出数据证明现代青年普遍焦虑压抑，反方还在讲危机感，大量农民工，工作一整天，才拿两三百块，有远在农村的父母，这样的艰难，可你告诉他，你不要飘，生活的重压早已让他们根本飘不起来。

我们怎么让他们在现实中看到一点光，看到一点每天生活下去的动力。我们告诉他，你的日子是有意义的。自豪感是让他肯定过去生活的价值，让他看到前面不是荆棘坎坷,而是一个又一个奇迹。[1]

统计一下,立论中有3个问题,质疑环节有3个问题,共有6个问题。我们再对6个问题归纳一下,第一个是概念问题,没有考虑到语境,自豪感是一种社会心理,而不是优于他人。第二个是自豪感的意义问题,由于这个辩题是比较型,正方的意义反方也应该承认,因为双方比的是"更"。第三个现在下层人士生活很苦,需要通过肯定他们的工作让他们获得自豪感。第四个问题,就是把"自豪感"等同于"飘"。这四个问题如果全部撤出去,也无不可,但是,这样就难以对对方在自由辩论中的漏洞进行质疑了,还有,如果这几个问题对方回避或敷衍,难道一直这样追问吗? 因此,要进行选择,以重要性排序。至于怎样排序,不同的辩手有不同的选择,此处不做判断。

(二)临场听出对方的漏洞

自由辩论的价值就在于它的"自由",这个自由再具体一点就是临场性,即双方的发言都是对对方发言的回应,而不是将事先准备的问题以临场的方式说出。自由辩论就是质疑和反驳的过程,这里最需要的是听,而不是说。这个听包括两个方面:一是听出对方质疑的漏洞;二是听出对方反驳的漏洞。

1. 听出对方质疑的漏洞

对方的质疑主要来自两个方面,一是本方前面环节中的漏洞,二是本方反驳中的漏洞。对于本方前面环节中的漏洞,对于本方来说,关键不在于漏洞本身,因为这是客观存在,而是对方对这个漏洞的表述,要从表述中听出对方的漏洞,这很悖论,也很博弈。

比如辩题"宁要大城市一张床的观念更可取还是宁要小城市一间房的观念更可取"

正方四辩:对方辩友跟我们说,大城市生活压力很大,不利于健康。请问您健康与压力是否存在必然的联系呢?

反方四辩:对方辩友,压力会大,和健康之间的必然联系不是说压力大了就不健康,而是你压力大导致你产生的一系列行为,影响了您的健康。好,请教对方辩友这样一个问题,你方说大城市硬件更好,请问对方辩友,和小城镇相比,大城市的什么硬件决定了大城市更有利人的发展呢?[2]

---

〔1〕 2019年第9届世界华语辩论锦标赛南京赛区决赛,天津大学与西南政法大学。

〔2〕 刘想树主编:《论辩西政》,法律出版社2012年版,第245~246页。

正方将对方在前面环节中的“大城市生活压力很大，不利于健康”提出来，由此要反方回答压力与健康是否具有必然关系的问题。而反方可能听出了正方的用心：如果承认是必然关系，那么正方有可能追问：一是逻辑问题，压力和动力的关系问题；压力多大为很大。二是事实问题，既然压力很大，为什么大批青年都往北上广去。反方承认压力大影响健康，这样就化解了正方的攻击。然后把战场转移到正方。当然，正方不会善罢甘休，还要追问下去：

正方三辩：所以对方辩友刚才谈到健康问题的时候，认为是压力能压垮我们的，如果真的能够压垮的话，相信我们也不适合做社会主义接班人了。请教对方辩友了，这种压力不代表健康的状况下，请问压力能不能转化为动力？

反方三辩：对方辩友，我方已经跟您说了嘛。压力大的情况大城市小城镇都有，况且对方辩友今天压力可以转化为动力，可是问题在于压力把您方压垮了，怎么动力了呢？请对方辩友继续回答一下我方四辩的问题好不好呢？〔1〕

正方一心想逼着反方无法否认压力可以转化为动力，这一回合反方没有正面回应，而是用压力把你垮了如何成动力回应，虽然这个回应的理由不太充足，但这可是在自由辩论情景中。如果反方这样回应：压力转化为动力是要有条件的，请问正方辩友，这需要什么条件？你知道吗？

2. 听出对方反驳的漏洞

质疑和反驳是自由辩论的标配，有质疑就有反驳，如何从反驳听出对方的漏洞，这当然需要经验，但也离不开技术。一般来说，任何反驳都不可能是无懈可击的，这是辩论的不完美决定的。关键在于如何听出这个不完美。比如“统考制度有利于创新人才选拔还是不利于创新人才选拔”这场比赛：

正方二辩：对方辩友刚才不是告诉我们了吗？统考制度能够考核人才的知识和能力，统考制度有利于知识性人才的选拔。而众所周知的事实是，创新人才本身就是知识性人才，那不正好证明我方观点：统考制度有利于创新人才的选拔了吗？

反方三辩：创新人才是知识性人才吗？有知识就是创新人才吗？每年高校毕业上百万学生都是创新人才吗？如果对方同学说统考可以观察基础，那

〔1〕 刘想树主编：《论辩西政》，法律出版社2012年版，第246页。

我想请问对方同学一个简单的问题,一个没有经过应试教育的人,阅读一份高考的语文试卷要用多少时间呢?〔1〕

正方通过这样的逻辑来反驳反方:统考制度考核人才的知识和能力,统考制度有利于知识性人才的选拔;创新人才是知识性人才,所以,统考制度有利于创新人才的选拔。这个逻辑不严谨,反方马上就听出来了,于是质疑:有知识就是创新人才吗?随即提出了一个更难以回答的问题,这个问题不是"为什么""怎么样",而是一个"是什么",这个正方无法回避,只好顾左右而言他。

对方反驳是对本方质疑的回应,比较有针对性,这就要求解读能够与对方言说同步,当对方言说完毕,回应的话语已经可以随口而出,这种功夫需要平时有意识地训练。首先要养成听的习惯,中国有句古话:"锣鼓听声,说话听音。"既要听出对方话语本身的意思,更要听出对方表达的意图。有时候,对方反驳的同时,也是在为下一步布局,如果仅仅满足于见招拆招,势必跟着对方走,唯有提前预见,方能应对自如。

比如这场比赛的自由辩论,辩题为"世博会在未来应以网络展示为主还是应以园区展示为主"。

正方一辩:对方辩友,人是那样的人,但网还没有达到未来的网。对方辩友请你睁开眼睛看看我们今天的辩题,我们今天讨论的是未来世博会。

反方一辩:对方辩友,可是您的未来我看不见,究竟多久之后才算未来?未来的园区展示会不会变得更好?您方今天的标准立论中告诉我们的是世博的理念和价值,可是您方一直论证的是人多,您方的标准究竟是什么呢?

正方四辩:对方辩友不是我方认错了,我刚才问您我们的子孙应该怎么体验世博会,那子孙的子孙又怎么体验世博会。在他们的脑子中都是以网络的形式来感受今天完美的一个上海世博会。再请问您这样一个问题,如果今天上海世博会的人数很多很多,您方刚才告诉我网络有十亿,但是我们今天网络只是一个萌芽,请问您,上海世博会是完美,用萌芽来论证完美,能不能得出今天您方的结论呢?

反方四辩:对方辩友不对,恰恰是您方用未来网络的性质和现在园区的性质做出比较,为未来做出了一个选择。可是今天两者是并行不悖的,您方

---

〔1〕 张德明主编:《千禧之擂》,复旦大学出版社2000年版,第19页。

主要的标准依然没有体现出来……〔1〕

正方要把辩论的焦点拉到“今天讨论的是未来的世博会”，而反方可能看出对方的动机，质疑对方所说的未来的时间标准，同时指出对方只说未来的网络展示，没有未来的园区展示，这就堵住了正方的进路，然后再把正方拉到“为主”的标准是不是“人多”这上面来。正方又用“萌芽证完美”来反驳，但反方不为所动，更进一步，要正方给出“为主”的标准。因为正方在前面的环节中没有给出标准，所以留下隐患，为反方所用。

（三）判断论据的正误

这里所说的论据主要是事实、数据、公理等。自由辩论在内容上，主要是以论据进行质疑和反驳，而论据中又主要是事实或数据。我们所说的“内容为王”，更多是指自由辩论的内容。往往有些自由辩论，整个过程充斥着形式逻辑，像几条干巴巴的筋，在那儿绕来绕去，大都在循环论证，这也是导致辩论赛观赏性降低的重要原因。

1. 对论据真实性的判断

在自由辩论中，论据的真实性很难判断，双方都不可能现场验证，也不可能由评委或工作人员验证，因为自由辩论不可能暂停，必须行云流水。这个判断只能由回应的一方作出，怎么做，只能是笨办法，那就是赛前广泛涉猎与辩题相关的资料，尤其是对方有可能作为论据的，不一定通读，但需要浏览。当然，这也跟我们的知识面有关，有些论据其实并不需要专门了解就应该知道。有一次全国性比赛，决赛时正方举出的事例是：津巴布韦经济搞得好，导致大象数量增加。事实上，津巴布韦的经济在全球居于倒数第几名，想必只要关心世界时事的人都知道。而反方也不示弱，竟然举出某一年夏天，法国热死 10 万人。大家都知道，法国是发达国家，人口 6000 多万，怎么可能热死那么多人。更有意思的是，双方竟然对对方的事例和数据都没有反驳。

这样的情况在自由辩论甚至整个辩论赛中不在少数，甚至可以说是俯拾即是，如果我们没法判断，就有可能助长对方的攻势，所以应该加强这方面的训练。有一次比赛，反方在立论中说“截至 2006 年，我国共有全国性法律 805 部，行政法规和地方性立法达到 18000 多部”，而事实上，直到 3 年后的 2009 年，中国现行有效法律共 229 部，行政法规近 600 件，地方性法规约 7000 件。

〔1〕 刘想树主编：《论辩西政》，法律出版社 2012 年版，第 327 页。

令人惊讶的是，对方竟然是某政法大学辩论队。

2. 对论据因果关系的判断

有一种情况是，一方的事实论据是真实的，但是，忽视了事实形成的原因，结果弄巧成拙，等于给对方送了子弹。有一场比赛的自由辩论：

正方三辩：……那么好，对方辩友告诉我们身处逆境不易，但我也要告诉对方辩友身处顺境也不易。所以，我国孟子说过，富贵不能淫，贫贱不能移，也就是说，处于顺境，照样也可能贪污腐败啊。

反方三辩：对方辩友一说到孟子，我就想到了孟子他妈，如果没有孟母的三迁何来孟子的成才。请问孟母三迁是创造了顺境还是创造了逆境？（掌声）〔1〕

孟子的这些话是真实的，而且很能证明正方的观点“逆境有利于成才”，可是正方没有深入思考一下，孟子成才的重要背景，那就是孟母三迁。结果被反方抓了正着，一下子陷入了被动。这也告诉我们，不能仅仅满足于事实本身的真实性，还应该探究这个事实形成或产生的原因，甚至是前世今生。

自由辩论中用理论作论据也开始多了起来，一则理论有强大的概括性，可以强有力地支撑本方观点；二则以此可以展示本方的理论素养。但是，没有任何理论可以完全支持某一方，所以，如何判断对方理论的正误检验着辩手的理论知识面。举例说明，辩题“诚信主要靠自律还是主要不靠自律”：

反方一辩：……我想请问对方辩友一个问题，如果要靠自律解决诚信问题，能不能先回答自律本身存在的一个致命缺点，那就是自律的雪崩效应如何解决呢？

正方二辩：对方辩友，自律的雪崩效应恰恰是机制带来的。为什么？因为你的机制我刚才听明白，无非是一种制衡，用各方的利益的牵扯来保证大家不犯错误，但是你发现没有，你那种是不稳定的平衡，只要有一点问题，就会造成大片的崩溃，这就是雪崩效应……

……

反方一辩：我方并不是说机制具有雪崩效应，而是雪崩效应是你自律的一个缺陷呢？雪崩效应不解决，自律随时会崩盘，不解决雪崩效应，我们怎么样去信任对方的自律呢？

---

〔1〕 张德明主编：《激扬才智》，复旦大学出版社2003年版，第24页。

正方一辩：我就不知道，为什么雪崩效应就成了自律的祸了？那现在有诚信缺失的现象存在，是不是一个人的诚信缺失了，整个诚信系统就崩溃了呢？那我们今天探讨这个辩题还有什么意义……〔1〕

反方提出“雪崩效应”来证明自律可能出现社会信用的崩溃。雪崩效应的定义是：不平衡的状态，超过了临界值后造成大范围的崩溃，往往起初只是一个小小的扰动，但是事态发展越来越严重，成几何级数增长。这其实正好证明机制容易产生雪崩效应，结果被正方以子之矛攻子之盾。

二、常见的谬误

自由辩论也是谬误频繁出现的时候，因为临场发挥，不可能深思熟虑，有时候完全是本能反应，出现这些谬误也是情有可原。但是，作为另一方，却不能视而不见无动于衷，所以，了解自由辩论中出现得比较频繁的一些逻辑谬误，可以有效地借力打力。

（一）概念、论题方面的谬误

1. 偷换概念

这在自由辩论中时常出现，既有故意也有无意。我们在第六章就重点地阐述了概念界定的重要性，这其实也是为了防止自由辩论中对方偷换概念，在高速的语言交锋中，有时候往往会忽视对方发言中概念的某些变化，由于没有察觉，就跟着被对方偷换了的概念走，等到发现问题时，已经走了很长一段弯路了，要想扭转过来，还不是那么容易，因为时间所剩无几。

比如辩题“正其义当谋其利还是正其义不谋其利”，下面是双方的一段自由辩论：

反方二辩：……再请问对方辩友，西安一位农民不远千里将一笔巨款送到了成都失主的手中，如果是为了谋利，还会有这样的义举吗？

正方三辩：他当然不是为了谋自己之利，因为他谋的是那位失主之利，他为失主谋得了切实的福利，而这切实的福利难道就不是利了吗？为什么他人之利和公利在对方辩友的这种谋求之下就不是利了呢？

反方三辩：……那么请问了，太原两个中学生溺水身亡，农民组成的打捞队漫天要价，扬言要是拿不够钱，就把他们的尸体扔回河里去，请问，这是不

〔1〕 张德明主编：《激扬才智》，复旦大学出版社2003年版，第218～219页。

是谋利？

正方三辩：莫非对方辩友认为这种行为是一种正义的行为吗？很显然这是一种谋利而不正义的行为，是我们双方都应该唾弃的行为呀。[1]

很明显，谋他人之利和谋自己之利，这两个"利"应该是同一概念，而正方却两次有意混淆。第一次，反方举出一位农民将巨款送到失主手中，属于义举，而正方却将这个"利"是失主之利；第二次，有人不给钱就见死不救，反方却说是谋利而不义，这样前后两个"利"内容不一样。

2. 稻草人假设

稻草人本是农民为了吓跑田鼠、麻雀等一些破坏庄家的动物，而用稻草扎成人形插到田地里，让那些动物以为是真人就望而却步，或作鸟兽散。将这个概念用在辩论中，是指故意曲解对方的论点，使这个论点对对方不利，然后再将这个被曲解的论点作为对象进行攻击。如果被歪曲一方没有察觉，那么就被视为认可这个被歪曲的论点，对方就会用这个论点通过不断质疑从而演绎出荒唐的结果。此时，被歪曲一方才如梦方醒，但为时已晚，因为自由辩论的时间所剩无几。这种方式的杀伤力比较大，要及时发现，及时予以反驳。

比如有一场比赛，辩题"统考制度有利于创新人才的选拔还是不利于创新人才的选拔"，在自由辩论阶段，反方把辩题转换为统考制度能够选拔创新人才，而正方虽然有所察觉，却没有引起足够重视，结果让反方占了上风。确实，像"有利于"这类辩题很容易在辩论中走形，反方一般很容易将其变为"能够""可以"，而正方陷进去而不自知。比如辩题"题海战术有利于还是不利于学习成绩的提高"，同样，反方很容易将正方的观点偷换为"题海战术能够提高学习成绩"，这样一来，正方是无法证明这个被偷换的观点的。我们来设计一下，如果正方能及时明了，他们应该怎样应对：

反方：对方辩友，能否举出一个题海战术能够提高成绩的事例？

正方：不能，因为题海战术只是有利于提高成绩。

反方：那为什么不能提高成绩呢？

正方：对方辩友，氧气有利于健康，那按照您方的逻辑，氧气能够使人健康，如果这样，还要医院做什么？

---

〔1〕 2002年全国大专辩论赛决赛。

这样，既规避了反方的陷阱，同时还将了反方一军，正方如果按照这个追问下去，反方将会很难堪。

（二）论据方面的谬误

1. 诉诸权威

所谓诉诸权威，即“以人为据”，它以权威人士即名人名言，比如著名专家、学者、科学家的某个论断、某个观点为论据来肯定本方观点，对论题不作任何论证，而唯权威是从。从逻辑上看，诉诸权威的论证前提和结论之间没有逻辑关系，仅仅因为这个言论是权威发出来的。比如，因为相对论是爱因斯坦提出来的，所以相对论是正确的。

由于权威的言论往往只言片语，符合自由辩论的“短平快”，引用得比较频繁。这里存在两个问题：一是有些权威的“言”，与所证明的观点之间并不存在论据与观点之间的论证关系。比如“千里之行始于足下”，这句名言出自《老子·道德经·第六十四章》，用它来证明“成功是从一点一滴的积累开始的”，老子的名言和所要证明的观点意思是一样的，基本上属于同语反复。这方面的例子不在少数，比如“走自己的路，让别人去说吧”（但丁），“人生的价值，应当看他贡献什么，而不应当看他取得什么”（爱因斯坦），“学而时习之，不亦说乎”（孔子）等等。二是有些权威的“言”，本来就是一家之言，是自己对于事业、社会、人生的感悟，带有强烈的主观色彩，而论据应该是客观的事实、数据或公理常识。比如“最好的享受就是工作”（康德），这显然无法证明工作就是享受。因为权威的人生经历各有不同，其人生感悟也不尽相同，因此，得出的人生感悟方面的结论也有所差异。

但是，是不是说自由辩论中不能使用权威言论呢？当然不是这样，我们说的诉诸权威，主要在于将权威本人及其言论作为论据证明观点，但这并不妨碍用权威的言论说明观点，起着修辞作用。比如辩题“尊重人胜过尊重真理还是尊重真理胜过尊重人”，自由辩论反方的发言：“尊重人就是尊重规则，尊重共识，但尊重真理却不是共识，更不是规则，因为真理往往掌握在少数人手里，就像亚里士多德说的：吾爱吾师，吾更爱真理。”亚里士多德的这句话在这里并没有起论证作用，只是强化了发言的力度。

2. 诱导性提问

所谓诱导性提问，是指提问者为了获得预想的回答，有意将问题设计成有暗示如何回答的内容，或者将有争议的事实假定为真实存在的事实进行提问。诱导性提问一般在问题中已经隐含答案,被询问者只能回答“是”或者“不是”,或者回答问题本身就意味着对某个暗含假定事实的承认。

诱导式提问的句式主要是“是或不是”“是这个或是那个”。

在自由辩论中,诱导式提问主要有两种:

第一,强制性提问。将一个需要证明的问题设计成一个是非问题,以逼使对方在“是”与“不是”中二选一。比如辩题“统考制度有利于还是不利于创新人才的选拔”,这是正方的提问:“下面我想请问对方辩友,没有统考制度是否就有利于创新人才的选拔? 请对方正面回答:是还是不是?”从这段话可以看出,正方的逻辑:对于有利于创新人才的选拔,要么是有统考制度,要么是没有统考制度,既然有统考制度不利于选拔,那没有统考制度就是有利于选拔。这个逻辑显然不能成立,因为 A 不成立,并不等于非 A 就一定成立。正方将这个问题两极化,诱使反方二选一。其实,这样的提问反方很容易应对:“对方辩友,统考制度本来就不该用于选拔创新人才,创新人才不需要选拔。”

第二,确认性提问。无论对方回答是肯定还是否定,都等于默认对方提出的问题中的事实。比如“你妈妈小时候打过你吗”,回答“打过”或者“没有打过”,都是在承认“你在你妈妈小的时候已经存在了”这样一个“事实”,如果这样回答,提问方再进一步提问:“你妈妈小时候你见过她吗?”回答方于是陷入悖论。比如辩题“经济扶贫重于知识扶贫还是知识扶贫重于经济扶贫”,反方提问:“请问对方辩友,经济扶贫需要的知识量大不大?”如果正方回答大还是不大,都承认了经济扶贫需要知识。

(三)论证方面的谬误

自由辩论虽然重在“辩”,实际上就是“以论带辩”,通过简短的论证进行证明和反驳。自由辩论不可能像立论那样长篇大论,通常一次发言时间不超过 30 秒,这样短的时间要完成证明或反驳,只能用一些简短的语言进行。有时候注意到语言的简短却又忽视了逻辑的严谨,于是就出现一些谬误。

1. 循环论证

“循环论证”就是论题和论据相互证明,本来,论题的真实性是要靠论据来证明,当这个论据成为论题时,却用被它证明过的论题来证明。即因为 A,所以 B;因为 B,所以 A。比如“你为什么胖”“因为我吃得多”“你为什么吃得多”“是因为我胖”。在这个意义上,循环论证中互为因果是同等效用。

循环论证在自由辩论中比较常见,比如:

正方:请问对方辩友,顺境为什么有利于成才?

反方:这是因为成才离不开顺境。

正方:那为什么成才离不开顺境?

反方:那是因为顺境有利于成才。

正方要求反方证明"顺境有利于成才",而反方用"同语反复"即"成才离不开顺境"为论据;正方要求反方证明这个论据的真实性,而反方又将论题作为论据。这就是典型循环论证。

反方四辩:请问对方辩友,压力如何转化为动力?

正方一辩:其实压力转化为动力很简单,就是当我们把外在的压力通过自己的信念转化为动力,于是不断地拼搏奋进嘛。

反方一辩:对方辩友,为什么不是压力而是信念可以转化为动力?

正方二辩:是因为压力可以转化为动力。

反方三辩:我终于明白了,对方辩友,你这好像是循环论证。你方的压力产生信念,信念转化为动力,那压力本身能不能直接转化为动力呢?

反方要求正方论证"压力转化为动力",正方以"信念"为据;反方要求正方论证"信念转化为动力",正方又以"压力可以转化为动力"证明。这就是一个典型的循环论证,反方看出了这一点,于是直接指出。

2. 以偏概全

所谓以偏概全,是指用片面的、不充足的论据冒充全面的、充足的论据去进行论证,用个别情况证明普遍性情况。哲学地说,就是以个别证明一般,以个别的事例来证明普遍性的结论。这在自由辩论中出现得比较多,主要表现在个案的运用上。所谓个案,一个社会单位的问题,比如一个人、一个家庭、一个学校、一个团体、一个社区的任何问题,都可以视为个案。个案不一定具有代表性,它发生的主体只是某个人、家庭、学校、社区等,其代表性还需要论证。这方面最有名的例子就是《晏子春秋》中,晏子出使楚国,楚王有意要羞辱晏子,于是设局。楚王宴请晏子,两位差人绑缚一人来见楚王,楚王明知故问:这个人是谁? 差人答:齐国人,因为偷盗被抓。楚王回过头来问晏子:"齐人是不是擅长盗窃?"这里楚王就犯了以偏概全的谬误。楚王的逻辑是这样的:盗窃跟籍贯有关,盗窃者为齐国人,所以齐国人善盗。

在自由辩论中，以偏概全常常是这样的，为了证明本方立场或反驳对方观点，通常用"假如……"这样的句式虚拟一个故事，这个故事的目的性很强，很容易犯以偏概全的谬误。比如，为了捍卫辩题"宁要大城市一张床不要小城市一间房"，虚拟了这样一个故事：某研究生毕业后留在大城市打拼，先租地下室一张床，几年后事业发达，买了房子和车子，娶了老婆，生了儿子。这个故事完全没有论据意义，不是因为它是虚拟的，而在于这个故事只是个案，无法证明其代表性；同样，持相反观点"宁要小城市一间房不要大城市一张床"，也可以虚拟一个故事：某研究生毕业后去了四线小城市工作，大显身手，大展宏图，事业蒸蒸日上，没几年就当上了科长，等等。我们不否认有这类事情，同样也不能证明观点。因为它们都犯了以偏概全的谬误。

以偏概全的个案与典型事例不一样，个案不具有代表性，比如齐人盗窃，并不表明齐人有偷窃的习性；而典型事例则具有代表性，代表了一类人或事物的共性。比如，某人是重庆人，他说话直率，这个事例就比较典型性，因为代表集合意义上重庆人的表达风格，当然并不等于说所有的重庆人都说话直率。就像说中国人内敛，并不是每个中国人都内敛。

3. 不当类比

所谓类比，就是比较的两个对象具有某些相似性，从而推断二者在其他性质上也可能有相似性。注意，类比不可能得出必然性的结论，因为二者只是相似或者部分相同，而不是完全相同。所以，自由辩论中的类比只能是起着说明作用，注意，不能证明只能说明。比如，突出事物的特征，强化某种印象，烘托辩论气氛，等等。但是，即使使用类比为了说明，也时常出现类比不当。

现在我们来看看"轿车热促进了城市发展还是阻碍了城市发展"这场比赛自由辩论环节中的一段对话：

反方一辩：好，对方辩友谈到堵车的问题。我们来想一想，如果我们看到一个堵车的图，我们从上空俯瞰下去的时候，请问对方辩友您这时候想到的是青春期呢，还是想到了密密麻麻的青春痘呢？

正方四辩：对啊，所以说对方辩友就要明白，青春痘不是你想长一辈子就一辈子都会长的，过了青春期自然就没了嘛。

反方四辩：不对，对方辩友。可是我们看到，青春期保养不好，脸上长了痘痘永远消不掉，是我们心中永远的痛……

正方三辩:好,对方说了,青春期的时候你保养不好,青春痘就会留一辈子,那么就是说,汽车热你不好好处理它就会遗祸万年对不对?

反方三辩:所以,对方辩友今天说的不是汽车热促进了城市的发展,是汽车热配套于好的交通了,您方这时候汽车再生出一双翅膀都可以飞上天了?您是不是能论证飞机更能促进城市的发展呢?

正方二辩:对方辩友,您非跟我说汽车热不配套好的交通才能阻碍,您这个论证是不是一样的错误呢?我们说青春期为什么会促进人的发展,因为在青春期的时候,你会不停地生长,这时候你告诉我,你青春期如果没吃好饭的话,如果没有保养得好的话,你会遗憾终生,所以青春期贻误了您的成长,是吗?[1]

反方用青春痘比喻堵车,正方顺势借力打力:青春期一过,青春痘就没了。反方深入一步:如果保养不好,青春痘永远消不掉,正方把这个类比拉回到正题上来:汽车热如果不好好处理会遗祸万年?反方此时回避,把正方的观点归谬到:论证飞机更能促进城市的发展。但是,正方不为所动,终于把这个青春痘的类比给破了。自由辩论中这样的情况比较多,一个类比很少是赛前预设,往往是临场发挥,自然比较粗糙,此时另一方就要及时判断这个类比是否妥当,如果不妥当就要立即加以反驳,最简便的是正面回应:“这个类比不妥当”,然后寥寥数语说明原因。也有用归谬进行反驳,这类效果比较好,还能烘托气氛,但如果使用不精当,反而会被对方抓住。当然,这种对类比不当的发现和反驳主要靠平时的训练,养成发现的习惯练成反驳的能力。

下面是一段自由辩论对话,辩题“经典必定来自流行还是经典未必来自流行”:

反方二辩:……经典必定流行和经典来自流行能够等同吗?刚才你在立论过程中指出,一个小孩子生下来他会哭,可你就能论证,一个小孩子生下来就会哭就等同于小孩子他必定来自哭吗……

正方三辩:对呀,对方辩友认为小孩子生下来就会哭,就能够做出判断,因为小孩子生下来就会哭,那他最后会成为哭的经典吗?不经过我们的检验,谁知道他哭得是好是坏呀?

反方一辩:对方辩友实际还在为我们混淆两个概念,把流行等同于经典

[1] 刘想树主编:《论辩西政》,法律出版社2012年版,第265~266页。

检验的过程，但是我们说经典检验是需要大众认可，而大众认可不等于流行。举个例子，有一本书很流行，大家都在看，我也买了一本来看，但这是不是代表我一定觉得它好看、我认可这本书呢？〔1〕

反方把正方立论中的类比不当拿出来追问："小孩子生下来会哭是否等同于他必定来自哭。"正方含糊其词，此时反方没有继续追问，错失良机，而是正面指出反方的不当之处，由于语言表述不精当，这种效果就打了折扣，然后反方提出一个类比："我买了一本很流行的书，但并不代表我认可它。"其实，这个类比也不当，因为经典不是来自"我"的认可。如果大家看了这场比赛，就会发现，反方指出的正方立论中的类比其实不存在，这种情况属于上面所说的"稻草人假设"。

〔1〕 张德明主编：《激扬才智》，复旦大学出版社2003年版，第187～188页。

第十章　总 结 陈 词

经过激烈的自由辩论，双方由观点展开的问题争论也告一段落，需要对从立论到自由辩论的各个环节进行归纳和总结。在已经过去的三十几分钟里，双方各自对本方的观点是如何论证的，一方是如何对对方进行质疑和反驳的，这些都需要“给一个说法”，这个“说法”就是总结陈词。在整个辩论比赛中，总结陈词是最后的一个环节，根据近因效应，是给评委和观众的最后印象。总结什么，如何陈述，都需要反复斟酌，不仅要让观众和评委对本方这几十分钟的辩论有一个概括而清晰的印象，更要在这最后的几分钟之内展示四辩的风采，由此产生良好的近因效应。

第一节　总结陈词对接

总结陈词看似临场发挥，其实是经过深谋远虑的，是需要赛前设计的。总结陈词从表达上，可以分为总结与陈词两个部分：总结是内容，陈词是形式。双方需要对从立论、质疑与答疑，到自由辩论这三大阶段的内容和表达进行总结，总结的方式就是双方四辩（三人制是三辩）分别进行表述。总结陈词与前面几个阶段的论争是密不可分的，因此，总结陈词的设计必须与前面每一个阶段的辩论联系起来，使之成为整个辩论的有机组成部分。更重要的是，总结陈词不仅是对本方的总结，也是对对方的总结，对于本方，总结是维护是进一步阐述，对于对方，总结是挑刺是解构。因此，担任总结陈词任务的辩手必须在这两个方面下功夫。

一、总结陈词与立论对接

总结陈词与立论的关系，就好比一篇文章的开头与结尾，是首尾呼应。

在某种意义上，总结陈词是对立论的进一步阐述，有什么样的立论，就有什么样的总结陈词。这里要说明白的是，这种对接分为两种：一种是对本方立论的对接，这种对接更多的是，当本方立论遭到对方在各个环节攻击时，说明本方的立论存在漏洞，这个漏洞包括概念界定、逻辑关系、论证方式等，总结陈词需要填补这些漏洞，从这个意义上，总结陈词是本方最后的自救。另一种是与对方立论的对接，这种对接一方面来自赛前的设计，但更多可能是来自现场，这对担任总结陈词的辩手提出了高要求，既要参与到自由辩论中（有的赛制还专门设置了一方四辩对另一方一辩立论的质询环节），更要在这些环节中发现对方漏洞，而且还要对这些漏洞进行筛选，把最重要的用于总结陈词。

（一）与立论中概念界定对接

在立论的结构中，概念界定位于立论的开头部分，其目的在于向评委和观众表明本方对构成辩题的概念的解读，包括这些概念的内涵与外延。本方在后续的辩论中能够准确使用这些概念，避免出现偷换或者模糊概念的错误。同时，也以此判断对方在概念上的类似错误，以便确定攻击点。因此，在总结陈词设计时，把立论中概念的界定作为总结准备的一部分，双方立论中基于本方立场，可能对某一概念的界定并不一样，由此导致后续辩论中会出现概念之辩，而在总结陈词设计时就要把这一可能性加以考虑。

这方面是对对方立论中概念的预测，在此基础上设计总结陈词。比如辩题“经济扶贫重于知识扶贫还是知识扶贫重于经济扶贫”，正方在总结陈词设计中，预测反方可能会在立论中，把“知识扶贫”的外延扩大，包括经济方面的知识（比如农作物播种、管理、收割、储藏知识）、农村经济作物种植方面的知识、农村养殖方面的知识、农产品交易方面的知识、农村金融知识、农村旅游知识，等等。如此一来，挤压了反方“经济扶贫”这个概念的空间。根据这个预测，正方未雨绸缪，设计应对之策，如果反方立论中果然如此，那么就直截了当地质疑：按照对方的这个界定，经济扶贫除了给钱，就没有其他内容了吗？让对方来说明。实际上这是把经济概念偷换为货币，如果真是这样，那么归谬：按反方的说法，那么经济基础就是货币基础，经济学就是货币学，当然，经济扶贫也就是货币扶贫。果如所料，反方立论就是这样，正方攻击起来得心应手，反方疲于应对，这成了反方的硬伤。最后正方总结陈词，就把反方的这个硬伤简要地做了介绍。

当然,并不是所有的总结陈词设计都能将对方立论中的漏洞预测准确,但是这个功课应该做,而且要做足。原因就在于,任何辩论,都是建立在概念界定的基础上,双方概念界定的不一样,往往决定辩论的前奏,因为只有搞清概念的分歧,才能辩下去,但是,双方不可能对概念的界定完全一致,尤其是关键概念,关系到双方成败的前提,均不会退让,这个争论可能会持续到自由辩论,因此,总结陈词必然要将这个问题指出来。

更重要的是,在对立论中听出对方概念界定的漏洞,在后续的环节中加以质疑。比如辩题"解决市民不遵守公共秩序问题主要靠加强管理还是主要靠加强教育",赛前立论设计,查阅资料,发现当今管理正在从重"管"过渡到重"理",于是就将"管理"进行分工,正方立论关于"管理"的界定如下:

正方一辩:……许多人认为管理只能治标难以治本,这是因为人们只看到了管理中管的作用,却忽视了理的功能。所谓管理,如果管的作用是在堵,那么理的功能则在于疏……〔1〕

反方的立论中没有指出"管理"中的漏洞,大概是他们也没有料到,来不及准备语言进行质疑,只是到了"盘问"环节,反方将"管理"这个概念的界定作为主要攻击点:

反方三辩:对方辩友您说管理,有管有理,有堵有疏。我们不知道依据何在,可是现代汉语词典对管理的定义是照管并约束,那么您方所说的这个理、这个疏导,用道理使人明白恰恰是教育的定义,您方今天是不是想用一个自己创造的定义把我们双方的观点都论证呢?

正方一辩:对方辩友当然不是,您去看一看现代汉语词典上对于理的定义,您就会发现我方的定义并没有错误。管理嘛,今天管理的手段有很多,就像我方四辩刚刚给您方一辩举的那个例子一样,行人闯红灯怎么办呢?我们可以建过路天桥,我们可以改变斑马线的设置规律,这样就可以解决问题,这就是理、疏导作用的表现。

反方三辩:哦,原来对方辩友今天是把管理拆成两个词,一个管一个理,比如说木头这个词我们可不可以把它拆成一个木一个头呢?对方辩友您说的疏导作用,是不是恰恰通过用道理使人说服、用一种教育的手段内化为他

---

〔1〕 刘想树主编:《论辩西政》,法律出版社2012年版,第311页。

的一种意识，最终达到的也是教育的效果呢？[1]

反方的攻势很凌厉，首先指出这种界定不合词典，然后指出正方所谓的"理"其实跟本方的教育类似，结论是正方自创定义。这一段论证简洁完整，使得正方一个劲地解释，这一下就陷入了被动。反方还不罢休，用归谬将正方的界定荒谬化，然后再指出正方的"理"的所谓疏导其实跟反方的"教育"效果相同。应该说，这是正方的硬伤，而且难以在这场比赛中"自愈"。还好，正方也注意到这个硬伤，在总结陈词中，进行最后补救"疗伤"（这场比赛双方总结陈词顺序由抽签决定，正方抽到先发言）：

正方四辩：……总结一下整场辩论赛，大家争论点在什么地方？第一个争论点很简单，对于管理和教育之间的定义。我方告诉大家，管不仅有惩罚还有疏导。对方辩友说在惩罚的过程中起到了教育的功能，究竟是教育呢还是管理呢？这种措施肯定是管理了，能不能起到教育的作用，我想也许起到了教育的作用，但它只是理的一部分。比如，我说那个闯红灯那个现象，架了人行天桥之后，人就不闯红灯了，他走了人行天桥。这个时候管理的措施，疏导的措施，给人有更便捷的方式，他就不会冒险去闯红灯也不会违背公共秩序了。这样的管理的手段，对方辩友能够接受，您不会说架天桥这样的行为也属于您方的教育吧。[2]

看来，正方试图进行补救，他说了 264 个字，大约用了 1 分钟，占时长的 1/4，可见还是相当重视的。但是，尽管如此，正方还是没有把"管理"讲清楚，比如，正方说"管不仅有惩罚还有疏导"，"惩罚过程中起到了教育作用，这只是理的一部分"。看得出来，正方四辩的逻辑不清晰，不严谨，原因在于赛前对"管理"这个概念仅仅满足于语义学的解读，而没有从管理学的角度进行深度挖掘。正方也知道必须进行补救，但缺乏相应的知识，所以补救是不成功的。

而反方自然不会善罢甘休，用较大篇幅突出正方的这个硬伤：

反方四辩：……对方辩友把管和理分开，好，其实这里犯了一个双重标准的问题。他一直质问我们说你的教育不够快，他的管，管理的管里面他很快，那理呢？如果说管理两者都在您方的定义之上，那管理的速度到底是快还是

[1] 刘想树主编：《论辩西政》，法律出版社 2012 年版，第 311 页。
[2] 刘想树主编：《论辩西政》，法律出版社 2012 年版，第 311 页。

慢呢？您也承认管理的理是一个长期的疏导过程，但管它是一个短期的过程，那当管理结合起来的时候，您告诉我，管理的效用到底是快还是慢呢？即使我承认管理的理，您方这个捏造定义，我方就跟你讨论。那个理，你告诉我说疏导，是一种内化的教育。我们说妈妈用道理说服小孩子，养成良好习惯的时候，您告诉我，妈妈其实是在管理小孩子，而不是在教育小孩子吗？[1]

反方也不吝惜文字，用了257个字来将正方的“理”进行批驳，一是指出正方双重标准，将正方在这个概念上的失误名称化，进一步加深评委印象。二是抓住正方一个逻辑上的矛盾：管理的“理”是一个长期疏导过程，“管”是一个短期过程，当二者结合在一起时，到底是快还是慢？三是对“理”的进一步归谬：妈妈用道理说服小孩子，是管理还是教育？

这是一个很典型的案例，问题就出在正方赛前没有将关键概念从不同角度进行挖掘，而仅仅满足于某一个角度，结果，当对方从另一个角度来质疑时，正方由于没准备，只好徒手对枪炮。

（二）与立论中逻辑关系对接

在立论中亮出本方逻辑线索，是为了让评委、观众以及对方知晓，本方将按照这个思路展开辩论。总结陈词与立论中的逻辑对接，在本方，是本方立论的延伸；而在对方，是对对方逻辑的证伪。说得难听点，就是“我对你错”，至少是“我不错你不对”，这是辩论的基本盘。

前面我们在立论一章中，提到这个辩题“国企振兴的关键是体制改革还是技术创新”，反方立论设计以“振兴”为中心，建立了“体制搭台技术唱戏”的逻辑结构，同时也预测反方可能把体制与振兴的关系定为决定关系。比赛中，正方立论果然提出了体制改革决定国企振兴，这就是一个大的漏洞：既然体制可以决定，那技术创新就可有可无了，而且，从事实层面，企业振兴既有体制也有创新，这二者都不可能单独起决定作用，而且辩题也只给出体制改革和技术创新哪一个起关键作用。于是在后续的辩论中，这成了正方的硬伤，自然也成了反方的优势，反方当然不会放过，在总结陈词中，反方将正方立论中提出的这个逻辑，以及在后续环节上对这个漏洞的维护，均一一作了比较详细的质疑和阐述，这应该会引起评委和观众的极大重视，从而产生对正方不利的近因效应。

---

〔1〕 刘想树主编：《论辩西政》，法律出版社2012年版，第313页。

辩题“现代化会不会威胁传统文化的生存”，下面是正方的一段总结陈词：

正方四辩：谢谢主席，再次问候在场各位，到四辩的总结陈词，我们终于明白了对方辩友的逻辑，他们今天存在的最大的问题恰恰是如对方四辩所说，把现代化神化啦，现代化是神吗？绝对不是，他不是神的现代化，他是人的现代化，是人就会犯错误，现代化中就包含了现代性问题，所以他不是神而是人。然后对方一辩告诉我们，现代化两个渊源，工业革命，法国大革命，让我想到了，狄更斯那句话，现在是一个最好的时代，现在也是一个最糟的时代，现代化就是这样一个时代，它是一把双刃剑，既可以保护我们也可以威胁我们……[1]

这一段包含两个内容：一是现代化是人的现代化，二是现代化是“双刃剑”。这两个观点都是从解构反方立论和后续环节中的逻辑得出来的。这种总结是在攻击中总结，在总结中攻击，将对方的逻辑硬伤突出。

下面这一段总结陈词是反方的发言，辩题“青年人更应该培养自豪感还是危机感”：

反方四辩：我们来理清一下，今天正方对于危机感的效用和效果是没有比较的……对方第一点，我们国家发展得很强盛了，所以我们应该培养自豪感。按你方的逻辑，我比赛打得越好，我越应该培养自豪感，国家越强盛，越应该培养自豪感。这就奇怪了，当我一个人，我归属的集体越来越强盛的时候，我自然而然就会产生这份自豪感，所以，培养这件事情就显得不那么重要了。[2]

反方抓住正方立论中第一个分论点：国家强盛了，我们应该培养自豪感。接着对此进行归谬：比赛打得越好，越应该培养自豪感。然后指出：自豪感不是培养出来的，是自然而然产生的。虽然表达不那么简洁流畅，但思路是清晰的。这里还有一个重要问题，那就是这个辩题是比较型，这就意味着反方也承认需要培养自豪感，只是不“更”而已。

（三）与立论中论据对接

立论中双方的论据往往成为总结陈词的选项，因为论据支撑观点，如果

---

〔1〕 刘想树主编：《论辩西政》，法律出版社 2012 年版，第 313 页。

〔2〕 2019 年第 9 届世界华语辩论锦标赛南京赛区决赛，天津大学与西南政法大学。

论据有问题，那么至少不能支撑观点了。一般来说，在总结陈词中被质疑的论据，应该是在后续的辩论环节比如质询、攻辩中被质疑而又没有作出比较有效的回答，那么，总结陈词把这个提出来，等于是向评委和观众表明，对方立论中的论据存在严重的缺陷。比如有一场比赛，辩题“应该降低刑事责任年龄还是不应该降低刑事责任年龄”，反方在总结陈词中对正方立论中提出一个论据进行质疑：“某某医科大学 1987 年到 2007 年的一个数据对比，显示出 12 岁等于 14 岁，但是，某某医科大学成立于 1994 年，我不知道这个数据是怎么得来的。”[1] 前面我们曾经举过这个例子，正方被这个虚假论据折磨得焦头烂额，直到总结陈词，反方也没有放过，又将这个论据举出来，就是要让评委和观众知晓正方论据上的缺陷贯穿于辩论始终。

数据可以起到从正面证明的作用，但是，在辩论中，数据很难验证，这需要在赛前对数据进行反复验证，尤其是数据的出处。如果没有出处，很难被采信，还有，有些数据也会超出我们的经验和逻辑。在下面这个比赛中，辩题“高铁霸座行为应不应该进一步处罚”，正方在立论中列举出如下数据：

正方一辩：……光今年一月，铁路警方查处霸座等违法扰序行为 2856 起，其中 452 人被认定情节严重……

正方使用这些数据的目的在于，强调霸座行为数量大，只有进一步处罚，方能遏制。应该说，这个数据能够支持其观点。而反方在赛前已然注意到数据的重要性，更知道如何让评委认可本方数据的真实性。我们来看看反方在总结陈词中是怎么反驳正方立论中的数据的：

反方四辩：其实今天对方对现状的误解有一定问题，说什么，现在高铁霸座到底是一个什么样的态势，我方给大家举证说，从春运期间严格执法来看，我们只抓到 12 起，而从 18 年开始，我们咨询了成都铁路局，从春运以来所有的霸座行为只有 20 起，你方举了 2000 多个数据，包括霸座，扒阻车门、扰乱秩序，各种各样的情况两千多，其中 400 多我方也给你反复举证说，那 400 多中只有 12 起是霸座加扒阻车门，这是同一个数据，这不是数据的对冲，而是正方对数据的误读。[2]

反方给出了数据的出处：成都铁路局；说明了获取数据的方式：咨询成都

[1] 2018 年第 3 届全国学生“学宪法讲宪法”辩论赛，北京市代表队与重庆市代表队。

[2] 2019 年第 9 届世界华语辩论锦标赛，中国政法大学与西南政法大学。

铁路局。由此数据的真实性被突出了。在这个基础上给出的数据与正方立论的数据截然不同。如果反过来再细看正方立论给出的数据,我们发现,正方列出霸座行为后面有一个“等”,那就是说,霸座只是其中一类,还有其他许多种类违法行为,这个辩题讨论的只是霸座行为这一类,正方似乎有些故意使这个判断模糊。正、反双方两组数据比较,说明有出处的应该可信度高。这也告诉我们,当你发现对方给出的数据没有出处,或者有违常理常识,这些数据的可信度就值得质疑。

二、总结陈词与质疑环节对接

现在辩论赛赛制有很多种类,各种类的最大不同之处就是质疑环节的设置,主要有:质询、攻辩、自由人对话、攻辩和自由人对话小结,甚至还有评委的质询,等等。为了叙述方便,我们把这些环节统称为质疑环节。总结陈词不仅要把对方立论中的漏洞指出来,也不能放过质疑环节中对方出现的漏洞。这个环节有一大特点,就是承前启后,也就是一方对另一方立论中的问题进行质疑,并且注意发现另一方答疑中出现的漏洞,再把这些漏洞传递到后续的环节,比如攻辩、自由人对话等,在这样的过程中,承担总结陈词的辩手(通常为四辩)就要注意倾听,并且将这些漏洞记录下来,以备总结陈词时使用。下面我们将根据质疑环节中的具体环节进行叙述。

(一)与质询(盘问)中的问题对接

质疑是当对方一辩立论结束后,由另一方任一辩手对其立论进行质疑,这个环节相当于火力侦察,为本方后续的辩论提供攻击点。此时四辩就要用心倾听,开始记录,因为要总结的东西从现在开始出现。当然,这并非必须出现在总结陈词中,因为如果对方能够准确回答质疑的问题,那就没有必要了;如果回答得不准确,可以在下一个环节继续追问,如果回答还不满意,可以记录在案;如果对方不能回答,那就更要记录在案,待下一个环节继续。这样,四辩总结就可以顺着这个路径有条有理地归纳和总结了。

1. 对质询(盘问)中对方问题的总结

这个环节的问题往往来自立论,对方立论中的漏洞被另一方作为问题进行质询,这样做的目的在于将问题摆出来,试探对方的回应,如果不能回应,那么这个问题将在后续环节中再被提出;如果能够回应,将不再涉及该问题。

比如辩题“世博会在未来应以网络展示为主还是应以园区展示为主”,

我们来看看这个过程：

正方一辩：……而未来世博又将以怎样的形式融入生活呢？答案必然是网络展示。而今天我方认为，未来世博会应以网络展示为主，就是因为它更能承载世博会的根本宗旨和价值，更符合时代的发展方向和潮流。[1]

这段正方立论中第一个漏洞在于，未来世博将以网络展示的形式融入生活，这个观点其实反方也认可，因为这个辩题是比较型。而事实上，不仅是未来，现在上海世博会网络展示也已经融入生活。但是，言者无心，可听者有意，在反方质询者眼里，这就是漏洞。正方的第二个漏洞是，给出网络展示为主的理由是它更能承载宗旨和价值，更符合发展方向和潮流，这个有点循环论证：为什么更能承载和符合，是因为网络展示为主。

下面是反方对正方一辩的盘问：

反方四辩：……对方辩友，您方立论第一点告诉我们说网络世博会能够增大数量，第二点告诉我们深度上能够增加了解，第三点他说个性化能够降低参考成本。这都是网络世博会的好，和以网络为主之间有什么关系呢？[2]

反方发现了这个漏洞：网络展示和网络展示为主的关系没有说清楚。在后续的辩论中，反方作为保留问题时不时追问正方，而正方遇到这个问题只能回避或解释，没有还手之力。当然，这个问题自然就成了反方总结的首选：

反方四辩：……您方告诉我的第一个问题是说，今年的上海世博会，全球人民欢聚，其中有十亿是网民。所以就这个网络在里面起到的作用就更大。对方辩友，你忘了网络之外还有多少人，是通过报纸、电视等其他媒体看到的，难道我们了解到世博会这个手段就应该是为主的吗？[3]

这样，从开头到结尾，这个问题被反方反复提起，这样做就在于引起评委和观众的注意，表示这是对方的硬伤。从辩论的结构上看，这样的总结应该是最理想的，它贯穿于辩论的始终，紧扣着辩论的各个环节。套用一句俗语：紧扣问题，一气呵成。

---

〔1〕 刘想树主编：《论辩西政》，法律出版社 2012 年版，第 316 页。
〔2〕 刘想树主编：《论辩西政》，法律出版社 2012 年版，第 319 页。
〔3〕 刘想树主编：《论辩西政》，法律出版社 2012 年版，第 333 页。

2. 在总结中对质询(盘问)本方问题的回应

正因为辩论是博弈,既然可以从质询或盘问中发现对方的漏洞,对方也会如此这般,也会将这个环节中的问题呈现在总结陈词中。此时,四辩就要认真记录在案,在后续环节中回应。如果回应不了,则应该在自己的总结中加以解释。事实上,并不是对方提出的所有问题本方都能对答如流,也会有一些所谓的“死结”,即本方难以回答。四辩需要利用总结陈词这个最后的机会予以解释,也许不能说明问题,但至少表明在努力说明问题。当然,这种情况也不多见,如果赛前有全面深入的准备,应该不会出现这样的“绝境”。

辩题“辩论赛,学理内容比语言技巧更重要还是语言技巧比学理内容更重要”,在攻辩中,正方一会儿说语言只是工具,是为内容服务的,一会儿又说语言技巧只是一种方法,而内容则是核心。反方就抓住正方在概念上的模糊进行攻击,正方陷入被动,这种情况一直延续到自由辩论。最后的总结陈词,正方四辩主动把这个问题提出来进行解释,虽然简短,但基本上还算可以,同时马上转入对反方的解析。这样,可以将评委和观众的注意力转移到对对方漏洞的解析上来,以产生良好的近因效应。正方四辩在总结陈词中是这样解释的:

正方四辩:……首先我要告诉对方辩友,我们从来没有把语言技巧和语言等同起来,因为语言技巧只是语言的一部分,倒是对方辩友运用的很多语言技巧,也没能弥补观点上的失误,在此试举几点以做分析。[1]

下面这个比赛,辩题“良法善治重在‘良法’还是重在‘善治’”,在盘问阶段,正方三辩提出:法律没有权威是因为一是部分执法人员违规执法,一部分公民不相信法律。反方四辩指出:有人违法,有人不相信法律,法律就没有权威了?事实上,法律的权威来自公民内心的信仰和拥护。从统计学意义上,法律在我国的权威性应该具有。反方四辩的总结陈词是这样开头的:

反方四辩:对方三辩告诉我,法律在我国有没有权威自有公断,对方辩友,我不知道你这个公断是从哪里来的?今天法律为什么在我国没有权威,仅仅是告诉我,一部分执法人员僭越了法律来执法,又有一部分公民不愿意相信法律能起什么作用,对方辩友,是不是有人违法,有人不信任法律,法律在我国就没有权威了?对方第二点告诉我们,告诉我们今天因为法律可能没

---

〔1〕 2002 年全国大专辩论会。

有权威，因此我们要重视良法的建设，提高它的权威，对方辩友，没有问题啊。我方的立场不是否认良法不重要，也不是不建设良法，也不是不树立法律权威，对方辩友，恰恰是您偷换了辩题，他偷换了什么辩题，他偷换了两个辩题……〔1〕

反方差不多用了将近300字来批驳正方在盘问中的观点，用时一分钟，而总结陈词的时间为3分钟，光是批驳这个观点就用了1/3的时间，从内容来看，有些松散，这样就难以使评委和观众印象深刻，而且还占用了批驳正方其他观点的时间。由于分配时间不够科学，导致后面部分就显得有些仓促。

（二）与攻辩小结中的问题对接

攻辩小结在有些赛制里还包括自由人对话、驳论等，此处为了叙述方便，一律统称攻辩小结。所谓“小结”的“小”：一是时间短，只有1~2分钟，不过300到600字；二是它总结的长度短，只是立论之后到小结之前的赛况；三是它总结的面不宽，只是对攻辩包括自由人对话、盘问、驳论等。小结对于四辩总结的作用在于：帮助四辩认清双方的态势，减轻了四辩归纳概括的工作量，四辩可以对双方的小结进行清理。从本方的小结中看出对方的问题，这些问题包括对方立论中的漏洞、对方回应这些漏洞中所形成的新的漏洞；同时，也从对方的小结知道本方存在的问题，对于这些问题，一方面要看在自由辩论中本方将怎样回应，另一方面也要未雨绸缪，做好在总结中解释的准备。

从内容看，攻辩小结主要是指出对方的漏洞，以及本方对这个漏洞的质疑，也有的进一步说明本方论证的合理。无论如何，四辩都应该记录下来，这样就可以不用去了解和掌握此前的比赛情况，就可以腾出精力放在自由辩论上。

下面这个是总结陈词与本方攻辩小结的对接。辩题是“城市交通问题主要是设施问题还是管理问题”：

正方一辩（攻辩小结）：我方刚才与对方探讨了两大问题，一是管理与设施的关系如何；二是我国城市交通的现状如何。且看对方辩友是如何回答的。我方一问，管理能否跳出设施发挥作用，对方避而不谈，但是他们只看到

〔1〕 2014年第二届“天伦1506”全国政法院校辩论友谊赛决赛。

了设施的基础性作用，看不到设施的决定性作用；而我方正是基于设施基础性与决定性作用相结合的理论，才提出了城市交通问题主要是设施问题。我方二问，具有天然屏障的城市如何解决它的交通问题，对方辩友再次避而不谈，但是其根本的问题还是要靠增加设施。我方三问，停车泊位不够，怎么样解决近代交通拥堵问题，对方辩友空谈管理，但管理本身显然不是目的，目的是要让车停到该停的地方去，但现在的问题就在于你再怎么管也管不出个地方让车停啊。如果把所有的车都管到交管局去，恐怕交管局倒要成为最大的停车场喽。我方四问对方辩友，中国城市交通问题三个先天不足怎么解决，对方辩友说：反正已经先天不足了，那就后天加强管理了，药到病除吧。但既然先天不足是设施问题；那么对症下药，解决的办法就应该是增加设施。……（掌声）[1]

这篇攻辩小结在结构上应该很完整，在内容上也很充实，甚至都有些怀疑是不是临场发挥。但不论如何，这个小结堪称完美。首先列出攻辩中双方讨论的两大问题，然后列出四个问题，有两问反方避而不答，有一问没有回答，第四问终于有了回答，却被正方以子之矛攻子之盾。

正方四辩（总结陈词）：……据我方的一个实际调查，距离我们中央电视台不到一公里的一条公路经常堵车，原因何在呢？因为它 50 米宽的一个路面上，除了一块标志牌之外，没有任何的标志、标线和隔离物等交通设施，这到底是一个设施问题还是一个管理问题呢？可是对于如此具有现实紧迫性的问题，对方辩友却依然可以坐而论道，为什么呢？因为在他们的眼中，设施不足是管理问题，设施落后是管理问题，设施不配套、设施不到位也都是管理问题，不仅如此，包括人的交通安全意识在内，所有的人的因素也都在管理范围之内，如此说来，管理就像上帝一样，说要有路于是便有路，说要安全通畅于是便安全通畅，可那设施却空空如也，一无所有……（热烈的掌声）[2]

正方一辩小结是以我为主：两大问题四个质疑，应该说这个小结可能在赛前经过充分准备的，在反方只有招架之功的情况下，正方才可以按照自己赛前的准备进行小结。在总结陈词中，正方紧扣小结中提出的两大问题：一个中国交通现状问题，以北京离比赛场地很近一条公路为例，以此推出第二

---

〔1〕 2000 年全国大专辩论会。

〔2〕 2000 年全国大专辩论会。

大问题：设施与管理的问题，这里没有正面指出，而是归谬，把设施的问题推至极端。从中可以看出，总结陈词与攻辩小结实现了"无缝"对接。不过，需要提醒的是，这只有在对方难以招架的情况下才有可能做到。如果场上势均力敌，那么，本方的攻辩已不可能完全按赛前准备的进行，那就必须临场因应，攻辩小结就不可能原装，而总结陈词临场因应的攻辩小结对接，虽然不能做到"无缝"，但至少是对接了。

这个比赛的情况跟上面的不一样，是以对方的漏洞作为总结的对象。辩题"短视频对大学生生活利大于弊还是弊大于利"，下面是反方的攻辩小结：

反方三辩：对方第一个论点叫作我喜欢看啥就看啥，那么这个时候会开拓我的视野丰富我的学习……但是我们的调查显示，80.5%的大学生看的短视频是搞笑的内容，所以说，喜欢看啥就看啥，喜欢看搞笑就看搞笑，那按你方的逻辑，那是不是看搞笑是开拓视野。

再看第二点挤占的问题……我方今天举出的数据是，60%的大学生在课堂上观看短视频，对方辩友，有多少人玩手机玩微信，玩的时间是多少，是您方的举证义务……所以说短视频加剧了课堂上玩游戏的概率。

第三点，你方告诉我是一个可视化可听的碎片的信息，能提高他的信息处理能力，可是很奇怪的是，短视频的短平快不就是在短时间内一个高密度的输出吗？是什么意思，是那些博主已经给你处理了一些信息。

攻辩小结指出了正方存在的三个问题，而反方四辩的总结因应了其中的两个问题：

反方四辩：今天对方对于短视频对大学生学习的利好排出了两个点，第一个点，他方告诉我说，他能拓宽视野，可是我们发现，现状是什么，我们大学生用短视频平台80%左右的人去看那些娱乐的视频，搞笑的视频，他拓宽视野在哪里……所以，在事实层面上，你方开阔视野的利好不存在。

第二点，因为它是碎片化的东西，就会使我的认知能力提升，可是对方没有给我论证，是碎片化的东西本身使我的能力提升吗？他有个什么机理呢，只是推送给我一些猫猫狗狗，联想能力怎么就提升了。[1]

---

[1] 2019年第9届世界华语辩论锦标赛南京赛区决赛，悉尼大学与西南政法大学。

三、陈词总结与自由辩论对接

如前所述，自由辩论是整个比赛中的高潮部分，是一个以质疑与反驳催生的问题集散地，也是最需要总结的部分。一是因为这个环节离比赛结束最近，其近因效应仅次于最后的总结陈词；二是这个环节“各种矛盾冲突集中爆发”，前面部分没有解决的问题将在这个部分继续争辩，在争辩中又将产生新的问题；三是从比赛评判的角度，是否将自由辩论中最突出的问题在总结中指出来，是评判四辩归纳概括能力的一个指标。因此，对于总结陈词，自由辩论是重要的总结对象。

这对于四辩来说任务繁重，一方面他要参与到自由辩论中，因为要求每位辩手至少发言三次，那就是说，四辩必须有三次发言，他必须投入其中。而另一方面他必须认真倾听双方的发言，以便发现问题，为总结提供素材。这也导致了四辩陷入了两难困境：自由辩论双方情绪最为激烈，只有四辩必须冷静观察，但是他不能置身事外，因为有规则规定；如果他投入到自由辩论，必然影响到对整个环节的观察，势必影响总结的质量。

要解决这个问题，可以先解读规则，对辩论的评判有一项是配合整齐，这主要用于自由辩论，因为整场比赛只有自由辩论是“倾巢出动”，而且，评判配合整齐可以用量化指标：每方四位辩手发言的次数越接近，就越表明配合整齐。但是，规则还有一条，那就是每方每位辩手至少发言三次，这也给四辩保了底，他只要达到这个指标就可以全身心投入观察和归纳之中。同时，教练为了保证四辩有精力捕捉场上的情况，一般发言多为让四辩提出问题，而非回答对方提问。这样，四辩就不会在这方面花费大量精力。当然，四辩觉得自己准备得很充足，也可以增加自己的发言次数，但最好在赛前就要有所准备。

从思路上看，自由辩论是攻辩的延伸，而攻辩又是立论的问题化，由此形成一条问题链。攻辩中的问题，如果对方没有给出圆满的回答，则必然用于自由辩论。

（一）与对方的问题对接

由于前面我们从立论、质疑和小结三个方面梳理了需要对接的问题，那么，这里的问题就是自由辩论中新出现的问题。这些问题不能遗漏，否则就有可能被评委认为没有对自由辩论进行总结，甚至怀疑你指出的其他问题是否是赛前的准备。

有这样一个辩题“法律应以维护社会秩序为重还是应以保障个人权利为重”，下面是反方的总结陈词：

反方四辩：其实，我们刚才从自由辩论中知道对方辩友的一个标准，要判断我们今天以何为重，对方首先告诉我们说要以谁为道路，那到底要以何者为道路呢？对方辩友说，今天要以何者能使国家发展得好，他们的论证方式是原来发展得很好，因为坚持这条道路，我们且先不来论证原来中国是不是以秩序为道路，今天中国取得的成就全部都是维护秩序取得的成就吗？对方辩友这是归因错误。[1]

反方四辩虽然重任在肩，还能够从自由辩论中发现正方的漏洞，在总结中对这个漏洞进行分析，不仅要指出漏洞，而且还要举出这个漏洞的论证方式，最后给出结论。整个过程就是一个论证的过程：正方的判断标准是以何者为道路，何者能使国家发展得好。按照对方的标准，只有维护社会秩序为道路，国家才能发展得好。这个论证显然不成立。如果反方四辩的语言再简洁一些，再连贯一些，这样也许会使问题及问题的分析产生更好的近因效应。当然，临场发挥难以做到这一点，不是辩手的不足，而是“时间紧任务重”。

与对方问题对接，一定是对方在自由辩论中出现的问题，千万不要将预设的问题进行冒充。赛前预设对方的问题，这是很正常的事，尤其是四辩，必须进行预设，但是这些预设只能作为保底之用，而不能是首选。因为在自由辩论过程中，如果对方真的出现漏洞，而“你”却没有发现，那也可以用立论、质疑和小结中的问题。有的辩手可能担心如果没有指出对方自由辩论中的问题，就会被评委认为是失误。为此，有的辩手将赛前预设的问题当作自由辩论中对方的问题，于是就出现了很滑稽的情况：深刻地指出了对方不存在的缺点和错误。这种情况在辩论中不时会出现。

下面我们列举了盘问、自由辩论到总结陈词这三个环节的片段，让我们来看看，其中一方是如何在总结陈词中指出对方不存在的缺点和错误的：

1. 盘问

正方一辩：……80年代提倡创新的美国为什么要恢复统考制度？

反方三辩：首先，我感到很奇怪，因为今天我是第一次听说美国也在用统

---

[1] 2018年第3届全国学生“学宪法讲宪法”辩论赛，北京市代表队与重庆市代表队。

考制度选拔创新人才……

2. 自由辩论

正方二辩:……我方从来没认为统考制度本身在选拔创新人才呀!

正方三辩:对方辩友,我方说统考制有利于创新人才的选拔,但我们没有说创新人才是从统考制度中考出来的呀……

3. 总结

反方三辩:第一,对方同学告诉我们,统考可以量化创新人才。但是我方始终在问对方同学,统考选拔创新人才的具体标准是什么呢? 怎么量化呢? 是否能够设立只有创新人才才能做出的创新标准答案呢? 又如何命题来考察创新人才呢? 而对方同学对此只字未提,没有回答我方的问题。[1]

从这里,我们可以看出,反方是如何用了一个稻草人假设,将正方反复否定的观点作为正方的漏洞进行批驳。在盘问中,正方提到创新的美国恢复高考制度,反方就把这句话改装成"美国也在用统考制度选拔人才";自由辩论中,正方二辩和三辩都在否认统考制度能够选拔创新人才,但是,到总结里,反方不由分说,就把"统考可以量化创新人才"坐实。当然,这也怪正方经验不足,这种情况用解释不会起到多大作用,反而只能显现出自己的弱势,只能用强势的攻击才能扭转局面。

(二)与本方的问题对接

总结不仅总结对方的漏洞,在某种情况下,本方圆满回答的问题也可以成为总结的内容。这个"某种情况"是指该问题对双方关系重大,这个所谓的"关系重大",是指这个问题的圆满回答一方面能更进一步巩固本方的立场,另一方面又能够使对方的观点发生动摇。

我们来看看这场比赛,辩题是"诚信主要靠自律还是诚信主要不靠自律",为了让大家有一个比较详细的了解,我们将对自由辩论的片段进行展示:

自由辩论:

反方一辩:……如果要靠自律解决诚信问题,能不能先回答自律本身存在的一个致命缺点,那就是自律的雪崩效应如何解决呢?

正方二辩:对方辩友,自律的雪崩效应恰恰是机制带来的。为什么? 因

---

[1] 张德明主编:《千禧之擂》,复旦大学出版社2000年版,第229页。

为你的机制我刚才听明白无非是一种制衡，用各方的利益的牵扯来保证大家不犯错误，但是你发现没有，你那种是不稳定的平衡，只要有一点问题，就会造成大片的崩溃，这就是雪崩效应。

……

反方一辩：我方并不是说机制具有雪崩效应，而是雪崩效应是你自律的一个缺陷呢？雪崩效应不解决，自律随时会崩盘，不解决雪崩效应，我们怎么样去信任对方的自律呢？

正方一辩：我就不知道，为什么雪崩效应就成了自律的祸了？那现在有诚信缺失的现象存在，是不是一个人的诚信缺失了，整个诚信系统就崩溃了呢……[1]

反方似乎没有弄懂雪崩效应这个概念，其实所谓雪崩效应，是指的一种不平衡状态，超过了临界值后造成大范围的崩溃，往往起初只是一个小小的扰动，但是事态发展越来越严重，往往成几何级数增长。显然反方弄错了问题。正方抓住反方这个漏洞穷追不舍，第一轮反方回避了，可没过多久，反方又旧话重提，还在坚持自律的雪崩效应，正方给予正面回应，方才罢休。

在总结中，正方三辩对此专门进行强调，以此巩固和强化本方的立场，同时也弱化对方的立场。

总结陈词：

正方三辩：对方一辩又告诉我们说有个雪崩效应的问题，其实您所谓的利益制衡恰恰容易造成雪崩效应，只要有一个地方的利益产生了漏洞，则整个利益体系就会崩溃，美国安然、安达信、世通等一系列的例子就说明了这一点。[2]

这个问题本来是反方攻击正方的，结果由于正方的圆满回答，反而变成了对反方的攻击，而且，这种攻击的力度很大，这个问题自然关系重大。因此总结陈词中用事例证明了是机制产生雪崩效应，从根本上反驳了对方的观点。

（三）与本方未回答清楚的问题对接

辩论并非那么一帆风顺，尤其是自由辩论中，有时候也会遇到难以回答的问题，本方只有回避，或顾左右而言他，而对方却不会轻易放过，会在总结

---

〔1〕　张德明主编：《激扬才智》，复旦大学出版社2003年版，第218～219页。
〔2〕　张德明主编：《激扬才智》，复旦大学出版社2003年版，第228～229页。

陈词中加以突出，以扩大本方战果。这个危难时刻，本方四辩责无旁贷，在总结中必须对这个问题进行解释，哪怕解释不清，至少也会起到缓解的作用。如果自由辩论还在进行，那四辩就需要高速思维，寻找这个问题的解；或者传递给邻座的三辩，请他帮忙思考。如果对方对这个问题给出了解释，这个解释肯定是不利于本方的，所以也要考虑在总结中予以反驳或澄清。如果本方为反方，自由辩论结束就轮到反方四辩发言，他只有很短的时间寻找答案；如果是正方，他至少比反方多3到4分钟的时间思考。

下面这场比赛，辩题“世博会未来应以网络展示为主还是应以园区展示为主”，这个事例前面已经有所介绍，正方从立论到自由辩论，一直处于防守，尤其在自由辩论中，反方提出五年后意大利米兰世博将以农业为主题这个事例，正方竟然不知道有这个事情，整个自由辩论，正方一个事例都没有，只是在逻辑上兜圈子，由此处于守势。正方四辩总结的重点也有所转移，对在自由辩论中本方回答不理想的问题进行阐述：

正方四辩：……第一个问题，今天我们说世博会是一个全球人们共同欢聚的一个盛会。可是我们也问了对方辩友这样一个问题：就是在全世界有六十亿人，而十亿是网民的情况下，这些人如果不能够来到世博会，他们究竟应该提出用怎样的一种方式，感受世博会的精彩？对方辩友其实在论证的过程中，承认了我方科技所有的那些好处。可是问题来了，对方辩友告诉我们说，这样的一个好处的情况下，有很多的坏处：第一，就是没有情感……第二个对方辩友告诉我们说，体验的功能没有达到……第三，对方辩友告诉我们今天你所谓的一些真实的情感，必须要在网络世博会中达到一个碰撞……

所以今天对方辩友的整个立论都是在假设的一个前提，因为园区承载了所有的优点，可是在谈网络的时候，我方告诉对方辩友，网络可以发展，可以达到一个很好的状态的时候，对方辩友不相信。其实不怨对方辩友，对方辩友说得很好。未来网络会发展成什么样子，谁都不知道。可是因为不知道，你就要告诉我们，未来的网络不够好吗？……对方辩友告诉我们说，今天园区展示提供了种种好处，而且网络世博会也在这届上海世博会上出现了，但是论证不出一个什么叫主，一个什么叫辅。可见今天在广度、深度以及持久性上，对方辩友都不能给我们一个很好的答案。[1]

正方四辩总结中的第一个问题是，反方如何回应本方关于60亿人如何感受世博会的精彩，由此列举反方三个方面的回应：网络展示没有情感、不能体验、没有交流。然后指出反方的立论是建立在一个假设的前提上：园区承载了所有的优点。可是正方又说，网络会发展成什么样子，谁也不知道。从正方总结的脉络可以看出，正方一直是在说明，而没有对反方的逻辑、论据进行批驳，这样的内容和逻辑是难以扭转局势的。

（四）与未争论清楚的问题对接

自由辩论的目的并不是要把双方有争议的问题都讲清楚，不是不愿意，而是不可能，除非一方自动放弃辩论缴械投降。自由辩论的目就在于让对方难以自圆其说，既然如此，双方都有可能存在一些没有争论清楚的问题。质疑的一方想一剑封喉，而被质疑的一方见招拆招，双方不相上下，处于胶着状态，只有另辟战场。这个胶着如果对本方有负面影响，那就应该在总结中阐释，淡化负面影响。

比如辩题"恪守寂寞是学者的美德还是恪守寂寞是学者的悲哀"，下面是自由辩论片段：

反方三辩：不被认可，不被理解的寂寞是一种悲哀，如果对方辩友还恪守这种悲哀的话，难道不是更悲哀的吗？刚才对方辩友二辩告诉我们，恪守寂寞带来的是淡泊名利，那么我想请问你们，你们恪守的是淡泊名利还是恪守的是寂寞？

正方三辩：对方辩友你说得很好，不被理解，不被认同是悲哀，但请教了，一个学者的真知灼见不被世人理解，那是社会的悲哀还是学者的悲哀？

反方二辩：这既是社会的悲哀也是学者的悲哀，两者是不可分割的呀。再次请问对方辩友，当你们反对学术腐败的时候，那么一批有良心的学者，他是如何去恪守寂寞呢？他恪守寂寞的时候，发出的是什么声音呢？

正方二辩：对方辩友难道告诉我们，恪守寂寞就是让学者不能发出声音吗？难道我们今天说话就不是恪守寂寞吗，那还有没有恪守寂寞呢？我倒要告诉你了在学术腐败上，正是学者用他独立的思考，审视这个社会，看出问题的端倪，才能振臂疾呼，来源正是恪守寂寞的结果。谢谢。

---

[1] 刘想树主编：《论辩西政》，法律出版社2012年版，第332页。

反方一辩:原来对方辩友今天的观点就是坚持自由的思想,独立的精神也算是恪守寂寞了,那么刚才对方一辩又说,寂寞是一种心理感受,这两者怎么能等同呢?

正方三辩:对方辩友,再次强调我方的观点,我们说独立思考不等同于恪守寂寞,但恪守寂寞必然会带来独立思考,再次请教对方辩友,什么才是学者真正的悲哀?

反方三辩:谢谢对方三辩,那么在对方三辩口中,学者到底恪守的是寂寞呢? 还是恪守独立思考? 请正面回答。[1]

反方质疑正方:恪守的是寂寞还是淡泊名利,正方没有正面回应,而是把问题转移到"是社会的悲哀还是学者的悲哀"上,反方正面回答,既是社会的悲哀也是学者的悲哀,接着又回到"寂寞",正方还是没有直截了当回应,把独立思考归于学者恪守寂寞的结果,反方马上指出正方观点的不一致:这些思想、精神都算是恪守寂寞,那你方说寂寞是一种心理感受,这一招着实厉害,正方只有兜逻辑圈子"独立思考不等同于恪守寂寞,但恪守寂寞必然会带来独立思考",马上又追问"学者的悲哀",反方也抓住"寂寞"不放松,双方呈胶着状态,相对反方的优势大一些。这种情况,双方都必须在总结中加以阐释或者澄清,不然,一方做了,另一方放弃了,就等于放弃了获胜的机会。

下面我们来看看双方是如何在总结陈词中强化本方立场的。

反方三辩:

谢谢主席,大家好。在今天的辩论中,双方的根本分歧就在于什么是寂寞、如何对待寂寞。对方辩友大量列举了学者恪守寂寞的事例,可是我们仔细一听就不难发现,对方所列举的学者恪守的是什么呢? 恪守的是真理,恪守的是自由的思想,恪守的是安贫乐道,唯独没有寂寞。对方辩友一再告诉我们,在追求真理的道路上,寂寞是必然的,因此坚持真理就意味着恪守寂寞。对方是不是想告诉我们,在革命的道路上,吃草根树皮,是必然的,因为要继续革命,所以我们要继续吃草根树皮。我想请问对方辩友了,难道革命就是吃草根树皮,难道坚持真理就是恪守寂寞吗?[2]

反方认为根本分歧在于"什么是寂寞"和"如何对待寂寞",然后对正方

---

[1] 张德明主编:《激扬才智》,复旦大学出版社 2003 年版,第 150~152 页。

[2] 张德明主编:《激扬才智》,复旦大学出版社 2003 年版,第 158 页。

进行批驳,用类比做了一个归谬,严格地说,这个类比不是很妥当。但是,反方用了252个字,差不多50秒把问题摊出来了。我们再来看看正方的总结:

正方三辩:

谢谢主席,诚如对方三辩所说,今天双方的分歧点主要在概念的界定上。

先来看看寂寞,对方说只要人恪守寂寞就不能进行学术交流。确实,交流这一个动作,它确实是不孤独的,但是在交流中难免会有不同的意见,这时更需要学者以一种独立的思考保持清醒的头脑,这样才有学术争鸣,这"争"的凭借就是恪守寂寞的结果。

然后,再看看恪守,对方反复强调恪守是坚守。恪守确实是持之以恒,但这只是要求学者在学术研究过程中坚守,而不是在生活当中也一以贯之,不能说话,那样的话,恪守寂寞的学者和得道的高僧可就没有区别了。[1]

正方和反方一样,都知道双方严重分歧的是"寂寞"和"恪守寂寞",看来,双方不约而同,都认识到这两个概念对本方的意义,所以,都竭尽心力去加以强调。正方用了239个字,差不多40几秒,也把问题摊出来了。

我们来看,正反双方有没有驳倒对方呢,显然没有。事实上,双方在自由辩论中没有说清楚的问题,在总结陈词也不可能说清楚,总结要做的就是再一次重申本方对这些问题的立场,只是在对问题与立场的表述上尽量使评委认同。

第二节　总结陈词文本

辩论赛中总结陈词阶段常常可以看到这样的景象:四辩在滔滔不绝作临场状,背诵赛前准备好的文本,字正腔圆,慷慨激昂,无一字多余,但细听起来,这一切的内容都似乎与前面的辩论环节关联度不大,最突出的就是指出对方并不存在的缺点和错误。另一种情况是,完全临场发挥,结果出现思维短路,词不达意,吞吞吐吐,时断时续,严重影响了总结陈词效果,在没有文本的依托下侃侃而谈三到四分钟,而且还要紧扣这场比赛,其难度可想而知。所以,从辩论实践的角度,这两种情况都不可取,总结陈词必须要在赛前做文

〔1〕 张德明主编:《激扬才智》,复旦大学出版社2003年版,第159～160页。

本准备。

所谓文本的结构,就是指总结陈词的内容如何安排。一场辩论赛,双方八位能言善辩之士滔滔不绝,那可真是千言万语,要用这短短的三到四分钟将过去几十分钟的比赛作一个概括与归纳,谈何容易。这首先要了解总结陈词的文本结构,哪些内容应该以什么方式表达,哪些内容应该怎样编排,哪些内容或繁或简,等等,都要做详细的安排,有点悖论的是,明明知道有些东西没办法赛前准备,比如对对方漏洞的归纳,但还是要做赛前的功课,这也是未雨绸缪。

一般来说,总结陈词的文本结构分为三个部分,指出双方主要的分歧、阐述我方立场的理由、概括本场比赛的意义。

一、指出双方分歧

这个部分是对双方在前面环节中存在的分歧进行归纳,这些分歧主要是双方在自由辩论中争辩了多次的问题,这些问题可以分为两类:一是双方争执不下的问题,这必须在这个部分加以阐述;二是一方穷追不舍而另一方又难以应对的问题。前面说过,总结陈词会近因效应,而指出分歧是近因效应好坏的主要依据。

(一)指出双方主要分歧

这是总结陈词的重头戏,是评判四辩水平的重要依据。前面我们介绍了应该从哪些方面进行总结,这里我们着重介绍的是如何从文本的角度进行总结。

最早的总结陈词应该是当年的狮城舌战,复旦大学辩论队在新加坡的比赛应该是开我国高校辩论风气之先,第一场比赛都是样本,尤其是总结陈词,其结构之严谨,思路之清晰,语言之优美,为后来我国各高校辩论爱好者所模仿。下面我们来看看他们总结陈词是如何指出双方分歧的:

辩题“温饱是谈道德的必要条件还是温饱不是谈道德的必要条件”:

反方四辩:

下面我总结对方的几个基本错误。

犯的第一个错误就是“李代桃僵”,对方用温饱过来代替温饱,用温饱等同于生存来构建他们的立论基础,这显然是错误的。

对方犯的第二个错误就是“扬汤止沸”,认为一个贫寒的人只要教唆他追求温饱就可以了，从来不问用什么手段……这显然又是荒谬的。

对方犯的第三个错误就是“避实就虚”，对方始终告诉我们温饱能够给谈道德提供更好的条件，但是没有说不温饱的情况下绝对不能谈道德。

对方犯的第四个错误就是“指鹿为马”，把谈道德与谈道德的效果混为一谈。对方今天的论点可谓是云山雾罩，让我们一头雾水，不知所云。[1]

能够临场有序指出对方的“错误”，而且每一个“错误”都临场用一个成语表示，以经典的成语替代抽象的逻辑，就表达来看，应该是很有文学情趣的。从现在来看，这不是很妥当，对方只是跟你方的立场不一样，而且这个立场也是抽签决定的，怎么就错误，甚至还荒谬了呢；其次，这口吻不像是指出分歧，而是在指责和否定对方，缺乏探讨的诚意。最后指出对方的论点“让我们一头雾水，不知所云”，那为什么还能一一清晰地指出对方四个错误？但是，这个结构确实很完整，语言也很文学，而且更重要的是，气势强盛。

狮城舌战的第二场比赛，辩题“艾滋病是医学问题，不是社会问题还是艾滋病是社会问题，不是医学问题”。

反方四辩：

谢谢各位！今天辩场上可谓是问题来问题去，对方的医学问题没有论证出，自己的问题倒出了不少。我一一列给大家听。

第一是逻辑问题。把医学参与的活动就说成是医学问题，把社会应当承担的责任推到医学的身上去。

第二是理论上的问题。他们缺乏有效的判断标准。理论上不清，概念上的混乱……

第三是对方犯的是事实上的问题。对方习惯把大事化小，小事化了，但始终没有解决为什么化来化去从5个患者化成了250万个？

第四是价值判断问题。对方视艾滋病是人类社会的总体威胁而不见，认为医学所谓治标而不治本的方法不能给社会的文明带来巨大的威胁……[2]

这个格式与前一个截然不同，不是单纯从逻辑角度找出错误，而是从逻辑、理论、事实、价值四个方面指出对方错误，应该是全面否定。从纯粹技术的角度，第一个没有明确指出具体是什么样的逻辑问题，第二个“缺乏标准”

---

〔1〕 王沪宁、俞吾金主编：《狮城舌战》，复旦大学出版社1993年版，第298页。

〔2〕 王沪宁、俞吾金主编：《狮城舌战》，复旦大学出版社1993年版，第320页。

是不是理论问题，第三个也没有举出到底是哪个事实，第四个价值判断问题，这个问题非同小可，如果对方价值判断出了问题，那就是价值观错了，这个帽子就有点大了，给人扣帽子的嫌疑。

从这两个例子可以看出：当时的总结更多是依靠赛前的准备，这也是现在的总结在文本上不如以前的重要原因。另外，在对待对方出现的漏洞上，现在一般不再以错误冠名，表达上多以探讨的口吻而不是批判和否定的态度。这也是在前人的肩膀上更上一层楼。

经过二三十年的发展，我们对辩论的认知也随之深化。首先，辩论不是真理之争，而是道理之辩，双方要做的不仅要讲出本方的道理，更要通过质疑和反驳使对方的道理不能自圆其说。其次，一方要否定对方的观点，不能依靠价值正确，即把自己观点等同于价值正确，这样容易给人以势压人的感觉。再次，不能轻易判断对方为错，因为这很容易给人这样的感觉，因为跟你对立，所以对方错。最后，即使对方有错，也不要轻易使用“错”这个词，最好用“商榷”这样的中性词语加以陈述，让评委去裁决。

我们来看看这段总结，辩题“世博未来应以网络展示为主还是应以园区展示为主”。

反方四辩：谢谢主席，各位好。对方四辩你说的东西有点多，如果待会儿有疏漏的话，还请您谅解。

您方告诉我的第一个问题是说，今年的上海世博会，全球人民欢聚，其中有十亿是网民。所以就这个网络在里面起到的作用就更大。对方辩友，你忘了网络之外还有多少人，是通过报纸、电视等其他媒体看到的，难道我们了解到世博会这个手段就应该是为主的吗？

对方辩友问我的第二个问题，模拟场馆当中有三个场馆，其中有一个是以展品为主，要还原。可是我自由辩论当中问了对方辩友一个问题：怎么还原？我们今天那个循环呼吸系统，我在家里看那个屏幕，瞪着它看那个循环呼吸系统，它有多大，然后旁边空调吹着我很凉。我是感受到很凉，但是这个凉，是真正那个循环呼吸系统，带给我的凉吗？我对世博会的这种知，真的是世博会那种高科技对生活的改变，给我心灵带来的那种知吗？我对世博会的那种体验，真的是我体验到了人类智慧，给人类带来的这种福音吗？对方辩友不要被网络骗了呀。

第三个问题，对方辩友告诉我们，说我方今天只是看到园区现在的好，没有看到未来网络的好。对方辩友你是不是也只看到了现在园区的坏，没有看到未来园区的好呢？所以对方辩友我们今天讨论的，不是网络有多好，园区有多差，也不是园区有多好，网络有多差。正如我方一辩在立论里告诉大家的，网络展示和园区展示只是世博宣传的两种手段而已。[1]

反方四辩采用对正方问题正面回应而不是批驳的方式，第一个问题是对正方关于参观数量质疑的回应，进一步指出对方“为主”的标准有误。如果按过去的格式，那就是“混淆（偷换）概念”，把网络展示偷换成网络展示为主。而这里，用的是讨论的口吻，最后一句反问，也不是为了增强气势，而仅仅是强调一下。第二个问题是对正方关于体验的回应，用的是自由辩论中的事例“循环呼吸系统”。第三个问题是对正方关于未来的回应。比较一下，跟上面的比较，文本的结构不如上面的完整，语言也不太精练，气势似乎有些温和，但是，这个文本更有临场感，因为这些问题都不是赛前的预设，而是切切实实从现场归纳而来。因此在表达上，就比较口语化，也正因如此，评委和观众才容易听进去。

（二）用最新事例反驳

所谓“最新事例”，就是双方在本方四辩总结发言之前的环节中都没有使用的事例，这并不表明一定来自四辩记忆突然爆发，其实很多是事先已经有所准备，只是在比赛中被忽视了，这往往是在自由辩论，大家双方思想碰撞，火花四溅，根本无暇顾及赛前的准备。此时，四辩就要保持一份冷静，除了对现场态势进行判断和归纳，还要清理自己的准备，看没有可以用得上的“存货”。有时候，这些“存货”也许会产生意想不到的“杀伤力”。

下面就是一例。这是场比赛辩题是“幸福是主观感受还是幸福是客观存在”，正方四辩总结陈词开头一段话：

谢谢主席，问候各位！今天我们站在故宫，让我想起了前一段时间非常火的一部纪录片《我在故宫修文物》。那里面有很多兢兢业业的匠人，他们可能没有您方说的有那么高质量的社交需求，没有那么多高质量的朋友，他们可能几个月面对着一个文物不说一句话。可是他们说他们很幸福，他们觉得文物都是有生命的，修理文物，就是跟文物交流，就是跟历史对话。那么，是不是按照您方的这个规律，他们可能没有世俗的有那么多的高朋满座，可

[1] 刘想树主编：《论辩西政》，法律出版社 2012 年版，第 313 页。

是他们就不配得到幸福了?[1]

这个事例的全部内容是这样的:故宫招收一些来自反方大学的艺术研究生,专门从事文物修复工作,没几年大部分都走了,只剩下几个女生,她们说,“文物都是有生命的,我们修文物,就是同远古对话,我们在工作中感到很幸福”。这个故事来自纪录片《我在故宫修文物》,在前往比赛场地北京的航班上,教练通过座椅背上的屏幕观看到这部影片,一下子“敏感”出了它的价值,于是如获至宝,赶紧将一些镜头拍摄下来。到了营地,将这个事例给队员讲解,可惜在比赛的前面部分这个事例并没有用上,此时比赛双方呈胶着状态。作为本场比赛最后一位发言的正方四辩,不失时机将这个事例说出来,顿时,现场产生了很大的影响。比赛承办方是故宫,比赛场地也在故宫,作为嘉宾的故宫领导也在现场,而几位修文物的女生来自反方所在的大学,可惜这一点反方没有说出来。应该说,正方四辩关于故宫修文物的陈述产生很好的近因效应,在很大程度上增加了本方获胜的砝码。

(三)填补本方漏洞

自由辩论往往是检验双方漏洞的时候,双方都会不遗余力将对方的漏洞拉扯出来加以质疑,同时也会不遗余力弥补本方漏洞,但“百补终有一疏”,如果这个漏洞将不利于评委对本方的评判,那么,四辩就必须千方百计弥补这个漏洞。

下面这个例子就是这样,正方四辩在其总结陈词中(双方四辩发言次序由抽签决定)指出了反方对于轿车热否定的原因:所以不认同,因为有问题。这个漏洞正方在此前的所有环节中均没有提出,现在总结陈词中突然提出来的,反方如果不加以应对,势必影响本方的成绩,因此,反方在其总结陈词中填补了这一漏洞。辩题“轿车热促进了城市发展还是轿车热阻碍了城市发展”:

反方四辩:

……所以我们会发现,对方四辩在刚才的总结陈词中说:不管我说出多么大的好处,对方辩友也不会认同,因为他们认为有问题。可是对方辩友反过来,不管我说轿车热有多么大的坏处,您方也不会认同,因为您方认为轿车热有好处,可是我们仔细看一看,轿车热的好处究竟是轿车的好处还是热的

[1] 2019年第9届世界华语辩论锦标赛总决赛,清华大学与西南政法大学。

好处。我在质询中已经问了对方辩友三点立论……[1]

正方指出反方的漏洞其实是一个循环论证:因为有问题,所以不认同;因为不认同,所以有问题。这是一个逻辑上的漏洞,如果不加以填补,很容易被评委认可。所以,反方四辩在总结陈词中以其人之道回应:因为有好处,所以不认同坏处;因为不认同坏处,所以有好处。这样的类比归谬使对方问题荒谬化,消除了这个漏洞对本方的危害。

二、阐述本方立场

如果说上一个部分是指出对方漏洞,即"你错",那么,这部分就是证明本方观点的合理性,即"我对"。经过几十分钟激烈的辩论,双方不可能对任何问题达成共识,这是辩论博弈的性质决定的,但有一点是有共识的,那就是双方都深化了对问题的认知,那么,总结陈词就是表明本方是如何深化对本方辩题的认知的。这一部分主要考验四辩的认知能力,即经过双方几十分钟的质疑和反驳,本方辩题或观点是如何经受住这种"破坏性试验"的。

一般来说,阐述立场部分通常有两个方面的内容:一是阐述本方观点是如何经历质疑的,二是阐述本方立场的社会意义。当然,这两个方面并非缺一不可,这由四辩根据场上的形势来定。

(一)传统阐述方式

所谓传统的阐述方式,我们以1993年新加坡大专辩论会为例,当年复旦大学辩论队战胜台湾大学获得冠军,开启了中国高校大学生辩论的先河,复旦大学新加坡辩论文本被全国各高校辩论队奉为经典。经过将近三十年的与时俱进,当年的很多经典现在只具有鉴赏价值。我们这里单列一节,就在于用今天的眼光来审视当年的文本,以史为鉴。下面是当年舌战狮城复旦大学辩论队的总结陈词阐述立场部分,辩题"温饱是谈道德的必要条件还是温饱不是谈道德的必要条件":

反方四辩:

……下面我主要从价值层面论述我方的立场:

第一,谈道德是基于理性的人。只要人类存在着,就能够谈道德。"富贵不能淫,威武不能屈,贫贱不能移。"人类之所以不同于动物的一个重要标志,

[1] 刘想树主编:《论辩西政》,法律出版社2012年版,第272页。

就是人能够基于自身的理性而谈道德……

第二，谈道德是基于社会发展的价值选择。人类如果想求得生存和发展就要谈道德，否则必然导致人类历史生活的毁灭。群体的统一行动是社会生存下去的基本方式，而统一行动要以谈道德为前提……

第三，谈道德是基于人们摆脱贫困的热望。……环顾当今的世界，衣不蔽体、食不果腹的人们成千上万，他们怎么办？不谈道德了吗？对方能够设想一下，在纷争四起的社会条件下，丧失人伦能够促成繁荣富强吗？相互残杀的鲜血能够浇灌出温饱果实吗？显然不能……

第四，当人类迈向未来世纪的时候，更要基于人的理性来谈道德。当今世界，环境、人口、战争等等问题都存在于贫困的国家和地区当中，他们不谈道德了吗？不谈的话会给人类带来什么样的命运呢……〔1〕

这个阐述立场，有一点在今天来看值得商榷，那就是将本方观点价值化。将“我对”提升到价值层面，这样一来，这个“我对”就不再是逻辑层面的成立，而是伦理上的善了，你方站在善的一方，那么，跟你方对立的一方就意味着跟恶沾边了。这种阐述方式在今天已不再运用，但是，由于这次比赛对中国高校辩论的兴起具有先驱意义，因此，比赛中的任何环节都值得我们借鉴。当辩论由此开始的时候，我们包括复旦大学辩论队并不知道应该如何总结陈词，一切都在摸索中，他们起到了样本的作用。

正方四辩：

……

第一，我们从逻辑关系来看，人的温饱是与生俱来的……但是，人的道德是人类社会形成之后才产生的，而道德的目的呢，也是为了维持这个社会的和谐，如果人都不在了，那还怎么谈道德，所以谈道德不能离开温饱这个前提。

第二，从政府施政的角度来看，我们认为道德建设当然是重要的，我们要把道德建设建筑在坚固的磐石之上，所以我们主张道德的提倡必须与经济建设双管齐下才能相得益彰……

第三，对于饥寒的人，我们也认为他们应该也可以谈道德……我们谈的道德更应是能帮助他们解除饥寒再进一步过上好日子的道德，从这个角度，

〔1〕 王沪宁、俞吾金主编：《狮城舌战》，复旦大学出版社1993年版，第299～300页。

温饱是谈道德的必要条件。

最后，让我们从整个人类需要繁荣发展的最高原则来看，少数人或许为了个人的理念可以鄙视甚至放弃温饱这个最基本的要求，但整个社会不可能也不应该接受这一种理念……〔1〕

相对来说，正方的阐述比较技术化：第一点从逻辑。第二点从政策，比较中性化。从第三点开始向价值爬升，帮助饥寒者使其温饱，温饱是谈道德的必要条件。第四点实际上已经不是阐述立场，而是宣扬本方观点的重大意义，即符合人类发展的最高原则。

还有一点，就是这种阐述文本赛前准备的痕迹很明显，如此"字正腔圆"，临场很难做到，这也跟那种辩论制式以及当年初创有关。正因为有这样的文本，才为我们阐述立场提供了一种思路，尽管后来我们不再这样按照赛前文本"宣读"，但是，这种表达方式却被我们借鉴下来了。

（二）临场阐述方式

21 世纪以来，复旦的阐述方式逐渐被临场阐述所代替，这样，四辩不仅找出对方的"你错"，还要承担本方的"我对"，这两部分主要从临场归纳概括，这对四辩的能力提出了很高的要求。从辩论的接受心理看，观众已经被辩论尤其是自由辩论搞得眼花缭乱，此时需要理出一个头绪来，这是第一。第二，评委也需要知道双方对于场上比赛情况的梳理。第三，从比赛的逻辑来看，前面说了对方为什么"你错"，那么，现在你得来说说你方为什么"我对"。

我们来看看这场比赛，辩题"法律的价值取向应以维护社会秩序为重还是应以保障个人权利为重"。下面是反方四辩总结陈词中的阐述立场：

今天保障个人权利才是实现我们人本身的幸福，我们每个人在法律当中的幸福，为什么，首先从立法目的来看的话，就像康德所说，人是目的，我们每个人就像对方辩友所说，法律可以定分止争。但是法律出发点是人，中间要通过运用法律来解决问题，但是落脚点同样也是人。我们落脚点我们的着力点不能落到社会秩序上面，我最终还要回归到立法为民，以人为本的方向。再来看，今天我们其实国家发展的趋势，我们今天在讲一个趋势问题，就是说，我们国家的发展趋势都在向以人为本的发展，就像是我们民法典编纂，号

---

〔1〕 王沪宁、俞吾金主编：《狮城舌战》，复旦大学出版社 1993 年版，第 301～302 页。

召是我们民法时代的到来,我们个人权利的声张的到来,像我们刑事诉讼法里面第十二条规定疑罪从无,我们尊重并保护人权的规定,这些都是我们人权发展的一个趋势,而不是像对方辩友讲的,我们是在偷换概念。再说,2004年人权入宪的时候,这也是体现我们国家尊重人权的一个趋向。[1]

重申本方立场,强调人是目的,是出发点,个人、个人权利、以人为本,并且以《刑法》第12条"疑罪从无"和2004年"人权入宪"为论据来证明本方立场。这样一来,进一步强化了本方立场。但是我们也发现,语言就不是很流畅,这就充分证明了四辩的这些语言完全是临场组织的,只有这样,才能紧扣比赛的态势,才给人真实的感受。要知道,有时候,缺点往往是真实的关键。

有时候,当本方处于不利局面,甚至经过了自由辩论也没有从根本上扭转这种局势,那么,四辩就责无旁贷地担负起扭转乾坤的重任。这场比赛就是一个典型,辩题是"解决市民不遵守公共秩序问题重在加强管理还是重在加强教育",前面我们已经叙述过,由于正方在"管理"这个概念界定上的疏忽,导致整个辩论过程一直被反方压着,甚至反方一度掌控着比赛的主动权,即使自由辩论也未见起色。那么,这个时候正方四辩就不能再按部就班来总结了,而是要将本方的立场进行梳理:

……所以我方二辩,问了对方辩友那样一个问题,他举了一个数字,如果我没记错的话,他说小学生有71.3%的人遵守公共秩序,而到大学生就变成了25.6%的人遵守公共秩序。按照对方辩友的观点,他在小学的时候,他知其然了,他知其所以然了,他遵守了公共秩序,可是为什么他变大了,他就不知其然,不知其所以然了?

可是我们会发现有很多人,城市人的时候,对方辩友说了,说中国人到了外国之后,他仍然不遵守公共秩序,对方辩友,确实有。但是我看到更广阔的人是,很多人在内地的时候,他不遵守公共秩序,去了新加坡,看到吐一口痰要罚5000新币,所以他就不吐痰了。对方辩友,为什么在大陆他不知其然,不知其所以然,到了新加坡马上知其然知其所以然了呢?所以我们会发现今天不遵守公共秩序的问题,不是一个简单的不知其然也不知其所以然的问题,问题在哪里?

我给大家提供一份数据,解放日报告诉我们,你认为为什么大家不遵守

---

[1] 2018年第三届全国学生"学宪法讲宪法"辩论赛,陕西省代表队与重庆市代表队。

公共秩序呢？调查显示的结果是93.7%的人认为是中国人素质不高。那又问了，你违反公共秩序的时候，你是出于什么原因呢？有53.5%的人认为是习惯问题，有46.5%的人认为是迫于客观环境。加起来正好是100%。也就是说，当别人违反公共秩序的时候，你知道他是素质问题，当自己违反公共秩序的时候，客观原因。对方辩友，为什么？

中国人现在已经不是过去那个年代，不知道公共秩序是什么。它是知道了公共秩序，在现实生活中他接受不到。正如我方二辩问大家那个例子。随地吐痰，您方能举出多少人他不知道吐痰不好，或者不知道吐痰对别人不好，或者不知道不应该吐痰呢？他没办法嘛。他知道吐痰违背了公共秩序，到了社会当中，他吐一口痰发现没人罚他，没人管他，他知道走红灯不好，可是他在生活当中，他走了红灯没人管他，于是公共秩序权利义务的理念在他内心当中没有办法形成。

所以我们今天的"瓶颈"是什么？"瓶颈"是，我们知其然知其所以然了之后，到了社会当中发现说不准，我知其然和知其所以然是错的，我心中那个违背了公共秩序的观点，社会上不要求我。所以我们要说的是，"瓶颈"不是没有接受教育，而是没有加强管理。[1]

正方四辩在这里用了两组数据，一组是关于年龄与遵守公共秩序成反比的问题，以此证明加强教育对遵守秩序的作用不大；另一组数据是认知与行为的相悖问题，以此证明行为需要规范，规范必须加强管理。一般来说，总结不太援引数据，因为数据在前面环节用完了。但这场辩论正方的这些数据在前面的环节都没有使用。正方四辩力图通过数据来进一步明明白白地证明本方立场，以弱化对方对本方关于"管理"界定的攻击。从效果来看，这两组数据用得恰到好处，可以说是及时雨，在很大程度上缓解了本方的压力，同时又使评委明白了本方的论证过程。通过数据和事实，正方四辩给出结论：产生瓶颈的原因不在没有加强教育，而是没有加强管理。

这个总结陈词为什么具有典型意义，就在于它没有按照既定的总结陈词格式，而是根据场上的形势随机应变，把总结的重点放在阐述本方立场上，因为前面的环节正方的观点一直被反方扼制，却没有机会进行澄清，到了自由辩论也没有分出个子丑寅卯，此时，正方四辩就主动担负起这个任务，他的总

---

〔1〕　刘想树主编：《论辩西政》，法律出版社2012年版，第312～313页。

结陈词共1566字(限时4分钟),阐述立场用了836字,占了整个总结陈词时间一半以上。

(三)阐述意义

总结陈词的最后一部分,通常被用来阐述意义,即本方的立场有什么现实意义。可能有人说,这不就是抽签的结果吗,有什么意义可谈,其实不然,抽签只是决定立场,辩题是事先确定的,设计或选择辩题,当然要考虑其社会意义,只有具有社会意义的辩题,才有挖掘的空间。这些前面部分已经阐述过,此处不赘。总而言之,总结陈词阐述本方立场以及本场比赛的意义是必要的。

阐述意义也是辩论赛结构的要求,一场比赛,好像一篇文章,立论是开头,总结是结尾,一篇文章的质量,首尾呼应是一个要求。立论要求有深度,而总结则要求有高度。这一深一高,形成本方辩论的首尾呼应。那总结的高度,就在于阐述本方立场甚至整个比赛的意义。

1. 挖掘意义

意义的挖掘不是凭想当然,是需要下一些功夫的。

首先,在查阅资料中挖掘。前面我们介绍过查阅辩题的背景资料,其实这背景资料中就蕴含了本方立场的意义,这要求我们阅读时要有这方面的敏感。比如辩题"世博会在未来应以网络展示为主还是应以园区展示为主",反方在查阅背景资料时发现,从战后第一个世博会布鲁塞尔世博会开始,其主题就跟人类密切相关。1958年,"科学、文明和人性";1962年,"太空时代的人类";1970年,"人类的进步与和谐";1985年,"居住与环境 人类的家居科技";1990年,"人类与自然";1999年,"人与自然——迈向21世纪";2005年,"自然的智慧";2010年,"城市,让生活更美好"。这些都在暗示我们,总结陈词阐述意义必须跟历届世博的主题挂钩。

其次,再对辩题进行剖析。既然网络如此普及,而且正在大面积地介入我们的公共生活,那为什么还要坚持世博会未来应以园区展示为主?顺着这个问题进行正向和逆向思考,终于得出这样的结论:网络不论再怎样发展,都不可能占主导地位,因为园区展示为人与人的面对面交流提供平台,而且随着网络的普及和升级,这种交流就越来越显得重要和宝贵。

最后,意义阐述的侧重。正方对意义的阐述可能侧重于科技对于人类的重要性,网络拓展人类的视野,深度介入人类生活,或者成为生活的重要内

容。反方决不可能跟正方雷同,反方四辩的总结陈词是这样阐述意义的:

人有一种返璞归真,世博会带给我们的不仅仅是知,而且是通过知他人而了解自己。我们通过不仅了解自己的文化,了解别人的文化,才能真正找到自己是谁,我们人类究竟朝哪走。

这个意义的阐述将正方立场"以园区展示为主"提升到哲学高度,这恰恰也是历届世博会的主题。

我们再来看看正方四辩关于意义的阐述:

如果一届世博会的成功,仅仅在于当时、当地的人们所带来的一种心灵感触的话,那不是一个完美的世博会。而未来的世博会,我们要想让它成为最成功的世博会,也只有依托网络,让它永远寄托在那个虚拟的空间内。

下面是评委对这场比赛的点评:

我也参加过五场的评审,但是这一场,我是真正的发自内心而不是按照程序,感谢你们八位队员,围绕这样一个题目下面,广泛地谈论世博,会心地展示未来,把一个应当的事情借助网络的手段和借助园区的手段,把我们的生命价值,把我们的人类思考,把我们的科技发展,把我们的现实举措,把我们的人际感情,把我们的国家关系,内容如此丰富的展示在我们面前,这以你们的年纪,以你们的读书紧张状态,以你们训练这短短的时间,只有四个字能够表达:实属难得![1]

挖掘意义切忌过于高大上,不要动辄人类的前途地球的命运之类。一定要根据辩题量体裁衣,有些辩题比较生活化,比如"虚拟红包的出现利大于弊还是弊大于利",这个辩题的意义只能定位在:一是传统礼仪文化的核心价值与现代形式,二是现代通讯技术对于传统价值理念的冲击与融合,三是技术进步与人类演进。有些辩题有政策性因素,比如"法律的价值取向重在维护社会秩序还是重在保障个人权利",其意义起码要从宪法的层面进行挖掘,但是如果上升到哲学比如"人生而自由,却无往不在枷锁之中",这显然与辩题的关联度不是很直接。有些哲理性辩题比较高大上,但其意义也不能低于题意。比如"人性本善还是人性本恶",也有的并不那么抽象,比如"钱是万恶之源还是钱不是万恶之源",这可能要从金融和伦理两个方

[1] 2010年海峡两岸暨港澳地区大学生辩论赛决赛评委点评。

面进行挖掘。

2. 表达意义

从辩论的角度，双方的对立不仅有路径选择的对立，也有价值取向的对立，那么，在对意义阐述时，双方也会不一样，甚至对立。“我们努力尝试通过理性的推导，来发现和解释价值观分歧，适应和接纳价值观和我们不同的人，赢得彼此的尊重，维护文明秩序。”[1] 所以，在准备立论文本时，就要考虑到这个问题，需要从这个角度进行挖掘，如果能从这个方面阐述意义，那将会显示本方的境界，从而获得良好的近因效应。从操作的角度，意义阐述是总结陈词的最后部分，这里已经不需要逻辑论证，那么如何用不太抽象的语言将意义表达出来，以期产生剧场效果，即引起全场热烈的掌声，四辩还需要在这方面动动脑筋。一般来说，这种表达主要就是哲理性抒情，即用修辞手法、诗句、名言等将逻辑或理论形象化，使之具有抒情性，给听众以画面感，增加直观感受，以图从感受中感悟。

最典型的莫过于当年狮城舌战复旦大学辩论队四辩的发言，那次比赛一共进行了三场，四辩每一场总结阐述意义总要有一句诗词或格言。第一场辩题是“温饱是谈道德的必要条件还是温饱不是谈道德的必要条件”，反方四辩：“谈到这里，我不由想起一百多年前生活在哥尼斯堡的一位叫康德的老人说过的一句话：‘这个世界唯有两样东西让我们的心灵感到深深的震撼，一是我们头顶上灿烂的星空，一是我们内心崇高的道德法则。’”第二场辩题是“艾滋病是医学问题，不是社会问题还是艾滋病是社会问题，不是医学问题”，反方四辩：“有道是：‘沉舟侧畔千帆过，病树前头万木春’。”第三场决赛辩题是“人性本善还是人性本恶”，反方四辩：“黑夜给了我黑色的眼睛，而我却要用它来寻找光明。”[2]

每一场总结阐述意义的最后一句，都是以格言或诗词结尾，而且引用得恰到好处，给人听觉上美的享受，由此引发比较强烈的剧场效果，从而产生良好的近因效应。第一场引用康德的名言，仰望星空，因为辩题关于温饱和道德的关系问题；第二场引用唐代诗人刘禹锡的诗句，句中的“病”暗指辩题中

[1] [美]托马斯·郝理翰、凯文·马斯科：《论辩学教程：论说与辩争的思维与方法》，邓炘炘译，清华大学出版社 2018 年版，第 13 页。

[2] 王沪宁、俞吾金主编：《狮城舌战》，复旦大学出版社 1993 年版，第 300 页、第 322 页、第 345 页。

的“艾滋病”;最令人叫绝的是决赛的阐述意义,四辩最后两句用了著名诗人顾城的诗句,确实太贴切了,简直是天衣无缝。反方的观点是“人性本恶”,而这两句诗中的“黑夜”和“黑色的眼睛”不正是象征这“恶”吗?如果仅此还不足以说明效果,更在于用“黑色的眼睛去寻找光明”,这一下就显出了一种深刻的哲理,给观众以强烈的审美和思维冲击。这几乎成了当时我国高校辩论的经典,凡辩论总结陈词,最后的阐述意义必定名言、诗句之类,有的甚至把顾城的这句诗作为总结陈词的标配,不论什么辩题,最后总要来一句“黑夜给了我……”

有这样一句名言:第一个把女人比作花的是天才,第二个把女人比作花的是庸才,第三个把女人比作花的是蠢材。辩论最忌惮雷同,这样的模仿必然导致总结陈词的阐述味同嚼蜡,尽管都是在引用,但这种引用格式和内容如出一辙。直到1999年的一场比赛,辩题“美是客观存在还是美是主观感受”,反方四辩是这样阐述意义的:

我们爱生活,因为生活的故事上下五千年,叫人浮想联翩;我们爱自然,因为“万类霜天竞自由”,那是生命的礼赞!.

综上所述,我方认为,美丑无对错,审美无争辩,因而我们才强调美是自由的象征,我们来自五大洲的辩友,才能胸怀宽广地唱一首:一心情似海,感动天地间。谢谢![1]

第一段用了排比,不仅有气势,而且有哲理,有情调;第二段引用一句歌词,从今天的角度,这后面部分完全是抒情,整个读起来,比复旦的更加感性,更加像演讲,当然,这些优美的语句应该是来自赛前的充分准备。

21世纪以来,意义阐述更加强调口语化,而非那种华丽的书面语言。哲理性抒情更多让位于形象化论理,即以修辞、引用等手法将逻辑或理论形象化、画面化。比如“辩论赛,学理内容比语言技巧更重要还是语言技巧比学理内容更重要”,正方四辩的阐述:

我们坚信语言技巧的浮光掠影散去之后,只有深邃的思想、广博的内容激发出的火花,才会点燃真理大海中的灯塔,指引辩者的一生。[2]

其实,正方的意思就是:语言技巧只是外在形式,只有思想的火花才能指

---

〔1〕 1999年国际大专辩论赛决赛。

〔2〕 2002年全国大专辩论会。

引我们。这里用了比较形象化的阐述：浮光掠影、火花、点燃、灯塔、指引，这些语词覆盖了逻辑，使之融入形象化的阐述中。

辩题"青春贵在仰望星空还是贵在脚踏实地"，这个辩题有点畅想的意味，双方在总结陈词的阐述意义中可以作哲理性抒情或形象化论理，我们来看反方四辩的阐述：

所以对方辩友，请不要忘了，今天我们在抬头仰望那片浩瀚星海的时候，我们伫立的永远是脚下这片广袤的大地。谢谢。[1]

这两句话完全切合反方的观点，就因为用了形象化的语言，给人以强烈的画面感：莽原，一群人，黑夜中，站立，仰望，头上星光灿烂……

一般来说，用哲理性抒情或形象化论理，往往跟辩题和辩手有关，有的辩题可能不适合这样的表达，如果硬上弓，势必弄巧成拙，比如"舆论之于司法利大于弊还是舆论之于司法弊大于利""知难行易还是知易行难"，这样的辩题阐述意义很难抒情或形象，还是平实一点好。另外，四辩本身的个性和语言习惯也是一个重要的因素，有的辩手比较张扬，语言幽默风趣，可能就比较适合用抒情的方式；有的比较内敛，不喜张扬，语言朴素，就可能不习惯这种方式，不能强求一律。但是，不论哪种方式，都必须要在赛前准备充足，不一定用于现场总结，至少可以保底。

[1] 2010年西南政法大学第11届"天伦杯"辩论赛。